FRIEDRICH
EBERT⊕
STIFTUNG

Wir danken der Friedrich-Ebert-Stiftung
für die großzügige Förderung der Übersetzung.

Climate Partner °
klimaneutral

Verlag | ID: 128-50040-1010-1082

Selbstverpflichtung zum nachhaltigen Publizieren

Nicht nur publizistisch, sondern auch als Unternehmen setzt sich der oekom verlag
konsequent für Nachhaltigkeit ein. Bei Ausstattung und Produktion der Publikatio-
nen orientieren wir uns an höchsten ökologischen Kriterien.
Dieses Buch wurde auf 100 Prozent Recyclingpapier, zertifiziert mit dem FSC®-Siegel
und dem Blauen Engel (RAL-UZ 14), gedruckt. Auch für den Karton des Umschlags
wurde ein Papier aus 100 Prozent Recyclingmaterial, das FSC® ausgezeichnet ist,
gewählt. Alle durch diese Publikation verursachten CO_2-Emissionen werden durch
Investitionen in ein Gold-Standard-Projekt kompensiert. Die Mehrkosten hierfür
trägt der Verlag. Mehr Informationen finden Sie unter:
http://www.oekom.de/allgemeine-verlagsinformationen/nachhaltiger-verlag.html

Bibliografische Information der Deutschen Nationalbibliothek: Die Deutsche Nationalbibliothek verzeichnet diese Publikation in der Deutschen Nationalbibliografie;
detaillierte bibliografische Daten sind im Internet über http://dnb.d-nb.de abrufbar.

3. Auflage, 2016
Deutsche Erstausgabe
Copyright der Originalausgabe »Buen Vivir Sumak Kawsay«:
© 2012 Alberto Acosta
Original erstmals veröffentlicht bei: Abya Yala, Ecuador 2012
Copyright der Deutschen Ausgabe:
© 2015 oekom verlag München
Gesellschaft für ökologische Kommunikation mbH,
Waltherstraße 29, 80337 München

Umschlagillustration: © La Suerte, www.behance.net/lasuerte
Umschlaggestaltung: Büro Jorge Schmidt, München

Lektorat: Helga Gläser, Susanne Darabas, Laura Kohlrausch
Korrektorat: Maike Specht
Innenlayout, Satz: Ines Swoboda, oekom verlag

Druck: Bosch-Druck GmbH, Landshut

Alle Rechte vorbehalten
ISBN 978-3-86581-705-1

FSC
www.fsc.org

RECYCLED
Papier aus
Recyclingmaterial
FSC® C011862

Vorwort
zur deutschen Ausgabe

Unser einseitig auf Wachstum fixiertes Modell der Entwicklung, mit dem die westliche Welt zulasten von Umwelt und sozialer Gerechtigkeit ihren Wohlstand erwirtschaftet hat, stößt aufgrund des globalen Bevölkerungswachstums und des steigenden Verbrauchs endlicher Ressourcen an seine Grenzen. Doch während unser Wirtschafts- und Gesellschaftsmodell die planetarischen Grenzen immer stärker gefährdet, haben die sozioökonomischen Ungleichheiten trotz eines beachtlichen BIP-Zuwachses in den letzten Jahrzehnten national wie international zugenommen. Angesichts der vielfältigen Krisen in der globalen Ordnung zieht die Debatte über den notwendigen Umbau von Wirtschaft und Gesellschaft immer weitere Kreise, weltweit hat die Suche nach alternativen Gesellschaftsentwürfen Fahrt aufgenommen.

In Lateinamerika ist der Diskurs über Alternativen zum neoliberalen Paradigma seit den Elitenwechseln in Ecuador und Bolivien in der Mitte der 2000er Jahre eng mit dem indigenen Konzept des »Buen Vivir / Vivir Bien« – dem »Guten Leben« – verbunden. Als Vorsitzender der verfassunggebenden Versammlung war Alberto Acosta maßgeblich an der Verankerung des »Buen Vivir« in der ecuadorianischen Verfassung beteiligt. Aufbauend auf diesen Erfahrungen, zeigt er in diesem Buch das Potenzial des »Buen Vivir« als Ausgangspunkt für einen gesellschaftlichen Gegenentwurf zum vorherrschenden Entwicklungsmodell. Sein radikales Plädoyer für eine Redefinition vom Verhältnis zwischen Mensch und Natur geht dabei weit über die bloße Kritik am Konzept der Entwicklung hinaus. Es liefert Denkanstöße, die auch die hiesigen Debatten um Postwachstum, Degrowth und die Frage, wie wir zukünftig leben wollen, befruchten können. Das Gute Leben ist dabei kein fertiges Konzept, es bietet jedoch wichtige Ansatzpunkte für die unumgängliche Diskussion einer Transformation hin zu sozial gerechten und ökologisch nachhaltigen Wirtschafts- und Gesellschaftsformen.

Christian Denzin
Lateinamerika-Referat der Friedrich-Ebert-Stiftung

Vorbemerkung

Wenn man über das »Gute Leben«, das »Buen Vivir« oder »Sumak Kawsay« sprechen möchte, muss man die Erfahrungen, Visionen und Vorschläge der Völker zu Wort kommen lassen, die innerhalb und außerhalb der Welt der Anden und des Amazonas leben. Sie versuchen, miteinander und mit der Natur in Harmonie zu leben, und blicken auf eine lange und reiche Geschichte zurück, die bisher noch recht unbekannt ist und manchmal auch manipuliert wurde. Es muss uns klar sein, dass die indigenen Völker weder vormodern noch zurückgeblieben sind. Ihre Werte, ihre Erfahrungen und ihre Praxis bilden eine lebendige Zivilisation, die mit den Problemen der kolonialen Modernität konfrontiert ist. Es ist ihnen gelungen, sich ihre Ressourcen anzueignen, um auf ihre eigene Art und Weise einem inzwischen schon 500 Jahre währenden Kolonialismus zu widerstehen. Dabei haben sie die Vision einer anderen Zukunft entwickelt als der, die wir heute vor Augen haben, und ihre Ansätze können, wie wir im Weiteren noch sehen werden, die globalen Debatten bereichern.

Man kann über die Frage des »Guten Lebens« nicht aus einem von den gesellschaftlichen Prozessen isolierten akademischen Elfenbeinturm aus schreiben. Mit anderen Worten: Man braucht die Erfahrungen und Kämpfe der indigenen Bevölkerung, die jedoch nicht ausschließlich in den Anden und im Amazonasgebiet angesiedelt ist. So sind also die hier zu lesenden Zeilen, für die der Verfasser die **alleinige** Verantwortung übernimmt, weder das Produkt einer Einzelperson, noch sollten sie als alleinige Wahrheit verstanden werden.

Mit diesem bescheidenen Beitrag soll nicht nur die Debatte weiter angeregt werden, darüber hinaus sollen auch Ideen für ein praktisches Handeln beigesteuert werden.

Es geht nicht um ein optimales materielles Akkumulationssystem. Auch reicht es nicht, die gesammelten Früchte besser zu verteilen oder umzuverteilen. Und ganz bestimmt geht es nicht darum, etwas Vorhandenes besser machen zu wollen, in der Hoffnung, dass die Ergebnisse dann zufriedenstellend ausfallen werden. Es sollen also keine Ideen und Allgemeinplätze bemüht werden, um das System zu flicken. Nichts von alledem.

Die Welt braucht tief greifende, radikale Veränderungen. Es muss dringend die vereinfachende Auffassung überwunden werden, dass der Ökonomismus die Gesellschaft bestimmt. Vonnöten sind eine andere Form gesellschaftlicher Organisation sowie eine neue politische Praxis. Um das zu erreichen, muss Kreativität geweckt und wieder auf das Leben gesetzt werden. Nur so können wir vermeiden, zu reinen Vollstreckern veralteter Verfahren und Rezepte zu werden.

Das »Gute Leben« oder, wie wir weiter unten sehen werden, die Formen des guten Zusammenlebens bieten die Chance für den Aufbau einer anderen Welt als die, die wir heute kennen. Das ist jedoch nicht durch radikale Diskurse zu erreichen, bei denen Worte und Taten nicht kohärent sind. Ja: Eine andere Welt wird möglich sein, wenn sie demokratisch erdacht und geschaffen wird und Menschenrechte und die Rechte der Natur ihre Grundlagen bilden.

Zum Aufbau des Buches

Das Einführungskapitel zeichnet einen konkreten Versuch nach, einen Schritt hin zu einer anderen Welt zu machen – mit der Yasuní-ITT-Initiative, die erreichen wollte, dass Ölvorkommen unter einem ecuadorianischen Nationalpark unangetastet bleiben und die Natur damit explizit als Rechtssubjekt anerkannt wird. Nachdem hier bereits zu Anfang offenbar wird, wie schwierig es ist, die Utopie eines »Guten Lebens« umzusetzen, sind wir doch sogar noch überzeugter von ihrer Machbarkeit. Aber um uns auf den Weg zu vielversprechenden neuen Welten zu machen, müssen wir zuerst die Wege der Hölle kennen, um sie zu meiden, wie Niccolò Machiavelli es so treffend ausdrückte; ein Streben, dem wir im ersten Kapitel dieses Buches nachgehen werden. Im Anschluss daran wird das Konzept des »Guten Lebens« aus einer globalen Perspektive heraus angesprochen, und dabei wird die Frage untersucht, ob seine vorwiegend aus dem Globalen Süden stammenden Ideen im Globalen Norden irgendeine Unterstützung erhalten.

Die Debatte des »Buen Vivir« oder »Sumak Kawsay« kommt aus jenen Ländern, die sich danach sehnen, Fortschritt zu erlangen: Mit diesem historischen Zusammenhang im Hinterkopf wird im dritten Kapitel zu klären versucht, wie gerade in diesen Ländern ein Konzeptvorschlag entstehen konnte, der zur breiten Ernüchterung gegenüber dem Konzept der Entwicklung führt. Von dieser Enttäuschung aus beschreiten wir den Weg zu Alternativen der Entwicklung, ohne die Risiken und Gefahren zu verbergen, die diese mit sich bringen; beides wird in Kapitel vier und fünf zu betrachten sein.

Dem Vorschlag zur Einräumung von Rechten für die Natur wird, wegen seiner kulturellen Tragweite, in Kapitel sechs ein eigener Platz eingeräumt; dies ist ein Thema, das zweifelsohne nicht nur zu globalem Umdenken, sondern auch zu globaler Aktion aufruft: Aus unserer Sicht sollte es eine universelle Erklärung der Rechte der Natur geben. Die komplexe Herausforderung des Aufbaus eines plurinationalen Staates, die in Kapitel sieben diskutiert wird, ist als Thema nicht nur in der indigenen Welt der Anden und des Amazonas relevant, sondern auch in den heutigen europäischen Ländern, in denen die Ausschreitungen der Intoleranz zeigen, dass die Idee eines uninationalen Staates äußerst problematisch und der Realität nicht angemessen ist.

Ebenfalls nicht außer Acht gelassen werden soll die Notwendigkeit einer anderen Wirtschaft für die angestrebte andere Zivilisation; eine Herausforderung, die der Basis der momentan vorherrschenden Wirtschaft und ihren scheinbar so unbestreitbaren Regeln entgegengesetzt ist. Das achte Kapitel möchte unbeirrbar die Debatte um den demokratischen Aufbau einer Welt vorantreiben, in der allen Lebewesen ein würdiges Leben in Harmonie mit der Natur sicher ist.

Zum Entstehungsprozess

In dieses Buch sind einige frühere Arbeiten des Autors eingeflossen. Mehrere der Texte sind das Ergebnis gemeinsamer Anstrengungen. Vor allem wurden sie jedoch während der intensiven Phasen der Vorbereitung, Ausformulierung und unvollendeten Gestaltung der Debatte um die neue Verfassung von Montecristi gespeist. Auf ihr basieren die auf diesen Seiten wiedergegebenen Überlegungen und Schlussfolgerungen.

Zusätzlich wurden die Überlegungen – in einem langen Aufbauprozess – auch durch die Beiträge und die Kritik von Eduardo Gudynas, Esperanza Martínez, Joan Martínez Alier, José María Tortosa, Jürgen Schuldt, Koldo Unceta und Paco Rhon bereichert, die ich hier in streng alphabetischer Reihenfolge ihrer Vornamen nenne. José María danke ich vor allem für seine wertvollen Bemerkungen und seine Fragen zu diesem Text. Allen gebührt in Freundschaft mein besonderer Dank.

Frühere Versionen dieses Buchs sind auf Spanisch in Ecuador (Abya Yala 2012) und Spanien (Icaria 2013) sowie auf Französisch (Utopia 2014) erschienen. Für die deutsche Version habe ich mehrere Punkte aktualisiert und erweitert sowie einige Überlegungen aufgenommen, die während einer intensiven Rundreise durch Deutschland als Begleiter der Grupo Sal und bei der Analyse neuer Beiträge entstanden sind.

Einführung
Der schwierige Aufbau einer Utopie

Die Welt steht an einem Scheideweg. Die Situation ist extrem kompliziert. Um die gegenwärtige Kultur und den hohen Lebensstandard einer kleinen Minderheit von Menschen zu erhalten, müssen die Mühlen des Fortschritts ständig angetrieben werden. Das führt zu einer immer größeren Güterproduktion und stetig steigendem Konsum, der wiederum eine ständig wachsende Nachfrage nach natürlichen Rohstoffen zur Folge hat. Wir müssen akzeptieren, dass es trotz dieses ›Fortschritts‹ nicht gelungen ist, die Armut großer Teile der Weltbevölkerung oder zumindest den Welthunger zu besiegen, obwohl wir heute über eine in der Menschheitsgeschichte nie zuvor erreichte Fülle an wissenschaftlichen Errungenschaften verfügen, die durchaus die Möglichkeit mitbringt, allen Lebewesen auf dem Planeten ein würdiges Leben zu bescheren.

Die Realität zeigt, dass die überwiegende Mehrheit der Menschheit nicht in den Genuss des sogenannten Fortschritts kommt und dass all der Aufwand ihre Lebensqualität in keinster Weise verbessert hat. Selbst jene, welche die unmenschlichste Stufe der Armut überwunden haben, leben in ständiger Bedrohung, in die Armut zurückzufallen, und in einer steigenden Frustration darüber, dass das Ideal eines Lebens in Wohlstand in immer weitere Ferne rückt. Auf diesem krummen Weg der Entwicklung beginnen sich die Risse eines Systems zu zeigen, das die Grundlagen nachhaltigen Lebens zerstört. Die biophysischen Grenzen des Planeten werden alarmierend überschritten.

Zusammengefasst präsentiert sich das Prinzip der Entwicklung schon jetzt wie ein Weg ohne Zukunft. Diese Feststellung gewinnt rund um die Welt immer mehr Akzeptanz. Im globalen Norden entstehen

> *»Das Prinzip der Entwicklung präsentiert sich schon jetzt wie ein Weg ohne Zukunft.«*

Konzepte, die sich mit einer ökonomischen Wachstumsrücknahme und anderen Formen des harmonischeren Zusammenlebens zwischen Menschen und von Mensch und Natur beschäftigen. Im globalen Süden nehmen die Zweifel am Prinzip der Entwicklung und seinen Versprechen, die direkt aus dem unerreichbaren Phantasma des Fortschritts hervorgehen, ebenfalls zu.

Die komplexen Herausforderungen der gegebenen Situation rufen uns zum Nachdenken, aber vor allem auch zum Handeln auf. Sie wird sich nicht über Nacht lösen lassen, so viel ist sicher. Was uns aber zugutekommt, ist, dass wir nicht erst kürzlich diesen Weg beschritten haben. Wir können mit Werten, Erfahrungen und insbesondere mit alternativen kulturellen Praktiken auf dem ganzen Planeten rechnen, die uns dabei unterstützen. Wir wollen bereits an dieser Stelle die Möglichkeiten, die der Ansatz des Guten Lebens – »Buen Vivir«, »Sumak Kawsay« oder »Suma Qamaña« – bietet, der von den indianischen Gemeinschaften aus dem Anden- und Amazonasgebiet stammt, besonders hervorheben. Sie stellen eine Alternative zum Konzept der Entwicklung dar und nicht lediglich eine weitere Variante davon. Neben den Vorstellungen der »Abya-Yala« (indianischer Name des amerikanischen Kontinents) gibt es noch viele andere philosophische Überlegungen in den verschiedensten Ecken der Welt, die auf die eine oder andere Weise mit der Suche nach dem »Guten Leben« verbunden sind.

Gemeinsam ist diesen Lebensalternativen auch, dass viele von ihnen aus den »Peripherien« kommen, während die meisten Beiträge zum Konzept der Entwicklung wie auch viele der gängigen Kritiken an diesem Konzept aus dem Denken der modernen okzidentalen Kultur stammen – fast so, als hätten die »peripheren« Gesellschaften eine Art »ethischer Reserve« gegen die globale Macht des Kapitals.

Einige Gedanken über das »Gute Leben«

Wenn in diesem Buch vom »Guten Leben« die Rede ist, wird dies stets als »Sumak Kawsay« (Quechua), »Suma Qamaña« (Aymara), »Ñandareko« (Guaraní) oder »Buen Vivir« (Spanisch) interpretiert, es sei denn, es wird ausdrücklich auf etwas anderes hingewiesen.

Das »Gute Leben« ist weder einzigartig noch eine Neuheit in der Politik der Andenländer am Anfang des 21. Jahrhunderts. Die uralten Dörfer und Nationalitäten der Abya-Yala sind nicht die einzigen Überbringer seiner Ideen. Das »Buen Vivir« ist Teil einer großen Suche nach Lebensalternativen, die in der Hitze der Menschheitskämpfe für eine lebendige Emanzipation geschmiedet wurden und werden. Das »Gute Leben« wurde unter verschiedensten Namen und Ausprägungen zu unterschiedlichen Zeiten in unterschiedlichen Regionen praktiziert, beispielsweise im afrikanischen Ubuntu oder in den indischen Bewegungen Svadeshi, Swaraj und Apargrama.

> »Das ›Buen Vivir‹ ist Teil einer großen Suche nach Lebensalternativen.«

Das »Gute Leben« als Summe von Erlebnissen – viele davon Erlebnisse des Widerstandes in der wahrhaft langen Dunkelheit der Kolonialzeit und seine heute noch sichtbaren Folgen – ist eine in vielen indigenen Gemeinschaften immer noch gelebte Vorstellung. Es sind dies Gemeinschaften, die nicht vollkommen von der kapitalistischen Moderne absorbiert wurden und die es geschafft haben, an deren Rand weiterzubestehen. Ihr kommunales Wissen bildet die Grundlage für Vorstellungen einer anderen Welt und für die Veränderung, die nötig ist, um diese zu erreichen.

Das »Gute Leben« ist einfach etwas anderes. Es geht ihm nicht um die Handhabung von Politik, Instrumenten und Indikatoren, um selbst Wachstum zu erreichen oder es in den Ländern, die sich als entwickelt ansehen, zu fördern. Andererseits können wir aber auch nicht erwarten, gleich alle Antworten parat zu haben. Wir müssen den Weg in die Zukunft selbst immer wieder neu beschreiten.

Was beim Konzept des »Guten Lebens« zählt, ist das menschliche Individuum, integriert in seine Gemeinschaft, das harmonische Beziehungen mit der Natur pflegt und dabei, individuell genauso wie in der Gemeinschaft, nach dem Aufbau eines nachhaltigen, würdigen Lebens für alle strebt. Zunächst muss man die Vorstellung eines universellen Plans für das »Gute Leben« ablegen, das zu jeder Zeit und an jedem Ort gültig und unbestreitbar ist. Es ist angemessener, von »Guten Leben« in der Mehrzahl zu sprechen, um der Konstruktion einer neuen Kultur, in der eine Pluralität der Ansätze mit einer Radikalität der Lösungen Hand in Hand geht, die Tore zu öffnen. Sie soll an die jeweiligen Visionen und Lebensweisen angepasst sein, die eine Praxis des harmonischen Lebens und ein Leben in Fülle anstreben.

Das vorliegende Buch widmet sich insbesondere dem aus dem indigenen Anden- und Amazonasgebiet stammenden Konzept des »Buen Vivir« oder »Sumak Kawsay«. Einen großen Schritt auf dem Weg zu diesem Konzept hat das Land Ecuador 2008 gemacht, als es Grundelemente des »Buen Vivir« in seine Verfassung aufnahm:

WIR, das souveräne Volk Ecuadors

IN ANERKENNUNG unserer jahrtausendealten, von Männern und Frauen verschiedener Völker gestärkten Wurzeln,

FEIERN wir die Natur, die Mutter Erde, deren Teil wir sind und die für unser Dasein lebenswichtig ist,

RUFEN wir den Namen Gottes an und erkennen unsere unterschiedlichen Formen der Religiosität und Spiritualität an,

APPELLIEREN wir an die Weisheit aller Kulturen, die uns als Gesellschaft bereichern,

Die Verfassung enthält eine Reihe von Einsichten, die damals gleichzeitig Gestalt annahmen. In einem Moment des Schaffens, des Auftau-
chens neuer Ideen, haben sich einzigartige Vorschläge in dem kleinen
Andenstaat Ecuador durchgesetzt – beispielsweise die Aufnahme der
Rechte der Natur in die Verfassung oder die Anerkennung des Grund-
rechts auf Wasser, das jede Form der Privatisierung dieser lebenswich-
tigen Flüssigkeit verbietet, oder die Idee, Rohöl, das im Untergrund des
Amazonasgebietes vorhanden ist, dort zu belassen.

Die Suche nach dem verlorenen Paradies

Genau in dieser ideenreichen Zeit überraschte Ecuador die ganze Welt
mit dem Vorschlag, ein bedeutendes Ölvorkommen unter dem Yasuní-
Nationalpark, mitten im Amazonasgebiet, im Boden zu belassen. Dieser unter dem Namen »Yasuní-ITT-Initiative« bekannte Vorschlag, der
aus der Zivilgesellschaft stammte, konte sich infolge der mangelnden
Konsistenz und wegen der Widersprüche innerhalb der ecuadoriani-

schen Regierung nicht durchsetzen. Allerdings spielten auch die fehlende Bereitschaft und Sensibilität der Regierungen der mächtigsten Länder eine Rolle, die ihre Verantwortung nicht übernehmen wollten.

Es stimmt nicht, dass »die Initiative ihrer Zeit voraus war und nicht verstanden wurde«, wie der ecuadorianische Präsident[1] am 15. August 2013 mitteilte, als das Ende der Initiative verkündet wurde. In Wirklichkeit war es der Präsident selbst, der diesen von der ecuadorianischen Gesellschaft für die gesamte Welt erbrachten Vorschlag nicht verstanden hatte und ihm nicht gewachsen war. Es stimmt auch nicht ganz, dass »die Welt uns im Stich gelassen hat«, denn es war die ecuadorianische Regierung, der es nicht gelang, eine solide, kohärente Strategie zur Umsetzung dieser Utopie zu entwickeln.

Ein aus Widerstand geschmiedeter Vorschlag

Es wird immer komplex und schwierig sein, Traditionen aufzubrechen und Mythen zu enthüllen. Der sogenannte Realismus bremst Veränderungen aus. Die Idee, die Erdölvorkommen Ishpingo, Tambococha und Tiputini (ITT) nicht auszubeuten, wenn die internationale Gemeinschaft im Gegenzug finanzielle Entschädigung leistet, stieß deshalb in den Machtkreisen auf Erstaunen und viel Widerstand. In einem erdölabhängigen Land vorzuschlagen, das Erdöl nicht zu fördern, schien völlig verrückt zu sein. Im Ausland und in den mächtigen Ölgruppen wurde die Idee erst mit Skepsis beurteilt und schließlich bekämpft. Überraschenderweise gewann sie dann aber mehr und mehr Anhänger und behauptete sich immer stärker in den Zivilgesellschaften innerhalb und auch außerhalb Ecuadors.

Man muss erst einmal wissen, dass sich die Initiative in der Zivilgesellschaft langsam herausgebildet hatte, und zwar schon lange bevor der ecuadorianische Präsident sie Anfang 2007 akzeptierte. Der Einfall, den der spätere Energie- und Bergbauminister[2] dem noch nicht amtierenden Regierungsteam im Dezember 2006 vorstellte, hat keinen eigentlichen Urheber. Er ist kollektiv entstanden. Der ursprüngliche

Gedanke, die Erdölförderung einzustellen oder zumindest nicht auszubauen, ist sicherlich in den Köpfen derer entstanden, die unter den Erdölgesellschaften im Amazonasgebiet litten.

Der Widerstand der Amazonasgemeinden wuchs immer weiter und mündete schließlich in eine international bedeutende Rechtsklage. Die von der Erdölförderung des Unternehmens Chevron-Texaco betroffenen indigenen Gemeinden und Siedler führen den sogenannten Jahrhundertprozess seit 1993. Unabhängig von seinem Ausgang ist es ein Präzedenzfall, da es gelungen ist, eine der mächtigsten Erdölgesellschaften der Welt vor Gericht zu bringen.[3]

In einem anderen Teil des Erdölgebietes ist es der Quichuagemeinschaft Sarayaku, Provinz Pastaza, gelungen, alle Erdölaktivitäten der Compañía General de Combustibles (CGC) im Block 23[4] zu verhindern. Das war ein großer Sieg für eine kleine, organisierte Gemeinde, umso größer, als das Unternehmen bewaffnete Unterstützung vom Staat erhalten hatte. Dieser Gemeinschaft ist es dank einer großen internationalen Solidarität im Juli 2004 gelungen, einen historischen Beschluss der Interamerikanischen Kommission für Menschenrechte zu erwirken: Er verordnete eine Reihe von Schutzmaßnahmen zugunsten des indigenen Volks von Sarayaku.

In der ersten Hälfte des Jahres 2007 akzeptierte das Energie- und Bergbauministerium der ecuadorianischen Regierung diesen Beschluss. Kurz darauf kam es jedoch zu neuen Bedrohungen in Sarayaku. Mit der Neuverhandlung des Fördervertrags über Block 10 zwischen der Regierung und AGIP, die am 20. November 2010 abgeschlossen wurde, überließ die Regierung dem Erdölunternehmen – wieder ohne vorherige Befragung der Gemeinschaft – einen Teil des Blocks 23, in dem mehrere indigene Amazonasvölker leben.[5]

Auf Basis dieser Fakten und genährt von einem langen und harten Widerstandskampf gegen die Erdöl- und Erdgaslobby sowie der Suche nach Alternativen, entwickelte sich im Lauf der Zeit der Plan für ein Erdölmoratorium im südlichen Zentrum des ecuadorianischen Amazonasgebiets: die Grundlage der Yasuní-ITT-Initiative.

Das in verschiedenen Foren formulierte Moratoriumskonzept wurde im Jahr 2000 im von mehreren Autoren verfassten Buch »El Ecuador post-petrolero« (»Ecuador in einer Posterdölzeit«) dargelegt. Drei Jahre später wurde es von mehreren Umweltstiftungen formell dem ecuadorianischen Umweltministerium vorgestellt. Im Jahr 2001 hatten Gruppen, die eine zunehmende Auslandsverschuldung kritisierten, Vorschläge für ein historisches Abkommen mit den internationalen Gläubigern verfasst: Die Tilgung der Schulden sollte eingestellt werden und im Gegenzug das Amazonasgebiet erhalten bleiben. Dieser Vorschlag befand sich auf einer Linie mit der Einforderung der ökologischen Schuld, bei der die reichen Länder die Schuldner sind.

Unter Berücksichtigung dieser Forderungen wurde im Juni 2005, als die Regierung schon beschlossen hatte, das Erdöl im ITT-Gebiet zu fördern, der Vorschlag eingebracht, das Öl im Yasuní zu belassen, wenn es dafür eine finanzielle Gegenleistung gebe. »Ein ökologischer Aufruf für den Erhalt, das Klima und die Rechte« hieß das Positionspapier von Oilwatch,[6] das in der ersten Sonderexpertengruppe über Schutzgebiete in Montecatini, Italien, formuliert wurde. Später fand das Konzept Eingang in das Buch »Asalto al paraíso: empresas petroleras en áreas protegidas« (»Angriff aufs Paradies: Erdölunternehmen in geschützten Arealen«), 2006 von Oilwatch herausgegeben.

Alle Vorschläge und Initiativen ebneten den Weg, damit sich der Plan für ein Erdölmoratorium im südlichen Zentrum des ecuadorianischen Amazonasgebietes im politischen Leben Ecuadors positionieren konnte. In einem historischen Moment, in dem sich lange, komplizierte Kämpfe unterschiedlicher Gruppen der Zivilgesellschaft konsolidierten, wurde die Moratoriumsidee schließlich Teil des im Jahr 2006 ausgearbeiteten Regierungsplans 2007–2011 der Bewegung Alianza País.[7] Das heißt, der Vorschlag wurde in die Wahlkampagne des heutigen Präsidenten Ecuadors aufgenommen. Doch später wurde die Idee verraten, als die Regierung beschloss, die XI. Erdölrunde im südlichen Zentrum des ecuadorianischen Amazonasgebietes abzuhalten.

Die wesentlichen Ziele der Yasuní-ITT-Initiative

Unabhängig von der Schlagkraft der einzelnen Argumente, mit denen sich die Yasuní-Initiative länger als sechs Jahre lang hielt, gilt vor allem das zentrale Ziel: Nichtförderung des Erdöls aus den drei unterirdischen Lagerstätten des ITT bzw. von Block 43 im äußersten Osten des Nationalparks Yasuní – Ishpingo, das Vorkommen im Süden des Blocks (ein Großteil davon in der unantastbaren Zone),[8] Tambococha im Zentrum und Tiputini im äußersten Norden, zum Teil außerhalb des Parks gelegen. Der ITT bildet eine Art Korridor zwischen dem Yasuní und der unantastbaren Zone des Cuyabeno-Imuya im Norden des Nationalparks Yasuní.

Ein großes zusammenhängendes Gebiet im Nordosten des ecuadorianischen Amazonasgebietes wurde in Stücke gerissen und geriet so unter die Kontrolle verschiedener Akteure. Was einmal das Territorium der indigenen Völker war, wurde der Kontrolle religiöser Orden, von Erdölunternehmen und bis zu einem gewissen Grad der Kontrolle des Staates unterworfen. Man kann also zusammenfassend sagen, dass die Kirchen, die evangelische wie auch die katholische, die Streitkräfte sowie Erdöl- und andere Unternehmen für die derzeitige Konfiguration des Territoriums entscheidend waren. Alle Akteure haben auf unterschiedliche Art und Weise ein Gebiet abgesteckt und beansprucht, in dem eine indigene Bevölkerung lebte und bis heute lebt. Und viele ihrer Unternehmungen erfolgten im Einklang mit den Forderungen des Extraktivismus, vor allem von Erdöl.

Man muss bedenken, dass das ecuadorianische Amazonasgebiet seit Jahrzehnten ausgebeutet wird. Als Ergebnis haben sich die in freiwilliger Isolation lebenden indigenen Völker aus den Fördergebieten immer weiter in die letzten Waldgebiete zurückgezogen und halten sich momentan vor allem in bislang unangetasteten Gegenden auf. In diesen immer kleiner werdenden Regionen, deren Artenvielfalt in rasendem Tempo schwindet, ist die indigene Bevölkerung immer zahlreicher geworden. Das führt dazu, dass sich die Gemeinschaften nicht zuletzt auch aus Platzmangel zunehmend gegen Förderaktivitäten wehren.

Unter Berücksichtigung dieser komplexen Realität stützte sich die Yasuní-ITT-Initiative auf vier Pfeiler:

1) Schutz des Territoriums und damit des Lebens der in freiwilliger Isolation lebenden indigenen Völker.
2) Erhalt einer auf der Erde einmaligen Artenvielfalt – bis heute die größte wissenschaftlich erfasste weltweit.
3) Schutz des globalen Klimas durch Belassen einer bedeutenden Erdölmenge im Boden und damit Vermeidung des Ausstoßes von 410 Millionen Tonnen CO_2.
4) Erster Schritt Ecuadors zum Übergang in eine Posterdölzeit, die in anderen Ländern Beispielkraft hätte.

> »Das ›Gute Leben‹ ist nicht einfach ein Vorschlag für eine alternative Entwicklung, sondern eine Alternative zur Entwicklung.«

Aber das ist noch nicht alles. Als fünften Pfeiler könnten wir an die Möglichkeit denken, gemeinsam – als Menschheit – konkrete Antworten auf die weltweiten gravierenden Probleme des vom Menschen verursachten Klimawandels zu finden, der sich vor allem in dieser Phase der globalen Expansion des Kapitals verschärft.

Als Gegenleistung für den Schutz und die Rettung des Yasuní-Gebietes erwartete Ecuador einen finanziellen Beitrag der internationalen Gemeinschaft, die besonders für die von den reichsten Gesellschaften verursachten Umweltschäden Mitverantwortung übernehmen muss. Es ging nicht um eine vulgäre Entschädigung zur weiteren Stärkung der Entwicklung (wie die ecuadorianische Regierung es verstanden hatte). Die Yasuní-Initiative ist angeregt vom Aufbau des »Guten Lebens« oder »Sumak Kawsay«: nicht einfach ein simpler Vorschlag für eine alternative Entwicklung, sondern eine Alternative zur Entwicklung, wie wir später noch sehen werden.

Ein mit Widersprüchen gepflasterter Weg

Der Weg dieser Initiative innerhalb Ecuadors war extrem holprig. Anfangs, als der vor 2007 von der Zivilgesellschaft eingebrachte Vorschlag zur Nichtförderung auftauchte, wurde er auf Regierungsebene vom damaligen Erdöl- und Bergbauminister gefördert. Dessen Haltung widersprach dem Beschluss des Präsidenten und Geschäftsführers der staatlichen Erdölgesellschaft Petroecuador, der es nur darauf abgesehen hatte, das Erdöl so schnell wie möglich zu extrahieren.

Am 31. März 2007 wurde die Konfrontation vom ecuadorianischen Präsidenten in der Vorstandssitzung Petroecuadors entschieden. Konkret standen zwei Optionen zur Auswahl: Bei Option A sollte das Öl unter der Erde bleiben, bei Option B sollte es gefördert werden. Seitdem ist der Wettkampf zwischen den beiden Möglichkeiten, die ganz klar die beiden Positionen zugunsten von Erdöl (Extraktivismus) und von Leben (Biodiversität) verdeutlichen, stets latent, wenn auch mit unterschiedlicher Intensität geführt worden.[9]

Am 18. April 2007 kündigte der Regierungspräsident auf Initiative des Energie- und Bergbauministers die Schutzpolitik für die in freiwilliger Isolation lebenden Völker an.[10] Am 5. Juni wurde die ITT-Initiative offiziell im Präsidentenpalast vorgestellt. Mitte desselben Monats, am 14. Juni 2007, definierte das Energie- und Bergbauministerium die Aktionsgrundlagen für den Energiesektor in der Energieagenda 2007–2011. Darin enthalten waren die beiden Optionen für ITT. Die Agenda erklärte auch Inhalt und Reichweite der Initiative, das Erdöl im Boden zu belassen, ein Vorschlag, »der vom Energie- und Bergbauministerium betrieben und verteidigt« wurde.[11]

Danach hat die Initiative in einem ständigen Hin und Her Stern-stunden und Zeiten wachsender Zweifel durchgemacht. Der Präsident erntete Applaus bei den Vereinten Nationen, der Organisation erd-ölexportierender Länder (OPEC), dem Weltsozialforum und vielen weiteren internationalen Gipfeltreffen, auf denen er den möglichen Schutz des Amazonasgebietes vorstellte, der größere Auswirkungen auf das globale Klima vermeiden sollte.

Besonders erwähnenswert ist die frühzeitige Unterstützung aus Deutschland. Im Juni 2008 sprachen sich Vertreter aller Fraktionen im Bundestag öffentlich für die ITT-Initiative aus und drängten ihre Re-gierung, diese entschieden zu unterstützen. Damit öffneten sich viele Türen; diese frühe, wirksame Unterstützung erwies sich als fundamen-tal. Umso mehr erstaunte daher der Beschluss des Bundesministers für Entwicklung und wirtschaftliche Zusammenarbeit Dirk Niebel, der der Initiative im September 2010 den Dolchstoß versetzte. Die Ent-scheidung des deutschen Ministers schwächte nicht nur die Chancen auf eine wirksame Unterstützung, sie entmutigte auch viele potenzielle Beitragszahler, die noch Zweifel an ihrem Entschluss hegten.

Im Jahr 2010 legte die ecuadorianische Regierung endgültig fest, wofür die finanziellen Mittel aus dem von den Vereinten Nationen zu überwachenden Treuhandfonds eingesetzt werden sollten, das heißt also die Gelder, die im Gegenzug für die Nichtausbeutung der ITT-Regionen eingingen. Es wurden fünf Teilbereiche definiert: Transfor-mation der Energiematrix mit Entwicklung alternativer, in Ecuador vorhandener Energiequellen, Erhalt der Schutzgebiete, Wiederauffors-tung, nachhaltige soziale Entwicklung vor allem im Amazonasgebiet selbst sowie Investitionen in technologische Forschung.

Auch in der Zivilgesellschaft entwickelte sich eine interessante Dis-kussion, die im Laufe der Zeit immer stärker und tiefgründiger wurde. Es liegen mehrere Dokumente und Beiträge verschiedener Gruppen sowohl aus Ecuador als auch aus dem Ausland vor.

Dennoch wurde parallel weiter daran gearbeitet, zumindest einen Teil des ITT-Erdöls zu fördern. Der ecuadorianische Präsident selbst drohte wieder und wieder mit der unmittelbaren Ausbeutung des ITT-

Felds im Yasuní. In Wirklichkeit war es keine Drohung, sondern schon der Beweis für die zukünftige Nutzung: zu erkennen an den fortschreitenden Extraktionsarbeiten in Block 31, der an das ITT angrenzt (auch unter dem Namen Block 43 bekannt). Außerdem beweisen von der britischen Zeitung »The Guardian« verbreitete Dokumente, dass sich die Regierung um einen chinesischen Kredit im Austausch zum ITT-Erdöl bemühte. Ein weiteres Beispiel beleuchtet diese zweideutige Haltung des Präsidenten: seine Erklärung aus dem Jahr 2011, in der er noch während der offiziellen Gültigkeit der Initiative eine Volksabstimmung über die Zukunft des ITT ankündigte. Damit wurde der Initiative ganz offensichtlich Glaubwürdigkeit abgesprochen. Diese Erpressungslogik und eine fehlende kohärente politische Strategie stifteten Verwirrung und schürten Angst und Misstrauen in der Zivilgesellschaft.

Ende 2008, mit der Aufnahme der Rechte der Natur in die Verfassung von Montecristi, hatte sich der konzeptuelle Rahmen für die Initiative entscheidend geändert: In Artikel 57 ist ein ausdrückliches Verbot für die Ausbeutung der Gebiete festgeschrieben, in denen sich in selbst gewählter Isolation lebende, freie Völker aufhalten. Das Verfassungsmandat ist auch laut Artikel 71 eindeutig: »Die Natur oder Pacha Mama (Mutter Erde), in der das Leben stattfindet und sich reproduziert, hat das Recht, in ihrer Existenz durch Erhalt und Regenerierung ihrer Lebenszyklen, Struktur, Funktionen und Entwicklungsprozesse ganzheitlich respektiert zu werden.« In Artikel 73 heißt es: »Der Staat setzt Schutzmaßnahmen und Restriktionen für Aktivitäten um, die zum Aussterben der Arten, zur Zerstörung der Ökosysteme oder zur dauerhaften Störung der natürlichen Zyklen führen können.«

Leider hat die Regierung daraufhin nicht die Basis der Initiative abgeändert. Man behielt die Idee der »Entschädigung« bei, die die Bewegung auf rein finanzielle Motive reduziert: Andere politische und vor allem menschenrechtliche Ziele

> »In der Basis der Initiative blieben politische und vor allem menschenrechtliche Ziele außen vor.«

blieben außen vor, wie der Schutz der in freiwilliger Isolation oder versteckt lebenden Völker und der Schutz der Artenvielfalt, beides in der ecuadorianischen Verfassung von 2008 verankert.

Dieser Punkt verdient es, genauer analysiert zu werden. Pablo Solón hat dazu Folgendes geschrieben: »Der Schutz der Natur und der Rechte der Mutter Erde kann nicht auf der Erwartung aufbauen, dass die kapitalistische Welt ihre ökologischen Schulden zahlt oder die Schenkung ohne Bedingungen und Bindungen erfolgen wird. Es besteht kein Zweifel daran, dass es, angesichts ihrer historischen Schuld und Pflicht, den Schaden wiedergutzumachen, das Richtige wäre. Aber in Wahrheit werden wir nie erreichen, dass die Kapitalisten zahlen, bis wir nicht das kapitalistische System besiegt und ersetzt haben.«[12] Die Yasuní-ITT-Initiative zeigt in genau diese Richtung, sie trägt dazu bei, den Kapitalismus zu überwinden und die Welt in Richtung Menschenrechte und Rechte der Natur grundlegend zu verändern.

In der Praxis führte die Regierung jedoch unter Missachtung der Verfassungsvorschriften ihren finanziell ausgerichteten Weg weiter fort. Die letzte Verhandlungskommission war nicht mehr so hochkarätig besetzt wie die vorherigen. Die für die Leitung der internationalen Verhandlungen verantwortliche Person ging ohne klare Zielangaben vor, wie bei einer im Fernsehen übertragenen Geldsammelshow, ohne politisches und strategisches Profil.[13]

Am 15. August 2013, dem Tag, an dem der ecuadorianische Präsident die Yasuní-ITT-Initiative offiziell begrub, fand dann ein kompletter Richtungswechsel statt. Viele der im In- und Ausland zur Förderung der Initiative vorgebrachten Argumente waren nun vergessen oder wurden einfach geleugnet. Die versteckt lebenden indigenen Völker verschwanden von den offiziellen Karten des Gebiets. Der Schutz einer extrem empfindlichen Artenvielfalt wurde über Nacht zu einer leichten Übung erklärt, es wurde sogar entgegen offensichtlicher Tatsachen behauptet, dass überhaupt nur ein Millionstel der Fläche des ITT-Gebiets betroffen wäre. Der CO_2-Ausstoß gab plötzlich keinen Anlass mehr zur Sorge. Die potenziellen Erdöleinnahmen stiegen von einem Barwert von 7 Milliarden auf 18,2 Milliarden US-Dollar, also auf mehr als das Doppelte. Und gleichzeitig wurde der Gesellschaft die hoffnungsvolle Nachricht überbracht, dass Ecuador mit dem Erdöl aus dem ITT seinen Erdölhorizont beträchtlich erweitern und nun endlich die Armut ausrotten könne …

Grenzen und Möglichkeiten finanzieller Entschädigung

Man kann die vielen Argumente, die im Laufe von sechs Jahren zugunsten der Nichtförderung des ITT-Erdöls vorgebracht worden sind, nicht einfach vergessen. Die Liste von offiziellen Dokumenten und Aktionen ist sehr lang. Denken wir nur an die Veranstaltungen und Maßnahmen, die von den diplomatischen Vertretungen Ecuadors organisiert und vorgenommen wurden. Angesichts der neuen Berechnungen der Erdöleinnahmen sollte man sich jedenfalls ein paar Fragen stellen.

Wir nehmen die Regierungsangaben über die potenziellen Einnahmen aus der Erdölförderung im ITT als wahr an, 18,2 Milliarden US-Dollar Barwert, berechnet anhand von 40 Milliarden US-Dollar Nominalwert. Ein potenzieller Betrag muss über einen Zeitraum anteilsmäßig aufgeteilt werden. Das Erdöl im ITT wird im Laufe von 22 bis 25 Jahren gefördert werden. Das bedeutet, dass der Staat pro Jahr durchschnittlich weniger als 2 Milliarden US-Dollar im Nominalwert erhalten könnte.[14]

Diese Werte, deren Berechnungen schon viele Ungereimtheiten aufweisen, liefern nicht alle erforderlichen Informationen für fundierte Entscheidungen. Bei derartigen Projekten werden oft unvollständige Berechnungen angestellt, da weder alle wirtschaftlichen Kosten berücksichtigt noch erst recht die sozialen und Umweltkosten eingerechnet werden. Außerdem gibt es keine Technologie, die gewährleisten kann, dass kein Erdöl ausläuft oder andere typische Unfälle geschehen, die dieser ökologisch so reichen und empfindlichen Region schaden, und die die Risiken für die in freiwilliger Isolation lebenden Gemeinschaften beseitigt.[15]

Daran zu glauben, dass mit den genannten Einnahmen die Armut ausgemerzt werden könne, ist ein Trugschluss. Wir exportieren seit August 1972 Erdöl aus dem Amazonasgebiet, und Ecuador hat sich weder entwickelt noch die Armut besiegt. Nicht zu vergessen ist dabei, dass die seit 2007 im Amt sitzende Regierung in der Geschichte der Republik die bislang höchsten Einnahmen erzielt hat: nominal gesehen, über 220 Milliarden Dollar, wenn man die Einnahmen des Staatshaushalts dieser sieben Jahre zusammenzählt. Dennoch ist es ihr nicht gelungen, die Armut auszurotten. Auch wenn man anerkennen muss, dass sie auf Landesebene die Armut von 37 Prozent auf 22 Prozent verringert hat. Doch ist in den Provinzen mit den höchsten indigenen Einwohnerzahlen, so auch in den Amazonasprovinzen, die Armutsrate gleich geblieben.

> »Daran zu glauben, dass mit den genannten Einnahmen die Armut ausgemerzt werden könne, ist ein Trugschluss.«

Man muss sich darüber im Klaren sein, dass die Armut nicht nur mit sozialen Investitionen und öffentlichen Vorhaben überwunden werden kann, sondern dass es dazu einer tief greifenden Umverteilung des Reichtums bedarf (die in Ecuador nicht stattfindet; zwar ist die Verteilung der Steuereinnahmen gerechter geworden, doch hat sich parallel dazu die Konzentration des Reichtums verschärft).

Wenn man sich vornehmen würde, den Reichtum umzuverteilen, wären genügend Mittel vorhanden, um die Armut zu beseitigen. Derzeit beträgt die Steuerlast für den Umsatz der 110 reichsten Gruppen 2,9 Prozent. Wenn wir diese Last um gerade einmal 1,5 Prozent erhöhen würden, flössen mindestens zwei Milliarden US-Dollar mehr in die Staatskasse als das, was mit der Yasuní-ITT-Initiative erreicht werden soll. Eine weitere Finanzierungsquelle täte sich auf, wenn die Treibstoffsubventionen, die vor allem die Reichen begünstigen, verringert oder eingestellt werden würden. Auch eine Neuverhandlung der Verträge mit den Telefongesellschaften würde viel einbringen, da deren Gewinne jährlich bei 38,5 Prozent (achtunddreißig Komma fünf Prozent) des Nettovermögens liegen. Man könnte auch noch ein paar andere Maßnahmen anführen.

Über diese Berechnungen hinaus muss klar sein, dass es sich nicht um eine rein finanzielle Angelegenheit handelt, sondern vor allem um Fragen der politischen Ethik. In der nationalen und internationalen Gesetzgebung der Menschenrechte gibt es präzise Einschränkungen, wenn es um Gebiete geht, in denen sich in freiwilliger Isolation lebende Gemeinschaften befinden, und dass es absolut verboten ist, diese zu schädigen. Auch muss noch einmal auf die Gültigkeit der in der ecuadorianischen Verfassung verankerten Rechte der Natur hingewiesen werden.

Nach dem Scheitern der Regierung hat sich das Volk zu Wort gemeldet

In Ecuador sind es heute viele, die mit gewichtigen Argumenten fordern, dass das Erdöl im Boden belassen wird, auch wenn es nicht gelingt, die internationale finanzielle Gegenleistung zu bekommen.

Deshalb versuchte das ecuadorianische Volk über eine Volksabstimmung, die Führung in die Hand zu nehmen, nachdem die Regierung von Präsident Correa gescheitert war. Eine Gruppe junger Leute – das Kollektiv Yasunídos – hat die schwere Aufgabe übernommen, die Unterschriften für die Volksabstimmung zu sammeln. Mit sehr wenig Geld und ohne wirksame Unterstützung der etablierten politischen Gruppen mussten die Yasunídos eine immense Repression seitens mehrerer staatlicher Instanzen über sich ergehen lassen. Dennoch gelang es ihnen, in der verfügbaren Zeit 30 Prozent mehr Unterschriften zu sammeln und einzureichen als von der Verfassung vorgeschrieben: insgesamt fünf Prozent der im Wahlregister eingetragenen Personen, etwa 580.000 Unterschriften.

Dieses Riesenunterfangen war dann aufgrund eines klaren Betrugs seitens des nationalen Wahlrats doch nicht erfolgreich, der zusammen mit der Regierung einen großen Teil der vorgelegten Unterschriften für ungültig erklärte (etwa 400.000). Zur Rechtfertigung wurde eine Reihe von betrügerischen Argumenten und Formalitäten angeführt, die nicht einmal verfassungskonform sind. Wissenschaftler verschiedener Universitäten und sogar ein umfangreicher Bericht, für den zahlreiche international anerkannte Experten und Persönlichkeiten bürgten, haben dies alles ans Licht gebracht und dokumentiert.

Den Verfehlungen der Staatsführung können aus den letzten Jahren noch weitere beigestellt werden: erstens die Weigerung der Regierung, eine Gruppe deutscher Parlamentsangehöriger das ITT-Gebiet besuchen zu lassen, um zusammen mit einer Gruppe Kritiker (unter anderem den Yasunídos) die Förderentscheidung der Regierung zu überprüfen; und zweitens die Verhinderungsbemühungen der Regierung im Dezember 2014, dass eine Delegation der Yasunídos nach Lima reist, um dort am Klimagipfel teilzunehmen. Trotz dieser repressiven Aktionen gelang es den Yasunídos und den deutschen Abgeordneten, sich in der Hauptstadt Perus zu treffen.

Der zweifellose Erfolg eines noch unvollendeten Projekts

Trotz des Scheiterns der Yasuní-ITT-Initiative auf Regierungsebene hat die Bewegung auch ein paar befriedigende Ergebnisse erbracht.

Das Thema hat sich mit seinen vielen Aspekten in der nationalen wie auch der internationalen Debatte positioniert. Außerdem ist es angesichts der ständig wachsenden Erkenntnis, dass CO_2-Ausstöße verringert und vermieden werden müssen, ein konkreter Vorschlag, um Kohlenwasserstoffe im Boden zu belassen.

Die Bedeutung der Initiative ist auch daran abzulesen, dass sich andere Vorschläge direkt oder indirekt von der zugrunde liegenden Idee haben inspirieren lassen und nun sogar das Verb »Yasunízar«[16] (Yasunisieren) geprägt worden ist – an Orten wie dem Nigerdelta, auf den

Lofoten in Norwegen, den Inseln San Andrés und Providencia in Kolumbien sowie auf der Kanarischen Insel Lanzarote. In demselben Sinn wird in Frankreich und woanders in Europa gegen das Fracking von Schiefergas gekämpft.

Schließlich und endlich würde die Nichtförderung des ITT-Erdöls, das ungefähr 20 bis 30 Prozent der ecuadorianischen Erdölreserven ausmacht und von der Menschheit in gerade einmal neun Tagen verbraucht werden würde, den Weg zur unerlässlichen Wiederannäherung der Menschen an die Natur eröffnen. Damit wäre auch der Weg zur Energietransition geebnet, die Phase der fossilen Brennstoffe, deren biophysische Grenzen nur allzu deutlich zutage treten, wäre zunehmend passé.

So betrachtet und ohne in gewinnorientierten und egoistischen Denkweisen verhaftet zu bleiben, kann man nur hoffen, dass viele ähnliche Initiativen in der Welt aufblühen. Das Motto lautet: Schaffen wir zwei, drei … viele Yasunís!

»*Trotz des Scheiterns der Yasuní-ITT-Initiative auf Regierungsebene hat die Bewegung auch ein paar befriedigende Ergebnisse erbracht.*«

1
Die Wege der Hölle kennen, um sie zu meiden

»Auch wenn ich wüsste, dass morgen die Welt zugrunde geht, würde ich heute noch einen Apfelbaum pflanzen.«

Martin Luther

Die in den letzten Jahrzehnten in Lateinamerika vorgebrachten Vorschläge zum »Guten Leben« betreffen einen tief greifenden Wandel und Wege zur zivilisatorischen Veränderung. Die Mobilisierungen und die Volksaufstände, vor allem der indigenen Bevölkerung in Ecuador und Bolivien, bilden als Schmiede dauerhafter historischer, kultureller und sozialer Prozesse die Grundlage für das »Gute Leben« (»Buen Vivir« in Ecuador und »Vivir Bien« in Bolivien). In diesen Andenländern haben revolutionäre Ideen in den Debatten um die neuen Verfassungen an Kraft gewonnen, sind dann auch in diese eingegangen, haben sich bisher jedoch noch nicht in konkreten politischen Maßnahmen manifestiert …

Zusammenfassend kann man sagen, dass »Sumak Kawsay« eine Chance bietet, gemeinsam ein neues, anderes Leben aufzubauen. Es ist kein in ein paar Verfassungsartikeln niedergeschriebenes Rezept und auch nicht einfach ein neues Entwicklungsprogramm. Das »Gute Leben« ist im Kern der Lebensprozess, der einer Gemeinschaft von Völkern entspringt, die in Harmonie mit der Natur leben. Sie haben es geschafft, sich gegen die Vereinnahmung durch das Erbe eines lange währenden und schwer abzuschüttelnden Kolonialismus zur Wehr zu setzen. Mit ihren individuellen Vorschlägen entwickeln sie eine andere Zukunftsvision und speisen damit die globalen Diskurse. Das in diesem Buch zusammengefasste Bild des »Guten Lebens« greift Werte, Erfahrungen und vor allem bestehende Praktiken von Völkern in den Anden, im Amazonasgebiet und an anderen Orten der Welt auf.

Das »Gute Leben«, und das ist grundlegend, ist ein wichtiger qualitativer Schritt bei der Überwindung eines traditionellen Entwicklungskonzepts und seiner zahlreichen Synonyme. Es bringt neue, inhaltlich viel reichere, allerdings auch komplexere Visionen ein. Genau deshalb ist die Diskussion über das »Gute Leben« so besonders anregend.

Die Konzeption des »Guten Lebens« zeigt Fehler und Grenzen der einzelnen sogenannten Entwicklungstheorien auf. Sie kritisiert das gängige Verständnis von »Entwicklung«, da es heute als Antriebskraft das Leben eines Großteils der Menschheit reguliert und bestimmt, obwohl es diesem Großteil perverserweise unmöglich ist, die so sehnsüchtig angestrebte »Entwicklung« zu erlangen. Gleichzeitig muss man feststellen, dass die angeblich fortgeschrittenen Länder immer mehr Anzeichen einer Fehlentwicklung aufweisen. All dies in einer Welt, in der die Kluft zwischen Reich und Arm selbst in den Industrieländern ständig größer wird.

Die Diskussion über das »Gute Leben« wird von vielen unterschiedlichen Vorschlägen bereichert, die sowohl regionale als auch überregionale Elemente aufgreifen. Die Visionen der von der Geschichte marginalisierten Völker, ganz besonders der indigenen Völker und Nationalitäten, bietet eine Chance für den Aufbau einer anderen Gesellschaft, die sich auf ein Zusammenleben der Menschen in ihrer Vielfalt und in Harmonie mit der Natur stützt, indem sie die in der Welt vorhandenen, unterschiedlichen kulturellen Werte anerkennt.

Die Frage, die man sich an diesem Punkt stellen muss, lautet: Ist es möglich und realistisch zu versuchen, innerhalb des Kapitalismus eine

> »Die Visionen bieten eine Chance für den Aufbau einer anderen Gesellschaft.«

neue Sozialordnung aufzubauen? Eine Sozialordnung, die auf Menschenrechten und den Rechten der Natur basiert? Eine Ordnung, die von Harmonie, Gegenseitigkeit und Solidarität inspiriert wird? Die Antwort ist simpel: Das ist schlicht unmöglich. Also heißt die Aufnahme des »Guten Lebens« in die Verfassung noch lange nicht, dass das »alte« System, das in seinem Kern Ungleichheit und Verwüstung bedeutet, überwunden ist. Es heißt aber auch nicht, dass zuerst der Kapitalismus überwunden werden muss, um das »Gute Leben« umzusetzen. Wie man im Laufe einer Jahrhunderte währenden Kolonialisierung sehen konnte, sind die Werte, Erfahrungen und Praktiken des »Guten Lebens« oder »Sumak Kawsay« auch heute noch lebendig.

Wenn man verstehen will, was das »Gute Leben« beinhaltet – und das ist nicht, was man im Westen unter »Wohlstand« versteht –, muss man sich zuerst die Kosmovision bzw. die Weltanschauung der indigenen Völker und Nationalitäten vergegenwärtigen.

Zunächst wollen wir uns jedoch darauf konzentrieren, einige Differenzierungen und Präzisierungen vorzunehmen, um das Feld abzustecken.

Der Staat ist zwar nicht das einzige strategische Aktionsgebiet, doch erweist es sich als unerlässlich, ihn im Sinne von Plurinationalität und Interkulturalität neu zu denken. Dabei handelt es sich um ein historisches Anliegen, dem es nicht einfach darum geht, den derzeitigen Staat zu modernisieren, die indigenen und afrostämmigen Besonderheiten verwaltungstechnisch einzugliedern oder Sonderräume wie die zweisprachige interkulturelle Schulbildung für Indigene zu fördern oder bürokratische Stellen für den Umgang mit dem Indigenen zu schaffen. Die interkulturelle Schulbildung, und das soll hier kategorisch klargestellt werden, muss für das gesamte Bildungssystem konzipiert und auch umgesetzt werden, und dabei muss sie sich auf andere Grundkonzepte stützen, um das »Gute Leben« aufzubauen.

In einem plurinationalen Staat müssen die kulturellen Kodices der indigenen Völker und Nationalitäten berücksichtigt werden. Das heißt, dass eine breit angelegte Debatte über dieses Thema zugelassen werden muss, um einen anderen Staat zu ermöglichen, der nicht an die eurozentrischen Traditionen gebunden ist. Bei diesem Prozess müssen die bestehenden Strukturen neu gedacht werden; Institutionen müssen aufgebaut werden, in denen eine horizontale Machtausübung zur Realität werden kann. Um das zu erreichen, muss der Staat von Einzelnen und vor allem von den Gemeinschaften als aktiven sozialen Organisationsformen »verbürgert« werden. Mit anderen Worten: Die Demokratie als solche muss neu gedacht und vertieft werden.

> »Die Demokratie als solche muss neu gedacht und vertieft werden.«

Das Thema ist und bleibt politisch. Wir können nicht auf eine »technische« Lösung warten. Unsere Welt muss politisch neu gedacht und von der Gemeinschaft aus neu geschaffen werden. Dementsprechend müssen wir einen Transformationsprozess anschieben, der von neuen Utopien gespeist wird. Ja, eine andere Welt wird möglich sein, wenn man sie gemeinschaftlich und auf der Grundlage der Menschenrechte – der politischen, wirtschaftlichen, sozialen und kulturellen sowie der Umweltrechte des Einzelnen, der Familien und der Völker –, aber auch der Rechte der Natur denkt und organisiert.

Die Überwindung von Ungleichheit und Ungerechtigkeit ist genauso unerlässlich wie Entkolonialisierung und die Befreiung von patriarchalen Strukturen. Darüber hinaus muss der Rassismus bezwungen werden, der in vielen unserer Gesellschaften tief verwurzelt ist. Die sozialen wie auch die territorialen Fragen müssen dringend aufgegriffen werden.

Ebenfalls hat sich inzwischen die grob vereinfachende Sichtweise als hinfällig erwiesen, die den Ökonomismus als Drehachse der Gesellschaft sieht. Man setzt auf eine andere Zukunft, die nicht allein mit radikalen Diskursen ohne jegliche inhaltliche Vorschläge erreicht werden kann. Produktions-, Austausch- und Kooperationsverhältnisse müssen aufgebaut werden, die eine auf Solidarität basierende

Suffizienz (nicht nur Leistungsfähigkeit) ermöglichen. An dieser Stelle möchten wir darauf hinweisen, dass der Mensch, wie die ecuadorianische Verfassung besagt, Mittelpunkt und grundlegender Faktor der Wirtschaft ist. In diesem Sinne sind der Ausbau würdevoller Arbeit zu stärken und jegliche Form der Prekarisierung zu verurteilen. Die Menschen müssen sich organisieren, um die Kontrolle über ihr eigenes Leben zurückzugewinnen. Aber es geht nicht allein darum, die Arbeitskraft zu verteidigen und die im Übermaß geleistete Arbeitszeit für die Arbeitenden wiederzugewinnen, sich also der Ausbeutung von Arbeitskraft zu widersetzen. »Sumak Kawsay« bedeutet viel mehr: die Verteidigung des Lebens gegen eine anthropozentrische Organisation der Produktion, die den Planeten durch Raubbau zerstört.

Aus oben Gesagtem ergibt sich, dass eine der großen Aufgaben darin besteht, die Trennung von Natur und Mensch aufzuheben. Wenn man die Zukunft des Menschen auf der Erde nicht gefährden will, ist es dringend notwendig, diese historische Veränderung umzusetzen. Darum geht es der ecuadorianischen Verfassung (2008), in der die Rechte der Natur verankert sind. In der bolivianischen Verfassung (2009) werden diese nicht angeführt, auch wenn in ihr der »Pacha Mama« oder der »Mutter Erde« eine bedeutende Rolle eingeräumt wird. Die Beziehung zur Natur ist ein Schlüsselaspekt für den Aufbau des »Guten Lebens«.

> »Eine der großen Aufgaben besteht darin, die Trennung von Natur und Mensch aufzuheben.«

In Ecuador ist die Natur als Rechtssubjekt anerkannt. Diese biozentrische Haltung gründet auf einer alternativen ethischen Perspektive und erkennt die eigenen Werte der Umwelt an. Alles Seiende hat, auch wenn es nicht identisch ist, einen ontologischen Wert, auch dann, wenn es dem Menschen nicht nützlich ist. Die bolivianische Verfassung weist keine solche biozentrische Haltung auf. Mit ihrem Mandat zur Industrialisierung der Naturressourcen bleibt sie im Gegenteil sogar dem klassischen, auf der Aneignung der Natur basierenden Fortschrittsgedanken verhaftet.

Es geht nicht einfach darum, das bisher Getane besser zu machen und darauf zu warten, dass sich die Dinge zum Guten ändern. Als Teil eines neuen, kollektiven Sozial- und Umweltpakts müssen neue Freiheitsräume geschaffen und alle Barrieren aus dem Weg geräumt werden, die seine Umsetzung verhindern.

Heute, inmitten der internationalen Finanzkrise, die nur eine Facette der Zivilisationskrise ist, in der sich die Menschheit befindet, ist es unerlässlich, andere Lebensformen zu schaffen, die nicht von der Kapitalakkumulation bestimmt werden. Das »Gute Leben« ist dafür auch wegen seines politischen Transformations- und Mobilisierungspotenzials geeignet. Es ist endgültig an der Zeit, ein neues Kapitel aufzuschlagen.

Die Ideen, die in den beiden erwähnten Ländern ihren Weg in die Verfassung gefunden haben, bringen viele Wünsche des Volkes zum Ausdruck, werden aber von den traditionellen Verfassungsrechtlern, die den Forderungen der Mächtigen nachgeben, oft nicht akzeptiert (auch selten verstanden). Diejenigen, die um ihre Privilegien fürchten oder glauben, sie hätten die verfassungsrechtliche Wahrheit gepachtet, werden ihren Kampf dagegen nicht einstellen. Frustrierend ist auch, dass die Regierungen Boliviens und Ecuadors, die ja diese Verfassungsprozesse unterstützten und sie per Volksentscheid bestätigt bekamen, die Grundordnungen des »Buen Vivir« bzw. des »Vivir Bien« immer stärker kritisieren und gefährden.

Das »Gute Leben« – als Lebensphilosophie verstanden – öffnet den Weg für die Verwirklichung eines befreienden Projekts, das ohne Vorurteile und Dogmen auskommt. Ein Projekt, das als Ergebnis zahlreicher Widerstandskämpfe und Änderungsvorschläge von Erfahrungen aus vielen Teilen der Welt bereichert wird und das den Ausgangspunkt für die Errichtung demokratischer Gesellschaften bildet.

Wenn man diesen anderen Weg einschlagen will, muss man das Grundziel und die Beweggründe des »westlichen Entwicklungsmodells« überwinden. Es gilt, die konventionellen Konzeptionen und die Sprachgewohnheiten von Entwicklung und Fortschritt, die seit über 500 Jahren herrschen, radikal umzuwandeln. Wolfgang Sachs hat dies bereits im Jahr 1992 so formuliert: »Der Fortschrittspfeil ist zerbrochen, und die Zukunft hat ihren Glanz verloren: Uns erwarten mehr Bedrohungen als Versprechen.«

Wir müssen uns aufmachen, das Wichtige und Notwendige zu identifizieren, in der Hand eine Karte des Weges, der dabei *nicht* betreten werden soll, wie dies schon Niccolò Machiavelli vor mehr als 500 Jahren empfahl: »Man muss die Wege der Hölle kennen, um sie zu meiden!«

2
Das »Gute Leben« –
ein globaler Vorschlag

*»Erst ignorieren sie dich, dann lachen sie über dich,
dann bekämpfen sie dich, dann gewinnst du.«*

Mahatma Gandhi

Das »Gute Leben« – als vorurteilsfreier Vorschlag, der auf Harmonie mit der Natur, Gegenseitigkeit, Relationalität, Ergänzung und Solidarität zwischen Einzelpersonen und Gemeinschaften basiert, das Konzept der ständigen Akkumulation ablehnt und eine Rückkehr zu den Gebrauchswerten anstrebt – ermöglicht eine Formulierung alternativer Lebensvorstellungen. Bevor wir zu seinen an vielen Orten der Welt vorhandenen Inhalten, Werten, Erfahrungen und Praktiken kommen, wollen wir ein paar Überlegungen zur potenziellen Gültigkeit dieser Ideen im globalen Zusammenhang anstellen.

> *»Das ›Gute Leben‹ basiert auf Harmonie mit der Natur, Gegenseitigkeit, Relationalität, Ergänzung und Solidarität.«*

Ohne seinen historischen Ursprung vergessen oder gar manipulieren zu wollen, kann das »Gute Leben« als Diskussionsgrundlage zur Abstimmung und Umsetzung von Antworten dienen. In diesem Sinn kann das »Gute Leben« als Teil grunddemokratischer Prozesse sogar dann nützlich sein, wenn es darum geht, globale Antworten auf die Herausforderungen der

Menschheit zu finden, auf die zerstörerischen Auswirkungen des Klimawandels in der ganzen Welt, die wachsende Marginalisierung und soziale Gewalt. Inmitten der Krise in den ehemaligen Zentralstaaten kann es zu einem Paradigmenwechsel beitragen.

Es ist verständlich, dass derartige Diskussionen auf sehr viel mehr abzielen als auf die instrumentelle Korrektur einer Entwicklungsstrategie und, wie wir weiter unten noch sehen werden, des Konzepts vom ständigen Wirtschaftswachstum.

Der gängige Entwicklungsdiskurs, der Beherrschungs- und Ausschlussszenarien rechtfertigt und noch aus der Kolonialzeit stammt, ist nicht mehr haltbar. Gebraucht wird ein antihegemonialer Diskurs, der den bestehenden, auf Beherrschungspraxis aufbauenden ablöst und gleichzeitig neue Regeln und eine neue Aktionslogik schafft. Deren Erfolg wird davon abhängen, ob es uns gelingt, global zu denken, Vorschläge zu entwickeln, uns zu entfalten und uns auch zu empören.

Zwar wurde das Konzept des »Guten Lebens«, das das eurozentristische Wohlstandskonzept infrage stellt und eine Kampfansage an die Kolonialität der Macht ist, im Anden- und Amazonasgebiet geprägt, doch muss man auch weitere Inspirationsquellen des »Guten Lebens« berücksichtigen. An verschiedenen Orten der Welt und sogar in Kreisen der westlichen Kultur werden – schon seit Langem – immer mehr Stimmen laut, die in gewisser Weise mit dieser indigenen Vision übereinstimmen. Das Konzept des »Guten Lebens« ist nicht nur in der indigenen Welt historisch verankert, sondern stützt sich auch auf andere philosophische Grundlagen, seien diese nun ökologisch, feministisch, genossenschaftlich, marxistisch, humanistisch …

Allmählich beginnt man in der Welt zu verstehen, dass der vorherrschende Lebensstil global nicht haltbar ist. Das grenzenlose materielle Wachstum könnte in einem kollektiven Selbstmord enden. Auf globaler Ebene hat der Ansatz, dass die natürlichen Ressourcen unerschöpflich sind und Wachstum auf einem Markt basiert, der alles Produzierte aufnehmen kann, nicht zu Entwicklung geführt und wird dies auch in Zukunft nicht tun. Ganz im Gegenteil. Der anerkannte

Wirtschaftswissenschaftler Kenneth Boulding hatte recht – und befand sich damit auf einer Linie mit Nicholas Georgesku-Roegen –, als er sagte: »Wer auch immer glaubt, dass das exponentielle Wachstum in einer begrenzten Welt andauern kann, ist entweder verrückt oder Wirtschaftswissenschaftler.«

Nicht genug damit, dass die Mehrheit der Weltbevölkerung durch diesen Ansatz keinen materiellen Wohlstand genießt – er gefährdet zudem die Sicherheit, Freiheit und Identität der Menschen. Im Mittelalter war die Mehrheit der Bevölkerung strukturell vom Fortschritt ausgeschlossen, doch auch heute kommt sie nicht in den Genuss der Fortschrittsvorteile oder erhascht gerade mal ein paar Krümel.

Im tiefsten Mittelalter hatten die Leute keine Zeit zum Nachdenken. Sie waren zu sehr damit beschäftigt, Krankheiten wie die Pest, Unterernährung, Fronarbeit und die Misshandlung durch ihre Feudalherren sowie die endlosen Kriege zu überleben. Heute sieht die Lage für Millionen Erdbewohner nicht viel besser aus, sie hat sich durch die Auswirkungen des Konsumismus sogar verschlechtert.

Die Konsumbotschaften dringen noch in die letzten Winkel der Gesellschaft. Die globale Verbreitung bestimmter Konsummuster in einer als pervers zu bezeichnenden Informationsspirale führt dazu, dass auch solche Bevölkerungsgruppen sie in ihre Vorstellungswelt aufnehmen, die finanziell nicht in der Lage sind, an diesem Konsum teilzuhaben, und daher für immer seine Gefangenen bleiben.

Man darf außerdem nicht vergessen, dass die großen privaten und regierungsnahen Medienkonzerne nicht selten Veröffentlichungen behindern und alles marginalisieren, was nicht ihrer Machtlogik entsprechen will. Auch das Informationsüberangebot erfüllt diese Marginalisierungsaufgabe und macht aus allem eine Art programmierte Banalität. Nicht allein Institutionen kontrollieren die Information, die Bürger selbst werden in ihrer Eigenschaft als Verbraucher zu Urhebern ihrer eigenen Entfremdung. Sehr viele Menschen produzieren nur mit dem Gedanken an Konsum, müssen aber gleichzeitig erleben, dass sie ihre Bedürfnisse nie werden befriedigen können. So bilden dann Produktion und Konsum einen Teufelskreis, der nirgendwohin führt. Zugleich werden die vorhandenen Ressourcen auf irrationale Weise erschöpft und die sozialen Ungerechtigkeiten weiter vertieft. Bei diesem absurden Teufelskreis aus steigender Produktion und nicht erfülltem Verlangen spielt der technische Fortschritt oft eine ausschlaggebende Rolle.

So sieht einer der schärfsten Widersprüche unserer Zeit aus. Die Entwicklung von Wissenschaft und Technologie sowie ihre technologische Umsetzung schienen uns unbegrenzte Möglichkeiten zu eröffnen, haben aber in Wirklichkeit den Zugang zu diesem Wissen noch weiter eingeschränkt.

Ohne die Tragweite des schnellen technologischen Fortschritts leugnen zu wollen, der uns vor allem in den letzten Jahrzehnten tagtäglich Überraschungen gebracht hat, muss man sich darüber im Klaren sein, dass nicht die ganze Menschheit in den Genuss dieser Vorteile kommt. Es gibt zum Beispiel große Bevölkerungsgruppen, denen die Welt der Informatik verschlossen ist: Zu Beginn des neuen Jahrtausends leben Millionen Menschen auf dieser Welt, die keinen Zugang zum Internet haben, während zugleich viele andere, obwohl sie Zugang haben, im Grunde technologische Analphabeten sind.

Hier taucht eine interessante Frage auf: Ist Technik neutral? Wie lange werden wir noch warten müssen, bis der Fortschritt die enormen bestehenden Probleme gelöst hat? Es geht hier nicht um eine konservative Haltung gegenüber dem technologischen Fortschritt, sondern um die Frage nach seinem Sinn. Die moderne Technik ist der Kapitalbewertung unterworfen, und das macht sie in vielerlei Hinsicht schädlich.

Wie wir sehr wohl wissen, ist Technik nicht neutral. Sie wird oft zur Befriedigung von Kapitalakkumulationsinteressen entwickelt. Vergessen wir nicht, dass jede Technik auch als »soziale Form« in Erscheinung tritt, mit der wir miteinander in Beziehung treten und uns selbst darstellen.

Man muss sich also fragen, welche soziale Form in diesem vorgeblich demokratisierenden technischen Fortschritt enthalten ist, den wir alle mitmachen sollen. In Wahrheit ist es doch eher so, dass viele neue Techniken auch Quellen neuer Formen der Ungleichheit und der Ausbeutung sind. Im täglichen Leben führen sogenannte technologische Fortschritte dazu, dass bestimmte Arbeitnehmer und Arbeitnehmerinnen überflüssig werden, da gewisse Funktionen des menschlichen Gehirns nicht mehr gefragt sind. Dies führt zu einer Neudefinition der Arbeit in kognitiver Hinsicht und trägt zu ihrer Flexibilisierung bei. Zudem werden all diejenigen ausgeschlossen oder verdrängt, die nicht auf die Technologie zugreifen können. Von dieser Perspektive aus erweist es sich als notwendig, die gesellschaftlichen Produktionsbedingungen zu verändern, um eine andere Art von Technik zu erreichen.

Auf der Suche nach solchen neuen Lebens- und Produktionsformen muss die politische Debatte neu belebt werden, die vom ökonomistischen Blick auf die Mittel und den Zweck verblendet ist. Infolge der Vergötterung wirtschaftlicher und vor allem marktkonformer Aktivität sind viele nichtökonomische Instrumente vernachlässigt worden, die zur Verbesserung der Lebensbedingungen unerlässlich sind. Es ist zum Beispiel ein Fehler zu glauben, dass die globalen Umweltprobleme mit marktwirtschaftlichen Instrumenten gelöst werden können. Ein Fehler, der uns noch teuer zu stehen kommen kann. Es hat sich gezeigt, dass (bisher noch nicht ausreichende) Normen und Regulierungen wirksamer sind als Angebot und Nachfrage, die »selbstregulativen Gesetze« der kapitalistischen Wirtschaft. Die Lösung der Probleme verlangt also einen übergreifenden Ansatz. Denn wir befinden uns in einer hochkomplexen Lage, die nicht monokausal erklärt werden kann.

Der Vorschlag des »Guten Lebens« kann sich – vorausgesetzt, die Gesellschaft macht ihn sich aktiv zu eigen – in den weltweit geführten Debatten stark positionieren und sogar den Startschuss für einen Schulterschluss der großen Mehrheit der Weltbevölkerung geben. Anders ausgedrückt: Die Diskussion um das »Gute Leben« sollte sich nicht auf die Realität in den Anden und im Amazonasgebiet beschränken. Zugegebenermaßen ist der Aufbau des »Guten Lebens« in vom Kapitalismus vereinnahmten Gemeinschaften eine äußerst schwierige Herausforderung; dennoch sind wir überzeugt, dass es viele Optionen gibt, um mit der Umsetzung dieser Utopie auch an anderen Orten der Erde und selbst in den Industrieländern zu beginnen.

Auf diesem Weg der gemeinsamen Suche nach vielfältigen Alternativen können die aktuellen globalen Herausforderungen nicht außen vor bleiben. Auch wenn die auf diesen Seiten vorgetragene Debatte zum Beispiel keine punktuellen und spezifischen Überlegungen zur Behandlung der derzeitigen internationalen Finanz- und Wirtschaftskrise enthält, muss an dieser Stelle etwas angemerkt werden. Es ist nicht einmal innerhalb der Logik des internationalen Rechts tolerierbar, dass Finanzinstrumente als Druckmittel eingesetzt werden, damit ein großer Staat oder eine von wenigen mächtigen Staaten kontrollierte Instanz schwächeren Ländern (oft unhaltbare) Bedingungen aufzwingt. Dies war und ist gegeben im Fall der Auslandsverschuldung, die zu einem Instrument der politischen Beherrschung gemacht wurde. Auf dieses Thema werden wir noch einmal zurückkommen, wenn wir Vorschläge zum Aufbau einer neuen Wirtschaft im Rahmen einer neuen Gesellschaft unterbreiten. Die Suche nach globalen Lösungen muss darüber hinaus auch die Forderung nach massiver Abrüstung beinhalten, um die so frei werdenden Mittel für die Befriedigung der dringendsten Bedürfnisse der Menschheit einzusetzen und viele gewaltträchtige Situationen buchstäblich zu entwaffnen.

Das aus utopischen Visionen hervorgegangene »Gute Leben« existiert durchaus in der Realität des weiterhin gültigen kapitalistischen

Systems und der unabdingbaren Notwendigkeit, in dieser Welt das Leben der Menschen untereinander und mit der Natur harmonisch zu gestalten. Es muss ein Leben sein, das die Fähigkeit zur Selbstversorgung und Selbstverwaltung in Gemeinschaft lebender Menschen in den Mittelpunkt stellt. Dieser Ansatz muss sich auf »die Substanzen« (Ana Esther Ceceña) und weniger auf die Formen (Institutionen und Regulierungen) ausrichten. Und das ist definitiv eine große Herausforderung für die Menschheit.

Es bedeutet nämlich, dass ein Epochenwandel gedacht werden muss. Die Postmoderne, eine Zeit der Ernüchterung, muss überwunden werden. Es kann nicht weiterhin das zerstörerische Entwicklungsmodell herrschen, dessen Paradigma endloses Wirtschaftswachstum ist. Das Konzept des Fortschritts als ständige Akkumulation materieller Güter muss demzufolge überwunden werden.

Wie können, von der derzeitigen Kapitalismuskrise ausgehend, demokratisch Veränderungen erzielt werden, die eine Potenzierung des Lokalen und des Eigenen sowie erneuerte regionale und lokale Räume und eine andere Art von Staat mit sich bringen? Denn nur so könnten auch globale demokratische Räume entstehen und damit andere territoriale und konzeptuelle Landkarten.

Es wird nicht leicht sein, diese Aufgabe zu lösen. Als Erstes müssen wir die »utopische Dimension«, wie sie von Alberto Flores Galindo dargestellt worden ist, für uns wiedergewinnen. Dazu gehört die Stärkung der demokratischen Grundwerte Freiheit, Gleichheit, Solidarität und Gerechtigkeit, des Weiteren die konzeptuelle Annäherung und Neubewertung des Lebens in Gemeinschaft. Bei diesen neuen, auf wahrer Toleranz aufbauenden Lebensformen müssen zum Beispiel die vielfältigen sexuellen Orientierungen und Organisationsformen von Familien und Gemeinschaften respektiert werden.

Das »Gute Leben« öffnet als Lebensphilosophie das Tor für dieses emanzipatorische Projekt. Es ist von einer Vielzahl historischer Widerstandskämpfe und Änderungsvorschläge geprägt, und vor allem wird es von lokalen Erfahrungen gespeist, die durch Beiträge aus verschiedenen Weltteilen ergänzt werden müssen. Es bildet den Ausgangspunkt für den demokratischen Aufbau von auf allen Gebieten nachhaltigen Gesellschaften. Themen wie die Gestaltung einer neuen Wirtschaft oder die Rechte der Natur, auf die im Folgenden noch ausführlich eingegangen wird, sind für die Menschheit als Ganzes von Interesse und sollten als solche diskutiert und behandelt werden.

Wir können wieder auf Flores Galindo verweisen, wenn es um die Machbarkeit einer anderen Gesellschaft geht: »Es gibt kein Rezept, es gibt auch keinen vorgezeichneten Weg oder eine festgelegte Alternative. All das muss geschaffen werden.«

Keinen vorgezeichneten Weg zu haben ist aber kein Problem. Ganz im Gegenteil: Es befreit uns von dogmatischen Vorstellungen, fordert von uns aber auch mehr Klarheit, wenn es um die Ziele geht, die wir im Übergang zu einer anderen Zivilisation erreichen möchten. Es zählen nicht nur die Ziele, sondern auch die Wege, die beschritten werden müssen, um für uns Menschen ein würdiges Leben zu erreichen und sicherzustellen, dass alle Wesen, seien es Menschen oder nicht, eine Gegenwart und Zukunft haben.

3
Die Entwicklung – von der Euphorie zur Ernüchterung

»Fast ein halbes Jahrhundert lang galt auf der ganzen Welt die Idee der ›Entwicklung‹ als der Maßstab für gutnachbarliche Beziehungen. Heute steht der ›Leuchtturm‹ allerdings eher wie eine Ruine in der Geisteslandschaft, er hat Risse bekommen und droht einzustürzen. Die ›Entwicklung‹ war stets begleitet von Irrtümern, Enttäuschungen, Fehlschlägen und Verbrechen. Inzwischen weiß man: Es hat nicht funktioniert ... Die Entwicklungsvorstellungen sind überholt ... Sie überschattet unser Denken, aber gehört doch unübersehbar einer vergangenen Epoche an. Es ist an der Zeit, sich an eine Archäologie dieser Idee zu machen und ihre Grundmauern mitsamt den zahlreichen Überbauungen freizulegen, um sie als Denkmal einer abdankenden Ära würdigen zu können.«

Wolfgang Sachs

Die Entwicklung, ein flüchtiges Gespenst

Seit Mitte des 20. Jahrhunderts geht ein Gespenst in der Welt um ... das Gespenst der »Entwicklung«. Und obwohl mit ziemlich großer Sicherheit behauptet werden kann, dass die meisten Menschen nicht an Gespenster glauben, haben sie zumindest irgendwann einmal an die »Entwicklung« geglaubt, für die »Entwicklung« gearbeitet, von der »Entwicklung« gelebt – und sie werden dies höchstwahrscheinlich auch heute noch tun.

Es hat einen langen Zeitraum gegeben, in dem die Menschen versuchten, ihre Bedürfnisse so gut wie möglich zu befriedigen – und dieser könnte als Fortschritt bezeichnet werden. Institutionalisiert wurde das globale Entwicklungsmandat am 20. Januar 1949. Bei der Antrittsrede zu seiner zweiten Amtszeit definierte Harry Truman, damaliger Präsident der Vereinigten Staaten, einen Großteil der Welt als »unterentwickeltes Gebiet«. Unter »Punkt vier« sagte er:

> *»Seit Mitte des 20. Jahrhunderts geht ein Gespenst in der Welt um ... das Gespenst der ›Entwicklung‹.«*

»Wir müssen ein mutiges neues Programm starten, um den Nutzen unserer wissenschaftlichen Entdeckungen und unseres industriellen Fortschritts auch für die Verbesserung und das Wachstum unterentwickelter Gebiete verfügbar zu machen. Mehr als die Hälfte der Weltbevölkerung lebt in nahezu elenden Bedingungen. Sie haben keine adäquate Nahrung. Sie sind Opfer von Krankheiten. Ihr Wirtschaftsleben ist primitiv und stagnierend. Ihre Armut ist ein Handicap und eine Bedrohung sowohl für sie als auch für die wohlhabenderen Gebiete. Zum ersten Mal in der Geschichte verfügt die Menschheit über das Wissen und die Fertigkeiten, mit denen sie das Leiden dieser Menschen lindern kann.«

Mit wenigen Worten präsentierte Truman ein starkes ideologisches Mandat:

»Unser Anliegen sollte es sein, diesen freien Völkern der Welt zu helfen, damit sie aus eigener Kraft mehr Nahrung, mehr Kleidung, mehr Baumaterial für ihre Häuser und mehr mechanische Kraft produzieren, um ihre Lasten zu erleichtern. Es muss ein weltweites Unterfangen für Frieden, Erfüllung und Freiheit geben. Mit der Zusammenarbeit von Unternehmen, privatem Kapital, Landwirtschaft und der Arbeitskraft dieses Landes kann dieses Programm die Industrietätigkeit in anderen Nationen weitgehend

erhöhen und ihre Lebensqualität bedeutend verbessern ... Der alte Imperialismus – die Ausbeutung zum Nutzen des Auslands – hat in unseren Plänen nichts zu suchen. Was uns vorschwebt, ist ein auf saubere demokratische Spielregeln aufbauendes Entwicklungsprogramm.«

Kurz zusammengefasst, verkündete der Staatchef der führenden Weltmacht, in dem Bewusstsein, dass sich vor allem die Vereinigten Staaten und weitere Industrienationen »auf dem Gipfel der sozialen Evolutionsskala« (Wolfgang Sachs) befanden, dass alle Gesellschaften denselben Weg gehen müssten (was später als Grundlage für die Stufentheorie von Walt Whitman Rostow dienen sollte) und ein und dasselbe Ziel, die »Entwicklung«, erreichen wollten. Er schuf damit die konzeptuellen Grundlagen einer anderen Form des Imperialismus namens »Entwicklung«.

Diese aus der Natur übernommene Metapher gewann ungewöhnliche Kraft. Sie wurde zu einem Ziel, das von der gesamten Menschheit angestrebt werden sollte. Sie wurde, und das ist entscheidend, zu einem globalen Mandat, das die Verbreitung des amerikanischen Gesellschaftsmodells mit seinem Erbe an europäischen Werten beinhaltete. Obwohl sich Truman der Wirkung seiner Worte sicher nicht bewusst war und erst recht nicht ihrer Tragweite, wurde sein Vorschlag, vorsichtig formuliert, ein historischer. Um diese Schlussfolgerung besser verstehen zu können, muss man mit Koldo Unceta (2012) anführen:

> *»Als Adam Smith sein Buch ›Der Reichtum der Nationen‹ schrieb, war die Entwicklungsdebatte, die bis zum heutigen Tag geführt wird, praktisch ›eröffnet‹. Vorher hatten andere Denker – von Kautilya im alten Indien über Aristoteles im alten Griechenland oder den heiligen Augustin im mittelalterlichen Europa – Theorien darüber angestellt, ob bestimmte Aktionen oder Entscheidungen dazu dienen könnten, Städten, Ländern, Königreichen und ihren Einwohnern mehr Wohlstand zu verschaffen. Dennoch eröffnete sich erst während der Aufklärung im 18. Jahrhundert langsam der*

Weg für eine rationale und universalistische Sicht dieser Fragen.

Damit setzte sich nicht nur eine Entwicklung der ständig emanzipierteren Kenntnisse der Religion, sondern auch eine globale Weltvorstellung durch, der zufolge die Welt in der Lage ist, durch lokale Überzeugungen vermittelte partikularistische Visionen zu überwinden.«[1]

So wurde also nach dem Zweiten Weltkrieg und zu Beginn des Kalten Krieges, in einer Zeit wachsender nuklearer Bedrohung, mit dem »Entwicklungs«-Diskurs eine dichotome Beherrschungsstruktur errichtet und konsolidiert: Entwicklung – Unterentwicklung, arm – reich, fortschrittlich – zurückgeblieben, zivilisiert – wild, Zentrum – Peripherie … Wie wir weiter unten sehen werden, war diese Dualität sogar für Leute mit einer kritischen Haltung ein unbestreitbar richtiges Faktum.

Von dieser Perspektive aus ordnete sich dann die Welt, mit dem Ziel, »Entwicklung« zu erreichen. Plötzlich waren da Pläne, Programme, Projekte, Theorien, Methoden und Entwicklungshandbücher, auf die Finanzierung von Entwicklung spezialisierte Banken, Entwicklungshilfe, Entwicklungsfort- und -weiterbildung, Entwicklungskommunikation usw.

Mitten im Kalten Krieg standen sich Kapitalismus und Kommunismus um das Thema »Entwicklung« gegenüber. Die Dritte Welt wurde erfunden, ihre Mitglieder wurden wie Figuren auf dem Schachbrett der internationalen Geopolitik instrumentalisiert. Die Rechten und die Linken, die einen wie die anderen, nahmen mit gewissen Differenzierungen und Unterschieden die Herausforderung der »Entwicklung« an. Auf der ganzen Welt wurden – und werden bis heute – Gemeinschaften und Gesellschaften umorganisiert, um sich an die »Entwicklung« anzupassen. Sie wurde zum gemeinsamen Ziel der Menschheit und zur nicht verhandelbaren Pflichtaufgabe.

Nie haben die uns als Referenz dienenden »zentralen« bzw. »entwickelten« Länder im Namen der »Entwicklung« auf Interventionsmaßnahmen oder die Einmischung in die inneren Angelegenheiten von »peripheren« bzw. »unterentwickelten« Länder verzichtet. Wir brauchen nur auf die ständig wiederkehrenden wirtschaftlichen Interventionen des IWF und der Weltbank hinzuweisen; es gab sogar militärische Aktionen zur Förderung der »Entwicklung« rückständiger Länder, die damit »vor dem Einfluss einer rivalisierenden Großmacht geschützt werden« sollten. Auch gab es viele Einmischungen, mit denen angeblich die Demokratie als politische Grundlage für die ersehnte »Entwicklung« geschützt oder eingeführt werden sollte.

Die armen Länder haben in einer allgemeinen Unterordnungs- oder Unterwerfungsgeste diesen Sachverhalt so lange akzeptiert, wie sie als Entwicklungsländer betrachtet wurden. Auf diplomatischem Parkett und in den internationalen Organisationen ist es allerdings nicht üblich, von unterentwickelten Ländern zu sprechen, und es wird schon gar nicht akzeptiert, dass es sich um verarmte oder an die Peripherie gedrängte Länder handeln soll. Wir wissen dabei nur zu gut, dass es oft ein Prozess der »Entwicklung der Unterentwicklung« war, wie der deutsche Wirtschaftswissenschaftler und Soziologe André Gunder Frank, einer der größten Denker der Dependenztheorie der 1960er-Jahre, so brillant formuliert hat.

So haben die als »rückständig« betrachteten Länder, praktisch ohne vorherige »Inventur«, die Umsetzung von politischen Maßnahmen, Instrumenten und Indikatoren zugelassen, um die »Rückständigkeit« zu überwinden und den ersehnten Zustand der »Entwicklung« zu erreichen. Fast alle Länder der »nicht entwickelten« Welt haben in den letzten Jahrzehnten versucht, dem vorgezeichneten Weg zu folgen. Wie vielen ist das gelungen? Sehr wenigen, wenn der Maßstab für das Erreichte wirklich »Entwicklung« ist.

Als die Probleme langsam unseren Glauben an die »Entwicklung« zu untergraben begannen und die große Entwicklungstheorie nicht mehr vor ihrer Widerlegung bewahrt werden konnte, haben wir angefangen, Alternativen zu suchen. Wir haben die »Entwicklung« mit weiteren Namen bedacht (Aníbal Quijano), um sie von dem, was uns stört, zu unterscheiden, sind aber weiterhin auf dem Pfad der »Entwicklung« geblieben: wirtschaftliche Entwicklung, soziale Entwicklung, lokale Entwicklung, globale Entwicklung, ländliche Entwicklung, nachhaltige Entwicklung, Ökoentwicklung, Ethnoentwicklung, Entwicklung mit menschlichem Maßstab, endogene Entwicklung, gendergerechte Entwicklung, Mitentwicklung, transformierende Entwicklung … – eben immer Entwicklung.

»Wie ein Dogma wurde ›Entwicklung‹ nie infrage gestellt, sondern nur anhand ihrer herausragendsten Merkmale neu definiert.

Bei den Protesten gegen die konventionelle Auffassung von Entwicklung und ihrer Überprüfung hat Lateinamerika eine wichtige Rolle gespielt. Zu erwähnen sind hierbei der Strukturalismus bzw. die unterschiedliche Bedeutung der Dependenztheorie und neuere Positionen. Die Kritik war überzeugend, die erbrachten Vorschläge führten jedoch nicht weit.

Denn auch wenn diese heterodoxen und kritischen Ansätze recht bedeutend sind, haben sie ihre Grenzen. Einerseits ist es ihnen nicht gelungen, den Kern des als linearen Fortschritt verstandenen und vor allem im Wirtschaftswachstum ausgedrückten konventionellen Entwicklungskonzepts ernsthaft infrage zu stellen. Andererseits löste jede einzelne der Fragestellungen eine Welle von Überprüfungen aus, die sich jedoch nicht zu einem Gesamtbild zusammenfügten. In einigen Fällen gab es, sowohl was die Kritik als auch was die Vorschläge angeht, sehr aktive Phasen, aber kurz darauf verliefen die Bemühungen wieder im Sande, und die konventionellen Vorstellungen dominierten erneut.

Später, und das interessiert uns hier vor allem, stellte man fest, dass es nicht einfach darum geht, den einen oder anderen Entwicklungsweg zu akzeptieren. Die Wege sind nicht das Hauptproblem. Die Schwierigkeit liegt im Konzept als solchem. Die »Entwicklung« als globaler und einigender Ansatz ignoriert mit aller Macht die Träume und Kämpfe der »unterentwickelten« Völker. Diese gewaltsame Leugnung des jeweils

Eigenen war oft das Ergebnis direkter oder indirekter Maßnahmen der als »entwickelt« betrachteten Nationen. Als Beispiel können wir den gewalttätigen, zerstörerischen Akt der Kolonialisierung oder auch die Politik des Internationalen Währungsfonds (IWF) anführen.

Außerdem wissen wir inzwischen, dass die »Entwicklung« als Neuauflage der Lebensstile der zentralen Länder auf globaler Ebene nicht wiederholt werden darf. Ein derart konsumgeprägter und auf Raubbau angelegter Lebensstil gefährdet das globale ökologische Gleichgewicht und schließt immer größere Menschenmengen von den (angeblichen) Vorteilen der ersehnten Entwicklung aus. Dem ganzen technischen Fortschritt zum Trotz ist nicht einmal der Hunger auf der Welt besiegt.[2] Vergessen wir nicht, dass dies nicht eine Frage mangelnder Nahrungsmittel ist: Nach Angaben der FAO werden Jahr für Jahr 1,3 Milliarden Tonnen einwandfreier, genießbarer Lebensmittel verschwendet. Und das ist, wie Jürgen Schuldt sagt, Teil der ungenutzten Konsumkapazität.

Und nun hat man auch noch festgestellt, dass die Welt insgesamt und allgemein eine »Fehlentwicklung« durchmacht. José María Tortosa (2011) weist auf Folgendes hin:

>*»Das heutige Weltsystem funktioniert >fehlentwickelnd< (…) Der Grund dafür ist leicht verständlich: Es handelt sich um ein auf Leistungsfähigkeit aufbauendes System, das versucht, die Ergebnisse zu maximieren, Kosten zu senken und eine immerwährende Kapitalakkumulation zu erzielen. (…) Wenn >alles erlaubt< ist, liegt das Problem nicht darin, wer was wann gespielt hat, sondern das Problem sind die Spielregeln selbst. Mit anderen Worten ist es so, dass das Weltsystem aufgrund seiner eigenen Logik eine >Fehlentwicklung< betreibt und dass man auf diese Logik sein Augenmerk richten muss.«*

Jetzt, wo multiple und gleichzeitige Krisen dem gesamten Planeten zusetzen, stellen wir fest, dass das Gespenst der »Entwicklung« sich katastrophal auswirkte und weiterhin auswirkt. »Entwicklung« kann sogar inhaltslos sein, aber sie rechtfertigt stets den Einsatz von Mitteln und sogar Fehlschläge. Wir haben die Regel, dass »alles erlaubt ist«, akzeptiert.[3] Alles wird toleriert, wenn es darum geht, aus der »Unterentwicklung« herauszukommen und Fortschritt zu erzielen. Alles wird im Namen eines so hohen und vielversprechenden Ziels geheiligt: Wir müssen den »Oberen« wenigstens ähnlich werden, und um das zu erreichen, ist jedes Opfer gerechtfertigt.

Deshalb akzeptieren wir die Schädigung der Umwelt und der Gesellschaft, um »Entwicklung« zu bekommen. Für die Entwicklung wird, um ein Beispiel zu nennen, die vom industriellen Bergbau verursachte soziale und ökologische Zerstörung akzeptiert, obwohl damit die aus der Kolonialzeit ererbte, auf Extraktivismus basierende Akkumulation vorangetrieben wird, die wiederum einer der direkten Gründe für Unterentwicklung ist.

> »Wir leugnen unsere historischen und kulturellen Wurzeln, um modernen Ländern nachzueifern.«

Wir leugnen gar unsere historischen und kulturellen Wurzeln, um den fortgeschrittenen, das heißt modernen Ländern nachzueifern und uns zu modernisieren. Wir leugnen die Möglichkeit einer eigenen, individuellen Modernisierung. Das Wirtschaftliche, mit der Logik der Kapitalakkumulation betrachtet, beherrscht die Weltbühne. Importierte Wissenschaft und Technologie normieren die Organisation der Gesellschaft. Auf diesem bis zum Äußersten getriebenen Merkantilisierungsweg akzeptieren wir sogar, dass alles käuflich und verkäuflich ist. Die Reichen haben festgelegt, dass die Armen, um ihre Armut zu überwinden und die Reichen imitieren zu können, einen Preis zahlen müssen: Sie kaufen die Kenntnisse von den Reichen, zahlen mit ihrem kulturellen Bewusstsein und leugnen dabei ihre eigenen Kenntnisse und ihr seit Urzeiten überliefertes Erfahrungswissen.

Zusammenfassend kann man feststellen, dass der seit der Nachkriegszeit bis heute beschrittene Weg komplex war. Die erzielten Ergebnisse sind nicht zufriedenstellend. Die »Entwicklung« als globale Projektion wurde, wie der große peruanische Denker Aníbal Quijano (2000) sagte, zu

> »einem Begriff mit fragwürdiger Biografie [...]. Seit dem Zweiten Weltkrieg hat er mehrmals Identität und Nachnamen gewechselt und sich zwischen einem konsistenten ökonomistischen Reduktionismus und ständig wiederholten Beschwerden über alle anderen Dimensionen der sozialen Existenz zerreißen lassen. Mit anderen Worten: zwischen sehr unterschiedlichen Machtinteressen. Er ist in unserer wechselhaften Geschichte mal hier, mal da sehr unterschiedlich aufgenommen worden. Anfangs war er zweifellos der Vorschlag, der in dieser nun zu Ende gehenden Jahrhunderthälfte am meisten Kräfte mobilisiert hat. Mit seinen Versprechungen hat er alle Gesellschaftsgruppen mitgerissen und auch eine der intensivsten und spannendsten Debatten unserer gesamten Geschichte ausgelöst, hat dann aber an einem immer undeutlicheren Horizont an Kontur verloren und seine Protagonisten und Anhänger in die Ernüchterungszelle geschickt.«

Wolfgang Sachs sagte schon 1992 ganz lapidar:

> »Die letzten vierzig Jahre kann man als Zeitalter der Entwicklungspolitik bezeichnen. Aber diese Epoche geht zu Ende, und es wird Zeit, einen Nachruf zu formulieren.
>
> ›Entwicklung‹ – das war in der Nachkriegsgeschichte die Leitidee, an der sich die neu entstehenden Nationen orientierten wie an einem Leuchtturm, der den rettenden Weg zur Küste weist. Nach der Befreiung von der kolonialen Herrschaft setzten die Länder des Südens, ob Demokratien oder Diktaturen, alle Hoffnung in diese ›Entwicklung‹. Vier Jahrzehnte später starren die Regierungen und die Bürger dieser Länder noch immer gebannt auf das ferne Leuchtfeuer. Sie sind ihm nicht näher gekommen; im Gegenteil: Obwohl keine Opfer und Mühen gescheut wurden, um das Ziel zu erreichen, verblaßt der Hoffnungsschimmer am Horizont.

[...] Heute steht der ›Leuchtturm‹ allerdings eher wie eine Ruine in der Geisteslandschaft [...] Die ›Entwicklung‹ war stets begleitet von Irrtümern, Enttäuschungen, Fehlschlägen und Verbrechen. Inzwischen weiß man: Es hat nicht funktioniert. Außerdem sind die geschichtlichen Bedingungen, die der Idee einst zum Erfolg verhalfen, längst nicht mehr vorhanden – die Entwicklungsvorstellungen sind überholt. Und vor allem: Die Hoffnungen und Wünsche, die sie einst beflügelten, sind enttäuscht und erschöpft worden – die Utopie der Entwicklung ist verbraucht.«

Sobald klar wird, dass es keinen Sinn mehr hat, dem »Gespenst der Entwicklung« weiter hinterherzulaufen, gewinnt die Suche nach Alternativen zur Entwicklung an Kraft. Gesucht werden Organisationsformen, die das Leben außerhalb der Entwicklung gestalten, Entwicklung überwinden und vor allem konventionelle Kernkonzepte und -vorstellungen von Entwicklung wie das vor Jahrhunderten etablierte Fortschrittsdenken ablehnen. Das beinhaltet notwendigerweise die Überwindung des Kapitalismus und seiner sozialen und ökologischen Zerstörungslogik. Es öffnet uns die Tür zur »Postentwicklung« und vor allem zum Postkapitalismus.

Das »Gute Leben« als Alternative zur »Entwicklung« ist ein zivilisatorischer Vorschlag, der den Ausweg aus dem Kapitalismus neu konfiguriert. Das heißt nicht »zurück in die Vergangenheit oder in die Steinzeit, auch nicht in die Höhlen, und bedeutet auch nicht den Verzicht auf Technologie oder modernes Wissen, wie die Befürworter des Kapitalismus argumentieren« (Mónica Chuji, 2009).

Es hat wahrlich lange gedauert, bis jemand gesagt hat: »Verabschieden wir uns von der verstorbenen Idee, um unsere Köpfe für neue Entdeckungen frei zu machen.« (Wolfgang Sachs) Trotzdem gibt es immer noch Leute, die glauben, dass es möglich ist, »zur Entwicklung zurückzukehren« (Jaime Ornelas Delgado, 2012). Allerdings fordern sie eine kritische Überprüfung dessen, was »Entwicklung« als ein Vorschlag kolonialen Ursprungs überhaupt beinhaltet.

Obwohl wir wissen, dass »Entwicklung« veraltet ist, wird uns ihr Einfluss noch lange verfolgen. Wir müssen akzeptieren, und zwar nicht als Trost, sondern als Tatsache, dass uns beim Verlassen des Weges der »Entwicklung« (wie auch des Kapitalismus) viele ihrer schwerwiegenden Mängel begleiten werden, und dass der neue Weg lang und beschwerlich sein wird. Dass wir vorankommen werden, es aber auch Rückfälle geben wird und dass Dauer und Solidität des Weges davon abhängen werden, inwieweit die Herausforderung auch politisch angenommen wird.

Man muss sich unbedingt darüber im Klaren sein, dass der Kern des Kapitalismus auch die Quelle für die Alternativangebote ist, um eben jenen zu überwinden. In seinem Innersten existieren viele Erfahrungen und auch Praktiken des »Guten Lebens« (verstanden im weitesten Sinne) – ohne dass diese deshalb kapitalistisch wären –, die sich in das Saatkorn für eine andere Gesellschaft verwandeln könnten.

Zivilisiert – wild: eine perverse Dichotomie

Wenn die Idee der »Entwicklung« in »unserer intellektuellen Landschaft« in einer Krise steckt, müssen wir notwendigerweise auch das Fortschrittskonzept infrage stellen, das vor gut 500 Jahren in Europa auftauchte. Der zivilisatorische Fortschritt Europas gab die Werte vor, die eine von der »Entwicklung« erzwungene Vision speisten – ein äußerst expansionistischer und einflussreicher wie auch zerstörerischer Prozess.

Seitdem Spanien im Jahr 1492 mit einer auf Ausbeutung setzenden Strategie in »Abya Yala« einfiel, hat uns Europa seine Vorstellungswelt aufgezwungen: zur Legitimierung der Höherwertigkeit des Europäischen, also des »Zivilisierten«, sowie der Minderwertigkeit des Indigenen, des »Primitiven«. Damals entstanden der Kolonialismus der Macht, der Kolonialismus des Wissens und der Kolonialismus des Seins.[4] Diese Kolonialismen gelten auch heute noch. Sie sind nicht nur eine Erinnerung an die Vergangenheit, sondern erklären die derzeitige Organisation der Welt und sind ein grundlegender Aspekt des Modernitätsdiskurses.

> »Europa hat eine Vision konsolidiert, die den Menschen außerhalb der Natur ansiedelt.«

Um seinen Expansionsprozess möglich zu machen, hat Europa eine Vision konsolidiert, die den Menschen, bildlich gesprochen, außerhalb der Natur ansiedelt. Die Natur wurde ohne Berücksichtigung der Menschheit als fester Bestandteil dieser Vision definiert, es wurde ignoriert, dass wir Menschen auch Teil der Natur sind. Somit war der Weg frei für die Beherrschung, die Ausbeutung und die Manipulation der Natur.

Sir Francis Bacon (1561–1626), der berühmte Philosoph der Renaissance, hat diese Sorge in einem Mandat formuliert, dessen Konsequenzen wir bis heute spüren. »Die Wissenschaft soll die Natur quälen, so wie es die heilige Inquisition mit ihren Opfern getan hat, um ihnen auch ihr letztes Geheimnis zu entreißen …«[5]

Aber es war nicht nur Bacon allein. René Descartes (1596–1650), einer der Säulenheiligen des europäischen Rationalismus, war der Ansicht, dass das Universum eine große, Gesetzen unterworfene Maschine sei. Ihm zufolge konnte alles auf Materie (Ausdehnung) und Bewegung reduziert werden. Mit dieser Metapher bezog er sich auf Gott als den großen Uhrmacher der Welt, der nicht nur für den »Aufbau« des Universums, sondern auch für sein Funktionieren zuständig sei. Und bei der Analyse der jungen, modernen Wissenschaft sagte er, dass der Mensch sich zum Eigentümer und Besitzer der Natur machen müsse. Aus dieser Descartes'schen Quelle haben andere berühmte Philosophen geschöpft, die großen Einfluss auf die Entwicklung der Wissenschaft, Technologie und Technik hatten.

Diese Herrschaftsvision ist auch in der christlichen Religion stark verwurzelt. Denken wir nur an folgenden Absatz der Schöpfungsgeschichte:

»Und Gott sprach: Lasst uns Menschen machen, ein Bild, das uns gleich sei, die da herrschen über die Fische im Meer und über die Vögel unter dem Himmel und über das Vieh und über die ganze Erde und über alles Gewürm, das auf Erden kriecht.« (Moses, 1,26).

Die Bibel weist jedoch auch an mehreren Stellen darauf hin, dass sich der Mensch der Natur gegenüber verantwortungsvoll zu verhalten habe.[6]

In der Praxis war es Christopher Kolumbus, der mit seiner historischen Fahrt im Jahr 1492 die Grundlagen für eine Kolonialherrschaft legte, die zweifellos bis heute nachwirkt. Er war auf der Suche nach Naturressourcen, vor allem Gewürzen, Seide, Edelsteinen und Gold. Kolumbus, der das Edelmetall in seinem Reisetagebuch 175-mal erwähnte, schrieb: »Gold ist ausgezeichnet: Aus dem Gold wird ein Schatz, und damit kann der, der ihn hat, in der Welt machen, was er will, und selbst die Seelen ins Paradies bringen.«

Seine Reise öffnete der Eroberung und Kolonialisierung dementsprechend Tür und Tor. Im Namen der Imperialmächte und des Glaubens begann damit die gnadenlose Ausbeutung der natürlichen Ressourcen und der Menschen und ebenso der damit einhergehende Genozid an vielen indigenen Völkern.

Die Vernichtung ganzer indigener Völker – das heißt billiger, unterworfener Arbeitskräfte – wurde mit Sklaven aus Afrika kompensiert; Sklaven, die später einen wichtigen Beitrag zur Industrialisierung leisten sollten. Karl Marx hat dies 1846 in »Das Elend der Philosophie« erkannt:

»Die direkte Sklaverei ist der Angelpunkt unserer heutigen Industrie ebenso wie die Maschinen, der Kredit etc. Ohne Sklaverei keine Baumwolle; ohne Baumwolle keine moderne Industrie. Erst die Sklaverei hat den Kolonien ihren Wert gegeben, erst die Kolonien haben den Welthandel geschaffen, der Welthandel ist die notwendige Bedingung der maschinellen Großindustrie. So lieferten denn auch die Kolonien der Alten Welt vor dem Negerhandel nur sehr wenige Produkte und änderten das Antlitz der Welt nicht

merklich. Mithin ist die Sklaverei eine ökonomische Kategorie von höchster Bedeutung. Ohne die Sklaverei würde Nordamerika, das fortgeschrittenste Land, sich in ein patriarchalisches Land verwandeln. Man streiche Nordamerika von der Weltkarte, und man hat die Anarchie, den völligen Verfall des Handels und der modernen Zivilisation. Doch die Sklaverei verschwinden lassen hieße Amerika von der Weltkarte streichen.«

Seitdem ist zur Bildung der Grundfeste des globalen Marktes ein System geschaffen worden, das auf Raubbau an der Natur basiert. Die Exporte aus den Kolonien wurden dazu verwendet, die Nachfrage der Imperialmächte, die damals das Zentrum des entstehenden kapitalistischen Systems bildeten, nach Kapitalakkumulation zu befriedigen.

Gleichzeitig wurde der technische Fortschritt so in Stellung gebracht, als würde er stets im Dienst der Menschheit stehen. Es ist seither wenig über die Widersprüche gesagt worden, die er im Hinblick auf soziale Ungerechtigkeit, Umweltzerstörung, Arbeitslosigkeit und Unterbeschäftigung sowie weitere Dinge mit sich bringt, die das Fortbestehen des Lebens auf dem Planeten gefährden. Eine derartige Fragestellung schmälert nicht die Vorteile, die sich mit dem technologischen Fortschritt erzielen lassen, jedoch sollen naive und simple Visionen, die ihn ausschließlich als positiv feiern, zurechtgerückt werden.

Ohne die Erfolge von Wissenschaft und Technologie leugnen zu wollen, geht es hier darum zu verstehen, was den noch immer dominierenden Fortschritts- und Zivilisationsgedanken ausmacht: Das sind Ideen, die ein falsches Entwicklungskonzept genährt und es zu einem neokolonialen, ja sogar imperialen Werkzeug gemacht haben.

Von einer anderen Warte aus analysiert, weist heute alles darauf hin, dass grenzenloses materielles Wachstum zum kollektiven Selbstmord führen könnte. Man muss sich nur die Auswirkungen der Erderwärmung oder die Schädigung der Ozonschicht, den Verlust von Süßwasserquellen, das Schwinden der Artenvielfalt, die Verarmung der Böden und den immer schneller voranschreitenden Verlust von Lebensräumen lokaler Gemeinschaften vor Augen führen. Eduardo Gudynas sagt zu Recht, dass die mechanistische materielle Güterakkumulation auf der Grundlage einer unaufhaltsamen Ausnutzung der Natur keine Zukunft hat.

Die Grenzen der darauf errichteten Lebensstile werden immer deutlicher und besorgniserregender. Man kann nicht mehr von den natürlichen Ressourcen als Bedingung für Wirtschaftswachstum ausgehen, und ebenso wenig kann man sie als simple Objekte der Entwicklungspolitik betrachten.

> »Das im Namen des ›Fortschritts‹ gegebene Versprechen ist nicht erfüllt worden.«

Die Menschheit steht an einem Scheideweg, und das gilt nicht nur für die verarmten Länder. Das im Namen des »Fortschritts« vor mehr als fünf Jahrhunderten gegebene Versprechen ist nicht erfüllt worden – auch nicht in seiner vor gut sechs Jahrzehnten im Namen der »Entwicklung« recycelten Form –, und es wird sich auch nicht erfüllen.

Das Scheitern eines großen Konzepts

Besonders seit den 1960er-Jahren tauchten erste Positionen und Visionen zur »Entwicklung« auf, die diese aus wirtschaftlicher und sozialer, später auch aus ökologischer Perspektive kritisch beleuchteten. Lateinamerika hat dazu mit wirkungsvollen Protestentwürfen wie dem Strukturalismus und der Dependenztheorie beigetragen.

Wie wir jedoch schon oben festgehalten haben, ist es diesen heterodoxen und kritischen Haltungen nicht gelungen, den Kern des Konzepts der konventionellen »Entwicklung« im Sinn eines linearen Fortschritts und besonders als Ausdruck wirtschaftlichen Wachstums ernsthaft infrage zu stellen. Jede einzelne dieser Fragestellungen hat zu einer Welle von Revisionen geführt, die dann aber nicht zusammengebracht und miteinander verbunden werden konnten. In manchen

Fällen schafften sie es zwar, die Kritik zu verschärfen und mehr Vorschläge zu generieren. Es ist ihnen jedoch nicht gelungen, als Transformationswerkzeug den Status quo zu überwinden.

Angesichts der zunehmenden Armut in der Welt, das heißt des Scheiterns der »Entwicklung« als große globale Theorie, wurden zwar die angewandten Werkzeuge und Indikatoren neu überdacht, das Konzept als solches jedoch nicht. Es wurde eine Entwicklungstheorie nach der anderen vorgestellt, um in einem außer Rand und Band geratenen Wettlauf einen Konzeptrahmen für ihre Umsetzung zu schaffen. Die Liste der theoretischen Annäherungen ist sehr lang.[7] An dieser Stelle werden nur ein paar wenige Beiträge genannt, vor allem wird auf die Indikatoren eingegangen, die anhand einiger theoretischer Vorschläge gebildet wurden.

In den 1990er-Jahren wurde das – vor allem auf den Ideen Amartya Sens basierende – Konzept der menschlichen Entwicklung vorgestellt. Es führte zum UNO-Entwicklungsindex, mit dem erstmals unterschiedliche Indikatoren für ein erweitertes Verständnis von Entwicklung eingeführt wurden. Eng angelehnt an Sens Vorschlag, wird darin versucht, die menschliche Entwicklung als einen umfassenden Prozess zu sehen und sie als Erweiterung der Chancen und Kapazitäten der Menschen und nicht nur als steigenden Nutzen und wirtschaftliche Befriedigung zu verstehen. Berechnet wurde demnach nicht mehr nur das Wirtschaftswachstum, vielmehr wurden auch andere Elemente wie Gesundheit, Bildung, soziale Gleichheit, Naturschutz und Geschlechtergleichheit für die Bewertung herangezogen.

Zweifellos bereichern diese multifaktoriellen Bewertungen die Debatte über Lebensqualität und Umweltfragen, aber sie überwinden noch nicht den räuberischen und alles lenkenden Kern der Entwicklung.

Ein weiterer bedeutender Beitrag war das Buch »Entwicklung nach menschlichem Maß« von Manfred Max-Neef, Antonio Elizalde und Martin Hopenhayn (1986), das eine Matrix von neun menschlichen

Grundbedürfnissen – Lebenserhaltung, Schutz, Zuneigung, Verstehen, Teilnehmen, Muße, kreatives Schaffen, Identität und Freiheit – sowie vier Spalten mit den existenziellen Bedürfnissen Sein, Haben, Tun und Sich-Befinden einführte. Ausgehend von dieser Matrix, sollten subjektive Indikatoren gebildet werden, mit denen der Bezug zwischen den Reihen und Spalten diagnostiziert, geplant und evaluiert werden kann.

Auf derselben Reflexionsebene könnten wir die »nachhaltige Entwicklung« ansiedeln – eine Entwicklung, mit der die Bedürfnisse der gegenwärtigen Generationen befriedigt werden können, ohne zukünftigen Generationen die Möglichkeit zu nehmen, ihre eigenen Bedürfnisse zu stillen. Das Konzept hat intensive Debatten ausgelöst und zur Formulierung von Indikatoren und Mechanismen zur Messung von Nachhaltigkeit geführt. Nachhaltigkeit kann schwach, stark und seit Neuestem »superstark« sein.

In dem Versuch, die »Entwicklung« zu revitalisieren, wurden weitere Indikatoren eingeführt. Zum Beispiel der von der Organisation Social Watch erstellte »Basic Capabilities Index« (BCI). Ausgehend von Basismöglichkeiten, die für das Überleben und die Würde des Menschen unerlässlich sind, sieht er eine alternative, nicht monetäre Messmethode von Armut und Wohlstand vor. Der Index wird als Durchschnitt dreier Indikatoren berechnet: 1. Kindersterblichkeit bei Kindern unter fünf Jahren, 2. reproduktive bzw. Mutter-Kind-Gesundheit (gemessen an der Zahl der von spezialisiertem Personal begleiteten Geburten) und 3. Bildung (gemessen anhand einer Kombination aus registrierten Grundschülern, dem Anteil von Kindern, die die fünfte Klasse erreichen, und der Alphabetenrate der Erwachsenen).

Ein weiterer sehr interessanter Index ist der »Index of Sustainable Welfare« (ISEW), entwickelt von Herman Daily und John Cobb 1989, der das Bruttoinlandsprodukt dahingehend korrigiert, dass er Ungleichheiten, Hausarbeit und speziell die Abschreibung natürlichen Kapitals einrechnet; hier liegen Berechnungen für verschiedene Länder vor. Die Annahmen sind etwas willkürlich und nur für Überzeugte überzeugend, aber es ist interessant zu sehen, dass der Index seit 1970 eine Verschlechterung in vielen Ländern aufzeigt, und zwar gerade auch in Ländern mit wachsendem Bruttoinlandsprodukt.

Auch »Glück« hat bei diesen Bemühungen seinen Platz gefunden. Der von der britischen Organisation The New Economics Foundation kreierte »Happy Planet Index« baut auf drei Indikatoren auf: Lebenserwartung bei der Geburt, Zufriedenheit mit dem eigenen Leben (subjektives Wohl) und ökologischer Fußabdruck. Mit dem »Happy Planet Index« soll herausgefunden werden, inwieweit das Vorhandensein und der Verbrauch natürlicher Ressourcen zum Wohlbefinden der Menschen beitragen. Eine besonders wichtige Schlussfolgerung besagt, dass es nicht unbedingt das am meisten konsumorientierte Land ist, das den größten sozialen Wohlstand aufweist, und dass es einen hohen Grad an subjektivem Wohlbefinden ohne übertrieben hohen Konsum geben kann.[8]

Im Jahr 2008 gründete die französische Regierung die Kommission zur Messung der wirtschaftlichen Leistung und des sozialen Fortschritts und bestellte Joseph Stiglitz, Amartya Sen und Jean Paul Fitoussi als Mitglieder ein. Diese Kommission legte Empfehlungen für die Formulierung von Indikatoren vor, mit denen der soziale Fortschritt gemessen werden kann. Sie wurden in drei große Bereiche eingeteilt: materieller Wohlstand, Lebensqualität sowie Umwelt und Nachhaltigkeit.

Indices gibt es wahrlich viele. Erwähnt werden muss abschließend jedoch das »Bruttonationalglück« Bhutans, eines Landes, in dem Vorschläge gemacht werden, die die Debatte bereichern. Hinter diesem Index verbirgt sich ein ganzes Lebenskonzept, das verdient, angemessen verstanden zu werden. Denn es ist von Überzeugungen inspiriert, die wir als das »Gute Leben« betreffend anerkennen können.

Allen Anstrengungen zum Trotz ist es nicht gelungen, das Konzept der Entwicklung am Leben zu erhalten. Das Vertrauen in die »Entwicklung« als geplanter Prozess zur Überwindung der Rückständigkeit hat in den 1980er- und 1990er-Jahren erste Risse bekommen. Damit wurde zu einem gewissen Grad der Weg für neoliberale

Marktreformen frei: Die in vorherigen Epochen praktizierte, strukturierte Suche nach Entwicklungskonzepten sollte nun den vermeintlich allmächtigen Marktkräften Platz machen. Eine Art nicht planende Entwicklungspolitik übernahm die Vorherrschaft. Entwicklung sollte sich spontan einstellen, ohne die »schädliche« Einmischung des Staates. Man ließ also den Marktkräften freies Spiel. Das hieß jedoch nicht, dass die aus Kolonialzeiten stammende Fortschrittsideologie überwunden war. Ganz im Gegenteil: Der Neoliberalismus reproduziert nur die alten hegemonialen Perspektiven des globalen Nordens und erneuert ihren Blick.

> »Der Neoliberalismus reproduziert nur die alten hegemonialen Perspektiven.«

In Lateinamerika stieß der Neoliberalismus sehr bald an seine Grenzen, und zwar früher, als seine Verteidiger gedacht hatten. Somit wurde die konventionelle Entwicklung Ende der 1990er-Jahre ein weiteres Mal mit voller Stärke infrage gestellt. Als Reaktion auf den Reduktionismus des Markts wurde nach Alternativen gesucht. Die neoliberalen Grundsätze, denen zufolge Entwicklung kein steuer- oder planbarer Prozess ist, sondern durch das freie Spiel des Markts erreicht wird, scheiterten. Mit dem lauten wirtschaftlichen Zusammenbruch in Lateinamerika verschärften sich die sozialen Konflikte und die Umweltprobleme und damit die Ungleichheiten und Frustrationen.

Trotz aller Änderungs- und Anpassungsbemühungen, die hier wegen Platzmangels nicht analysiert werden können, hat sich die »Entwicklung« zu Beginn des 21. Jahrhunderts schneller als in den Jahrzehnten davor erschöpft. Dazu haben der Neoliberalismus und sein schon erwähntes Scheitern beigetragen.

In einigen Ländern der Region kam es dann zu einem politischen Umschwung, der seinen deutlichsten Ausdruck in dem neuen südamerikanischen Fortschrittsglauben fand, der nun an die Macht gekommen war. Wie Eduardo Gudynas anmerkt, sind diese Regierungen, die weder als konservativ noch als neoliberal bezeichnet werden können, strikt betrachtet auch nicht links, sodass man sie am besten als »fortschrittlich« definieren könnte. Zweifellos geht es hier um unterschiedliche Prozesse, und auch die neuen Regierungen haben unterschiedliche Töne angeschlagen, aber alle lehnen sie den neoliberalen Reduktionismus ab. Man versucht, sich dem Volk wieder anzunähern, dem Staat seine führende Rolle wiederzugeben und die Armutsbekämpfung energischer zu betreiben.

Mehrere lateinamerikanische Länder gehen erste Schritte auf einem postneoliberalen Weg, bei dem vor allem die Rückkehr des Staates in das Wirtschaftsgeschehen erwähnenswert ist. Dennoch können die laufenden Veränderungen nicht als Postentwicklungs- oder postkapitalistischer Prozess bezeichnet werden. Sie reichen auch nicht aus, um den Neoliberalismus hinter sich zu lassen. Außerdem werden auch in diesen Ländern immer noch neoliberale Reformen verabschiedet, beispielsweise hat die ecuadorianische Regierung vor Kurzem den großen Bergbaumultis Tür und Tor geöffnet. Die aus der Kolonialzeit stammende und während der gesamten Zeit der Republik vorherrschende althergebrachte Ausbeutungsmentalität ist beibehalten worden. Zu beobachten ist jedoch ein Übergang vom traditionellen Extraktivismus zu einem Neoextraktivismus des 21. Jahrhunderts, wie wir weiter unten noch sehen werden. Der Hauptkern des Entwicklungsansatzes ist in Letzterem weiterhin enthalten. Er entspringt der gleichen, vor über 500 Jahren geschaffenen kolonialen Akkumulationsmatrix.

Die Frage, die sich nun aufdrängt, lautet: Können wir dem Gespenst der »Entwicklung« entkommen, indem wir neue Utopien zu unserer Orientierung generieren? Zweifellos ist dies die große Aufgabe: die Wiedergewinnung und Neuschaffung von Utopien. Diese Aufgabe zeichnet sich vor dem Horizont des Postkapitalismus und nicht nur des Postneoliberalismus ab.

Vor dem Hintergrund kritischer Ansätze und alternativer Vorschläge haben die Beiträge der indigenen Völker eine neue, führende

Rolle eingenommen. Ihre Werte, Erfahrungen, Praktiken, kurz gesagt: ihre Weltanschauung, waren schon vor Ankunft der europäischen Eroberer und während der Zeit der Republik vorhanden, aber sie wurden unsichtbar gemacht, verdrängt und offen bekämpft. Ihre Vorschläge stellen die »Entwicklung« sowohl in der Praxis als auch konzeptuell verschiedentlich infrage.

Diese Weltanschauung aus den Zeiten der Vorfahren trat dank der wachsenden Organisationskraft und des gestärkten Programms der indigenen wie auch der Volksbewegungen zu einem Zeitpunkt wieder auf den Plan, als der oligarchische Nationalstaat mit seinen kolonialen Wurzeln in eine allgemeine Krise geraten war. Der plötzliche Auftritt der Indigenen als starke politische Subjekte erklärt, warum die paradigmatischen Ideen des »Guten Lebens« wieder Gehör finden konnten. In diesem Zusammenhang begannen sich auch Fragestellungen nach einer Harmonie von Mensch und Natur und ökologisch geprägte Alternativen zu konsolidieren.

Es muss betont werden, dass die Beiträge nicht ausschließlich aus den Anden, sondern auch aus dem Amazonasgebiet stammen. In der gesamten Region leben indigene Gruppen in Gemeinschaften und in harmonischer Beziehung zur Natur. Dies ist nicht nur auf das Amazonasterritorium Ecuadors und Boliviens beschränkt. Hier gibt es noch ein enormes Potenzial zu entdecken und zu nutzen.

Die indigene Gemeinschaft im umfassendsten Wortsinn ist ein kollektives Zukunftsprojekt. Die Anden- und die Amazonasutopie spiegeln sich im indigenen Diskurs, in den politischen Projekten und den sozialen, kulturellen und selbst wirtschaftlichen Praktiken wider. Diese Visionen schließen, wie wir weiter unten noch erläutern werden, niemanden aus, da sie die Beiträge einzelner sozialer Gruppen anerkennen. Dennoch messen sie der kulturellen Besonderheit dieser peripheren und von der Modernität marginalisierten sozialen Gruppen eine besondere, grundlegende Bedeutung bei. Hier gibt es noch ein enormes Potenzial zu entdecken und zu nutzen.

Wenn wir in diesem Text vom »Guten Leben« oder »Sumak Kawsay« sprechen, schlagen wir in erster Linie eine Rekonstruktion vor, die auf der Vision einer utopischen Zukunft aus dem Anden- und Amazonasraum aufbaut. Dennoch darf diese Annäherung weder ausschließend noch dogmatisch sein. Sie muss notwendigerweise ergänzt und erweitert werden und verwandte Vorschläge aus verschiedenen Regionen des Planeten, die auch auf den Kampf für einen zivilisatorischen Wandel abzielen, miteinbeziehen.

4
Das »Gute Leben« – eine Alternative zur Entwicklung

»Glückliche Jahrhunderte, glückliches Zeitalter, dem die Alten den Namen des Goldenen beilegten, und nicht deshalb, weil das Gold, das in unserm eisernen Zeitalter so hoch geschätzt wird, in jenem beglückteren ohne Mühe zu erlangen gewesen wäre, sondern weil, die damals lebten, die beiden Worte dein und mein nicht kannten.«

Don Quijote de la Mancha

Das »Gute Leben« bzw. »Sumak Kawsay« ist kein explizit ausgearbeiteter Entwurf und erst recht kein vollkommener. Das »Gute Leben« will nicht, wie die »Entwicklung« Mitte des 20. Jahrhunderts, als globales Mandat daherkommen. Es ist einerseits ein Weg, dessen weitere Ausgestaltung man sich noch vorstellen muss, andererseits ist es vielfach schon Realität.

Das »Gute Leben« wird damit zu einer Aufgabe von Aufbau und Wiederaufbau, um das gegenwärtig immer noch höchste Ziel der meisten Gesellschaften seiner Macht zu berauben: den auf Produktion ausgerichteten Fortschritt und die Entwicklung mit ihrer mechanistischen Wirtschaftswachstumsvision einschließlich ihrer vielen Synonyme. Das »Gute Leben« führt jedoch nicht nur das Vorhandene ad absurdum, sondern bringt eine andere, sehr viel inhaltsreichere und im Übrigen auch komplexere Vision ein.

Es handelt sich nicht einfach um ein Rezeptbuch, das sich in ein paar Artikeln der Verfassungen Ecuadors und Boliviens widerspiegelt, vielmehr ist es Teil einer Suche nach alternativen Lebensmöglichkeiten.

Was jedoch bei diesen Alternativvorschlägen besondere Aufmerksamkeit verdient, ist die Tatsache, dass sie von traditionell marginalisierten, ausgeschlossenen, ausgebeuteten, ja sogar dezimierten Volksgruppen entworfen wurden. Das »Gute Leben« hat in den hitzigen Kämpfen Gestalt angenommen, die von diesen Völkern und Nationalitäten ausgefochten wurden. Ihre Vorschläge blieben lange unbemerkt, rufen jetzt aber dazu auf, einige bisher als unangreifbar betrachtete Konzepte kritisch zu hinterfragen und gegebenenfalls abzuschaffen. Zusammenfassend kann man also sagen, dass diese Visionen am Ende des Entwicklungskonzepts weiter gehen als die oben erwähnten heterodoxen Strömungen, die auf Formen alternativer Entwicklung ausgerichtet waren. Jetzt heißt es »Alternativen zur Entwicklung« zu finden.

Das »Gute Leben« als indigene Utopie

In einer Reihe von indigenen Gemeinschaften wird das »Gute Leben« heute noch als Widerstand gegen den Kolonialismus und seine Folgen praktiziert und gelebt. Diese Gemeinden wurden nicht voll und ganz von der kapitalistischen Moderne absorbiert oder haben beschlossen, sich nicht einvernehmen zu lassen – auch wenn natürlich die gesamte indigene Welt unter der Eroberung und der Kolonisierung und damit der Ausbeutung und der langen Nacht der Kolonialzeit litt und leidet, deren Schatten bis in unsere heutige republikanische Zeit reicht.

Der koloniale und kapitalistische Einfluss ist in dieser Welt vielfach präsent und lässt keinen Platz für eine romantische Sicht auf die Realität. Immer größere Anteile der indigenen Bevölkerung haben sich der markteigenen Logik der Monetarisierung ergeben. Es gibt indigene Gruppen, die in sehr prekären Verhältnissen leben und im Fortschrittsmythos gefangen sind: einem Fortschritt, den sie, objektiv gesehen, nie werden erreichen können.

Außerdem verstärkt sich mit der Migration der indigenen Bevölkerung vom Land in die Städte deren Entwurzelung, indem sich die Menschen von ihren traditionellen, nun verstreuten Gemeinden entfernen.

Dennoch haben sich zahlreiche indigene Gruppen, wie schon erwähnt, gegen die Vereinnahmung des Kapitalismus gewehrt. Für uns bedeutend ist die Tatsache, dass es im Wissen einiger dieser indigenen Gruppen überhaupt keine der »Entwicklung« entsprechende Fortschrittsidee gibt und dass deshalb in vielen Fällen dieses Konzept abgelehnt wird. Das Leben wird nicht als linearer Prozess mit einem Vorher und einem Nachher gesehen, also mit einer Stufe der Unterentwicklung und darauffolgender Entwicklung. Dementsprechend müssen die Menschen diese dichotome Struktur nicht durchleben, um, wie in der westlichen Welt, Wohlstand zu erreichen. Ebenso wenig gibt es ein auf Akkumulation oder Mangel an materiellen Gütern beruhendes Konzept von Arm und Reich. Das »Gute Leben« muss als eine ständig in Aufbau und Reproduktion befindliche Kategorie verstanden werden. Unter holistischen Gesichtspunkten muss man die Vielfalt der Elemente verstehen, die das menschliche Handeln im Sinne des »Guten Lebens« ausmachen. Hierzu zählen das Wissen, die ethischen und geistigen Verhaltensregeln in Bezug auf die Umwelt, die menschlichen Werte, die Zukunftsvision u. a. m. Das »Gute Leben« ist eindeutig ein zentraler Aspekt der Lebensphilosophie indigener Gesellschaften (Carlos Viteri Gualinga, 2000).[1] Die konventionelle »Entwicklung« wird meist als etwas kulturell Aufgezwungenes angesehen, das aus dem westlichen und damit kolonialen Wissen stammt. Die Reaktionen gegen den Kolonialismus bedeuten Abstand zu den herrschenden Strukturen. Die Gesellschaften sehen ihre Aufgabe darin, zu entkolonisieren und außerdem zu entpatriarchalisieren.[2] Dabei ist speziell an einen intellektuellen Entkolonialisierungsprozess in den Bereichen Wirtschaft, Politik und Gesellschaft zu denken.

Das »Gute Leben« geht aufgrund seiner gemeinschaftlichen, nicht kapitalistischen Wurzeln eindeutig von einer anderen Weltanschauung aus als der westlichen. Es bricht sowohl mit der anthropozentrischen Kapitalismuslogik als beherrschender Zivilisation als auch mit den bisher real existierenden Sozialismen. Letztere können nicht einfach mit einem Namenswechsel aktualisiert werden, sondern sie müssen von sozio- und biozentrischen Positionen aus neu gedacht werden. Nach wie vor stehen sich Sozialisten und Kapitalisten aller Lager in der Arena der Entwicklung und des Fortschritts gegenüber.

> »Das ›Gute Leben‹ hat die Überwindung des Kapitalismus zum Ziel.«

Jedenfalls geht es im Grunde darum, das kapitalistische System als »Zivilisation der Ungleichheit« (Joseph Schumpeter) zu überwinden: ein räuberisches und ausbeuterisches System, das »davon lebt, das Leben und die Lebenswelt zu ersticken« (Bolívar Echeverría). Das »Gute Leben« hat also die Überwindung des Kapitalismus zum Ziel und strebt damit einen Zivilisationswandel an. Wie schon erwähnt, bedeutet das jedoch nicht, dass erst der Kapitalismus ganz überwunden werden muss, um anschließend das »Gute Leben« voranzutreiben. Dessen verschiedentlich gelebte Ausdrucksformen haben schließlich bis heute überlebt.

Das »Gute Leben«, ein Vorschlag aus der Peripherie

Das »Gute Leben« beinhaltet historisch-soziale Prozesse der geschichtlich marginalisierten Völker und stützt sich auf den Grundsatz der historischen Kontinuität. Es lädt nicht einfach dazu ein, die Zeit zurückzudrehen und eine – im Übrigen nie da gewesene – idyllische Welt wiederaufleben zu lassen. Und es kann auch nicht zu einer Art Religion mit Katechismus, Handbüchern oder gar politischen Kommissaren werden.

Dieses Projekt braucht die Geschichte und die Gegenwart der indigenen Völker und Nationalitäten. Das »Sumak Kawsay« scheint demzufolge im »historischen Erbe der Andenvölker, in ihrer täglichen Praxis und ihrem praktischen Wissen verankert zu sein« (Héctor Alimonda). Es lebt vom Erlernten, von den Erfahrungen und Kenntnissen der indigenen Gemeinschaften sowie ihrer unterschiedlichen Art der Wissensproduktion. Es basiert auf der gegenseitigen Abhängigkeit und Ergänzung aller menschlichen und nichtmenschlichen Lebewesen und baut auf den Grundsätzen der Interkulturalität auf. Es existiert in der solidarischen wirtschaftlichen Praxis und muss sich vor allem von unten und von innen heraus aufbauen, ausgehend von einem demokratischen, in der Gemeinschaft verwurzelten Ansatz.

Besonders interessant ist dabei die Tatsache, dass gerade historisch marginalisierte Gruppen aus der Peripherie derjenigen Länder, die sich selbst an der Peripherie des Kapitalismus befinden, das Projekt des »Guten Lebens« betreiben. José María Tortosa (2011) beschreibt dies zutreffend:

> *»Die Idee des Sumak Kawsay bzw. Suma Qamaña entstand an der sozialen Peripherie der Weltperipherie und enthält nicht die irreführenden Elemente der konventionellen Entwicklung. [...] die Idee entstammt dem Wortschatz der ehemals völlig marginalisierten Völker, denen nie Respekt gezeugt worden ist und deren Sprache als minderwertig, ungebildet, des abstrakten Denkens unfähig, primitiv abgetan wurde. Jetzt ist ihr Vokabular Bestandteil zweier Verfassungen.«*

David Cortez (2010) arbeitet die Ansicht Tortosas noch weiter aus. Er erkennt an, dass

> *»der Streit um die Aneignung des Konzepts je nach Interesse der einzelnen sozialen Akteure zeigt, wie heterogen die Debatte ist. [...] Die an diesem Thema arbeitenden Akademiker haben sich in Gruppen mit unterschiedlichen Visionen geteilt: Die einen betrachten das Gute Leben als eine Alternative zur Entwicklung, und die anderen sprechen von einer neuen Entwicklungstheorie: Ihnen zufolge bewegt sich der Vorschlag des Sumak Kawsay im Rahmen der Entwicklung, baut auf ihr auf und kann als Werkzeug dienen, um den Kapitalismus und damit die Entwicklung zu bestätigen, zu stärken und zu erneuern.«*

Es stimmt, dass beide Konzepte in der ecuadorianischen Verfassung enthalten sind: »Entwicklung« und das »Gute Leben«. Es stimmt aber auch, dass sich in der bis heute anhaltenden Verfassungsdebatte die Thesen des »Guten Lebens« als Alternative zur Entwicklung positioniert haben. Allerdings sind die ecuadorianische und die bolivianische Regierung dann in gewisser Weise zum Konzept der Entwicklung zurückgekehrt.[3]

Das Konzept des »Guten Lebens« hat Eingang in die Verfassungen Boliviens und Ecuadors gefunden: in die Verfassung der Republik Ecuador von 2008 und die Verfassung des plurinationalen Staats Bolivien von 2009. In ersterem Fall heißt es das »Gute Leben« (»Buen Vivir« oder »Sumak Kawsay« auf Quichua), im zweiten Fall »Vivir Bien« oder »Suma Qamaña« (auf Aymara), »Sumak Kawsay« (auf Quichua), »Ñandareko« (auf Guaraní).[4] Bei weiteren indigenen Völkern gibt es ähnliche Begriffe. Zu erwähnen sind die Mapuche (Chile), die Kunas (Panama), Shuar und Achuar (ecuadorianisches Amazonasgebiet), ebenso die Maya (Guatemala) und Chiapas (Mexiko).

Wie schon in der Einführung erwähnt, ist das »Gute Leben« auch Bestandteil verschiedener humanistischer und antiutilitaristischer Visionen aus anderen Erdteilen. Ein Beispiel sind die afrikanischen Ubuntu. Das »Gute Leben« besteht also aus heterogenen und pluralen Vorstellungen. Aus diesem Grund wäre es besser, wie Xavier Albó es tut, im Plural von »Guten Leben« oder »Guten Zusammenleben« zu sprechen. Das heißt gutes Zusammenleben der Menschen in der Gemeinschaft, gutes Zusammenleben der Gemeinschaften mit anderen Gemeinschaften, gutes Zusammenleben der Individuen und Gemeinschaften in und mit der Natur.

Das »Gute Leben« leugnet nicht die Existenz von Konflikten, aber es schürt sie auch nicht mit dem Versuch, die Gesellschaft um die permanente und ungleiche Akkumulation materieller Güter herum zu organisieren und dabei auf die ständige Konkurrenz der Menschen zu setzen, die sich außerdem die Natur zerstörerisch aneignen. Die anderen Menschen dürfen nicht als Bedrohung oder als Objekte betrachtet werden, die es zu besiegen und zu instrumentalisieren gilt. Und die Natur darf nicht nur als Ausbeutungsobjekt verstanden werden. Das sind die Kernpunkte.

Der brillante Soziologie José María Tortosa fasst zusammen: »Das ›Gute Leben‹ ist eine Chance, gestützt auf ein Zusammenleben der Bürger in Vielfalt und Harmonie mit der Natur, eine andere Gesellschaft auf der Grundlage des Wissens der verschiedenen Kulturvölker des Landes und der Welt aufzubauen« (Tortosa, 2011). Und das bedeutet, dass das »Gute Leben« »ein Gemeinschaftskonzept ist, bei dem niemand gewinnen kann, wenn nicht auch der Nachbar gewinnt. Der Kapitalismus baut genau auf dem Gegenteil auf: Damit ich gewinnen kann, muss der Rest der Welt verlieren.« (Boaventura de Sousa Santos, 2010).

> »Die anderen Menschen dürfen nicht als Bedrohung oder als Objekte betrachtet werden.«

Wie schon erwähnt, versammelt das »Gute Leben« das Beste, was es an Praktiken, an Wissen, an Erfahrungen und Kenntnissen der indigenen Völker und Nationalitäten gibt. Es enthält die Essenz der indigenen oder nativen Philosophie im umfassenden Sinn des Wortes: Es bezieht sich auf alles, was eine Bevölkerung und ihr Leben in einer bestimmten Region ausmacht. »Das Sumak Kawsay der indigenen Traditionen der Anden und des Amazonasgebiets hat ein holistisches Konzept, weil es das menschliche Leben als Teil einer größeren lebendigen Realität kosmischen Charakters versteht, das sich als Grundprinzip auf die Relationalität aller Dinge stützt.« (David Cortez, 2010)

Viele indigene Organisations- und Institutionsformen stammen aus der Zeit vor Erscheinen des modernen Staats und repräsentieren Kulturen, die die Kolonialisierung und die Dominanz der westlichen Zivilisation bis heute überlebt haben.

Man arbeitet daran, ein Leben in Harmonie mit sich selbst, seinen Mitmenschen und der Natur zu leben. Das heißt laut David Cortez, einem der eifrigsten Erforscher der Genealogie des »Guten Lebens«, dass

>*sich das Sumak Kawsay der indigenen Traditionen von den west-*
lichen Konzeptionen entfernt, die das Entstehen des politischen
Lebens auf den ursprünglichen Bruch mit oder der ontologischen
Trennung von der Natur ansiedeln. Anders ausgedrückt, enthält
das ›gute Leben‹ nicht das Prinzip der Entnaturalisierung der
menschlichen Realitäten als Grundlage der politischen Ordnung.«
(David Cortez, 2010)

Weiter sagt er:

>*Der Paradigmenwechsel vom Kapitalismus zum Sumak Kawsay*
oder ›guten Leben‹ als Alternative zur Entwicklung verfügt noch
über keine Brücken, Wege oder Prozesse, über die der Übergang
von einem Paradigma zum anderen stattfinden könnte. Außer-
dem sind die Änderungsprozesse nicht kurzfristig angelegt, son-
dern auf lange Sicht (Jahre, Jahrzehnte oder Jahrhunderte) kon-
zipiert.«

Aus andiner Sicht oder dem Konzept der Quichua hat »sich das [Gute]
Leben in vielen Gemeinschaften bis heute bewahrt, wobei Sumak das
Ideal, das Schöne, die Umsetzung bedeutet und Kawsay das Leben
ist, ein Leben, das in Würde, Harmonie und Gleichgewicht mit dem
Universum und dem Menschen geführt wird« (Ariruma Kowi, 2011).
Fernando Huanacuni merkt aus bolivianischer Perspektive an, dass in
der Sprache der Aymara »Suma auf Vollkommenheit, auf das Sublime
Bezug nimmt und Qamaña Leben, Zusammenleben und Dasein be-
deutet« (Huanacuni, 2011).[5]

Cortez' Überlegungen folgend, führt das Zusammenbringen der
gebräuchlichen Begriffe – »Sumak Kawsay« und »Suma Qamaña« –
sowohl in Bolivien wie auch in Ecuador zu folgender Terminologie:
Gutes Leben – »Buen Vivir«, gut leben – »vivir bien«, zu leben wissen –
»saber vivir«, zusammenleben können – »saber convivir«, im Gleichgewicht und in Harmonie leben – »vivir en equilibrio y armonía«, das
Leben respektieren – »respetar la vida«, Leben in Vollkommenheit –
»vida en plenitud«, das vollkommene Leben – »la vida plena«.

Es ist zum Beispiel interessant festzustellen, dass der Begriff »Sumak Kawsay« in der Gemeinschaft der Ayllus[6] in vielen Teilen der Andenregion und des Amazonasgebiets nur selten verwendet wird, um einen Lebensstil und -zustand zu beschreiben. Eher ist es laut David Cortez das »Allí Kawsay«, das qualitative, subjektive (gut, Ruhe, Liebe, Glück) und materielle (Haus, Geld) Elemente enthält.

Zusammengefasst kann man sagen, dass die Konzepte »Sumak Kawsay«, »Allí Kawsay« und »Buen Vivir« oder »Vivir Bien« aus verschiedenen Grundsätzen und Visionen heraus verstanden werden. Dabei gibt es keine exakte Übersetzung von der einen Sprache in die andere, und es kann nur von Äquivalenten, nicht von Synonymen gesprochen werden. Die Vereinheitlichung und Übergewichtung eines Konzepts begrenzt die Visionen und das Verständnis der anderen. Dennoch enthält der Kern der Debatten den holistischen Aspekt, dem zufolge das Leben und Mutter Erde (»Pacha Mama«) in Bezug zueinander stehen und sich ergänzen.

> »Das Leben und Mutter Erde stehen in Bezug zueinander und ergänzen sich.«

Arturo Escobar (2010) beschreibt, ebenso wie Tortosa, was es bedeutet, »Mutter Erde« in eine menschengemachte Verfassung aufzunehmen:

> »Es handelt sich um eine andere Präsenz, die den Sinn der Entwicklung und des Staats tief greifend verändert (…) denn eine solche Annahme ist aus moderner Sicht historisch undenkbar. Dass dieser Artikel Eingang in die ecuadorianische Verfassung gefunden hat, ist ein politisch-epistemisches Ereignis, das die moderne Geschichte und ihre Politiker – einschließlich der Linken – in den Grundfesten erschüttert, weil es den Liberalismus, den Staat und das Kapital herausfordert. Beide Ideen, die Rechte der ›Pacha Mama‹ und das ›Gute Leben‹, basieren auf Lebenskonzepten, bei denen alle Lebewesen (menschliche und nichtmenschliche) stets als Subjekte und nicht als Subjekt und Objekt, und zwar in keinster Weise als Einzelwesen, miteinander in Beziehung stehen.«

Mit dem »Guten Leben« soll keine konfliktfreie Millenniumsvision vorgestellt werden. Der Vorschlag lautet, eine Gesellschaft zu schaffen, die auf Harmonien basiert und Konflikte nicht aktiv schürt, wie das beim Wirtschaftsliberalismus der Fall ist, der auf Konkurrenz und Akkumulation durch egoistisch handelnde Individuen aufbaut.

In der kapitalistischen Welt basiert das Funktionieren der Wirtschaft und der Gesellschaft auf der Prämisse, dass das höchstmögliche Niveau des sozialen Lebens durch die Freiheit (Grundwert) zu erreichen ist, und zwar durch die Freiheit eines jeden Individuums, sich selbst zu verwirklichen (während es den anderen negiert) – in einem von Konkurrenz geprägten Umfeld (Markt) und ausgehend von der unbegrenzten Verteidigung des Privateigentums. Diese selbstgenügsame Souveränität, die also auf Individualismus – dem Paradigma des Ich-ohne-Uns (Marcos Arruda) – und dem Privatanteil (Eigentum) an Produktionsmitteln aufbaut, soll eine sich selbst regulierende Wirtschaftsordnung hervorbringen, in der sich isolierte Einzelpersonen verwirklichen. Auf diesem Weg sollen wir dann zur »Entwicklung« geführt werden.

Dieser angeblich selbstregulierte Prozess kann nicht funktionieren, egal unter welchem Gesichtspunkt wir ihn betrachten. Man muss sich nur die heutige Welt ansehen: Die Umweltbelastung nimmt gefährliche Ausmaße an, und die soziale Ungerechtigkeit führt in allen Ecken der Welt zu Gewaltausbrüchen unterschiedlicher Art. Dennoch ist dieses System wegen seiner ideologischen Stärke und der Wirkungskraft der Mächtigen in gewisser Weise mit einem Selbstschutz ausgestattet: Die Strukturfehler des Kapitalismus, von denen die Mächtigen auch in Zeiten von wirtschaftlichen und Umweltkrisen noch profitieren, werden einfach nicht anerkannt.

Man muss also beachten, dass die vereinheitlichende Idee von »Entwicklung« eine Falle ist. Wolfgang Sachs sprach schon 1982 von dem

»Verdacht, daß die Entwicklungspolitik grundsätzlich fragwürdig ist, daß man nicht auf den Erfolg dieses Konzeptes hoffen

sollte, sondern auf sein Scheitern. Wir wissen nicht, wie die völlig ›entwickelte‹ Welt aussehen würde, aber vermutlich wäre sie zugleich langweilig und gefahrvoll. Der Begriff der Entwicklung ist eng mit der Vorstellung verknüpft, daß sich alle Völker der Erde auf dem gleichen Weg befinden; als Ziel gilt eine Art Reife, deren jeweils höchster Grad bei den ›führenden Nationen‹ verwirklicht ist. Aus dieser Sicht sind die Tuareg, die Zapoteken oder die Radschastanis nicht die lebenden Beispiele für die Vielfalt und Unvergleichbarkeit der Formen menschlichen Zusammenlebens, sondern es scheint ihnen, angesichts der Errungenschaften hochentwickelter Länder, etwas zu fehlen. Also erklärt man es zu ihrer geschichtlichen Aufgabe, diesen Rückstand aufzuholen. Entwicklungspolitik war von Anfang an ein Plan zur Verwestlichung der Welt.

Das Ergebnis ist ein gewaltiger Verlust an Vielfalt. Neben der augenfälligen Tendenz zur Vereinfachung und Vereinheitlichung von Architektur, Kleidung und Gegenständen des täglichen Gebrauchs gibt es den weniger deutlichen Prozeß des Verschwindens der Eigenarten von Sprache, der Gesten und Gebräuche. Und kaum merklich, im gesellschaftlichen Unterbewußtsein, vollzieht sich die Standardisierung der Wünsche und Träume. Markt, Staat und Wissenschaft sind die Weltmächte der Angleichung, unablässig haben die Werbeleute, die Experten und die Ausbilder ihren Herrschaftsbereich erweitert. Wie zu Montezumas Zeiten wurden die Eroberer oft freundlich empfangen, bevor sich ihre siegreiche Übermacht zeigte. Weiterhin bestimmt heute die Bildsprache des Westens die Köpfe, die Träume und die Handlungsmotive der Menschen. Riesige kulturelle Felder werden beackert, um eine Monokultur zu schaffen, die sich, wie alle Monokulturen, letztlich als unfruchtbar und gefährlich erweist. Indem die zahllosen Spielarten des Menschseins ausgelöscht werden, verwandelt sich die Welt in einen Ort ohne Überraschungen und Abenteuer – im Verlaufe dieser Entwicklung verschwindet das ›andere‹.«

Während mit »Entwicklung« versucht wird, das Leben auf der Erde zu »verwestlichen«, greift das »Gute Leben« die Diversität auf und schätzt und respektiert das »Andere«. Mit den Prinzipien des »Guten Lebens« haben die Völker und Nationalitäten den Kampf wieder aufgenommen. Sie befinden sich im Einklang mit den Widerstands- und Aufbaumaßnahmen breiter, marginalisierter und peripherer Bevölkerungsgruppen und sind letztendlich besonders subversiv. Sie zeigen entkolonialisierende Auswege in allen menschlichen Lebensbereichen auf.

> »Das ›Gute Leben‹ greift die Diversität auf und schätzt und respektiert das ›Andere‹.«

Das »Gute Leben« geht über die individualistische Lebensphilosophie des Liberalismus hinaus. Zwar hat der Liberalismus als Gegenmacht gegen den autoritären merkantilistischen Staat einen Wandel vollbracht, ist aber heute die ideologische Grundlage des Kapitalismus. Im Rahmen des »Guten Lebens« sollen weder das Individuum noch die Vielfalt der Individuen und erst recht nicht die Gleichheit oder die Freiheit geleugnet werden.

So gesehen, wird das »Gute Leben« zum Ausgangspunkt, Weg und Horizont des Abbaus der kolonialen Matrix, die keine kulturelle, ökologische und politische Vielfalt anerkennt. Es kritisiert den monokulturellen Staat, die Verschlechterung der Lebensqualität, die in Wirtschafts- und Umweltkrisen ihren Ausdruck findet, die kapitalistische Marktwirtschaft, den Souveränitätsverlust auf allen Gebieten, die Marginalisierung, die Diskriminierung, die Armut, die jämmerlichen Lebensbedingungen der Mehrheit der Bevölkerung, die Ungleichheiten. Es stellt auch die ideologischen Visionen infrage, die auf der kolonialen Extraktivismusmentalität basieren und auf der ohne Rücksicht auf Verluste vollzogenen Evangelisierung.

Zusammenfassend kann man sagen, dass das »Sumak Kawsay« auf eine Ethik der Suffizienz für die gesamte Gemeinschaft und nicht nur für Einzelpersonen abzielt.[7] Es bietet eine holistische, integrative Vision vom Menschen, eingebettet in die große Gemeinschaft der »Mutter Erde«. Es geht nicht darum, »besser zu leben«, also Unterschiede zu schaffen, die darauf hinauslaufen, dass wenige auf Kosten vieler leben. Sagen wir es mit den Worten Pablo Stefanonis (2012): »Die Sache wird zweifellos komplizierter, wenn dieses ›gut leben‹ – das nicht auf Entwicklung, nicht auf Konsum und nicht einmal auf modern/westlich aufbaut – dem ›besser leben‹ gegenübergestellt wird, was dank des Kapitalismus heißt, dass andere schlechter leben.«

Das »Gute Leben« stützt sich definitiv nicht auf eine Ethik grenzenlosen materiellen Fortschritts im Sinn einer permanenten Güteranhäufung, die uns ständig in Konkurrenzsituation mit den anderen Menschen bringt und soziale Gefährdung und Umweltzerstörung nach sich zieht. Es geht darum, hier und jetzt gut zu leben, ohne das Leben der nachfolgenden Generationen zu gefährden. Das heißt also auch, dass der Reichtum und die Einkommen verteilt und umverteilt werden müssen, um die Grundlagen für eine gerechtere und gleiche, das heißt freiere und egalitäre Gesellschaft zu legen. Andernfalls kann das Weiterbestehen, der Wiederaufbau oder gar der Neuaufbau der Gemeinschaften nicht gesichert werden.

Das »Gute Leben« im Denken anderer Zivilisationen

Neben diesen Visionen des »Abya Yala«, des alten Amerika, gibt es viele andere philosophische Ansätze, die Gemeinsamkeiten aufweisen mit der Suche nach dem »Guten Leben« und die auf Inklusion bauen. Das »Sumak Kawsay« als Lebenskultur ist zu unterschiedlichen Zeiten in verschiedenen Regionen der Erde bekannt gewesen und praktiziert worden. Als Beispiele können wir die schon erwähnten Ubuntu aus Afrika und die Bewegungen Svadeshi, Swaraj und Apargrama Indiens anführen.

Bei der kollektiven Anstrengung, aus den substanziellen Bestandteilen des Lebens ein Puzzle für neue Organisationsformen zusammenzusetzen, könnten wir auf Elemente des »Guten Lebens« von Aristoteles zurückgreifen – auch wenn sie zu den Grundlagen der hier infrage gestellten westlichen Zivilisation gerechnet werden können.

Ausgangspunkt unseres Verständnisses des »Guten Lebens« sollten jedoch vielmehr Einzelbeispiele des »Guten Lebens« oder des »Sumak Kawsay« sein, die bis heute vor allem als Praxis bestehen.

Zudem empfiehlt sich, aus der tragischen Geschichte vieler aus verschiedenen Gründen untergegangener Kulturen zu lernen (Jared Diamond 2006, 2013). Sowohl aus diesen Überlieferungen als auch aus aktuell stattfindenden Prozessen kann man innovative Lösungen für die heutigen sozialen und ökologischen Herausforderungen ableiten.

Weltweit haben bedeutende Denker unterschiedliche Ansätze und Beiträge zu einer Änderung der Entwicklungslogik geliefert. Ihre Kritik der konventionellen Strategien vereint eine große Bandbreite unterschiedlicher Visionen und Erfahrungen aus verschiedenen Teilen der Erde, auch der westlichen Zivilisation.

In diesem Zusammenhang sind zu nennen: Mohandas Karamchand Gandhi,[8] Nicholas Georgescu-Roegen, Iván Illich,[9] José Carlos Mariátegui, Celso Furtado, André Gunder Frank, Manuel Sacristán, Ernest Friedrich Schumacher, Arne Naess, Samir Amin, Enrique Leff, Wolfgang Sachs, Aníbal Quijano, Herman Daly, Vandana Shiva, José María Tortosa, Jürgen Schuldt, Eduardo Gudynas, Joan Martínez Allier, Manuel Naredo, Arturo Escobar, Roberto Guimaraes, José Luis Coraggio, Manfred Max-Neef, Antonio Elizalde, Edgardo Lander, Gustavo Esteva, Francois Houtart, Ana Esther Ceceña, Víctor Bretón, Cristóbal Kay, Theotonio Dos Santos, Raúl Prada Alcoreza, Luis Tapia, Oscar Vega Camacho, Héctor Alimonda, Serge Latouche und andere.

Viele dieser Denker sind sich außerdem der bestehenden biophysischen Grenzen unseres Planeten bewusst. Ihre Hauptargumente fordern, dem Konzept einer »nachhaltigen Entwicklung« oder eines »grünen Kapitalismus« nicht auf den Leim zu gehen, der die Wiederaufwertung des Kapitals, also den Kapitalismus, nicht hinterfragt. Der seit mehreren Jahrzehnten exzessiv betriebene Umweltmerkantilismus hat nämlich nicht zur Verbesserung der Lage beigetragen, sondern nur als Schminke und Ablenkung gedient.

Wir müssen auch, wie gesagt, die Risiken einer übertriebenen Wissenschafts- und Technikgläubigkeit aufmerksam beobachten. Seit Beginn des 21. Jahrhunderts nimmt der vielfältige Protest gegen Entwicklung und Fortschritt durchaus zu, vor allem aus anderen Lebenswirklichkeiten und Lebenszusammenhängen heraus.

Warnmeldungen über die durch westliche Konsummuster verursachte Umweltzerstörung und die zunehmenden Anzeichen der ökologischen Erschöpfung unseres Planeten werden immer stärker hörbar. Die Erde verfügt nicht über genügend Aufnahme- und Widerstandskapazität, um den Konsumismus und Produktivismus der industrialisierten Länder aufzufangen. Das konventionelle Entwicklungs- und Fortschrittskonzept hat darauf keine angemessenen Antworten parat. Diese Kritik an der Umweltzerstörung stellt einen Berührungspunkt mit den indigenen Weltanschauungen, in denen die Menschen nicht nur harmonisch mit der Natur zusammenleben, sondern Teil derselben und damit selbst Natur sind.

> »Man darf dem Konzept einer ›nachhaltigen Entwicklung‹ oder eines ›grünen Kapitalismus‹ nicht auf den Leim gehen.«

Es gibt also nicht nur eine einzige Vision. Das »Gute Leben« ist kein monokulturelles Angebot. Es ist ein plurales Konzept und betrifft viele gute Arten des Zusammenlebens, auch wenn es vor allem aus den indigenen Gemeinden stammt. Es bedarf einer »Epistemologie des Südens« (Boaventura de Sousa Santos, 2009), um den kognitiven Praktiken dieser traditionell marginalisierten Gruppen den ihnen gebührenden Stellenwert zu verleihen. Deshalb steht das »Sumak Kawsay« Maria Esther Ceceña zufolge

> »als Aufstand der Individualität, der Fragmentierung und dem Sinnverlust gegenüber, der eine nicht auf Raubbau basierende,

gemeinschaftliche Territorialität fordert. Es geht um das Wiederaufleben von Traditionen und die Potenzierung utopischer Vorstellungswelten, **die zu der Welt führen, in der alle Welten Platz
haben,** und die alle Wahrnehmungen der Realität und der Geschichte erschüttern. Die von der Moderne als universell einge-
führten epistemologischen Referenzen werden umgestoßen, und
die Interpretationen vervielfältigen sich auf der Suche nach nachhaltigen, würdigen und anarchistischen Zukunftsprojekten.«

5
Risiken und Gefahren für das »Gute Leben«

»Wer für diese Machtübernahme kämpft, wird garantiert vom Herrscher- und Kontrollvirus befallen – und setzt ihn, ohne zu erröten, gegen seine eigenen Kampfgefährten ein, da alle Mittel für seine ›hohen Ziele‹ gerechtfertigt sind und die Rivalen ein Hindernis auf dem Weg für ihr Erreichen sein können.«

Gustavo Esteva

Es gibt unterschiedliche Interpretationen des »Guten Lebens« oder »Sumak Kawsay«. Während der in Montecristi geführten Verfassungsdebatte waren selbst bei den für den Wandel einstehenden Versammlungsmitgliedern Unkenntnis und Furcht vor den Änderungsvorschlägen verbreitet. Vielen, die diese grundlegende Verfassungsänderung innerhalb der verfassunggebenden Versammlung wie auch von außen unterstützten, war die Tragweite des Konzepts nicht ganz bewusst.

Wie schon gesagt, ist das »Gute Leben« nicht nur eine Verfassungserklärung, sondern eine Chance, gemeinsam eine neue Organisationsform des menschlichen Lebens als solches aufzubauen. Aus diesem Grund muss die wahre Debatte in der Gesellschaft geführt werden. Auch muss die Tragweite dieses qualitativ bedeutenden Schritts verstanden werden, denn es geht darum, von der »Entwicklung« und ihren vielen Spielarten zu einer anderen Vision überzugehen.

Eine Kosmovision, die sich von der westlichen Weltanschauung unterscheidet und die nichtkapitalistischen Gemeinschaften entspringt, die es nicht nur in den Anden und im Amazonasraum, sondern auch woanders gibt, schafft Konflikte und führt zu Einschnitten. Sie bricht auch mit der anthropozentrischen Logik des Kapitalismus als dominierender Zivilisationsform sowie den einzelnen bis heute real existierenden Sozialismen. Wie schon erwähnt, ruft uns das »Gute Leben« dazu auf, das traditionelle Fortschrittskonzept mit seiner produktivistischen Ausrichtung zu verwerfen, ebenso wie das Entwicklungskonzept als einzig möglichen Weg, besonders in seiner mechanistischen, nur auf Wirtschaftswachstum ausgerichteten Spielart.[1]

Überall lauert Verwirrung

Als Erstes muss erneut klargestellt werden, dass man das Konzept des »Guten Lebens« nicht mit »besser leben« verwechseln darf, denn Letzteres geht von einem unbegrenzten materiellen Fortschritt aus. Beim »Guten Leben« geht es nicht einfach um einen neuen exponentiellen Prozess materieller Anhäufung.

Benötigt werden politische Antworten, die eine Evolution auf der Grundlage der »Kultur des harmonischen Daseins« und nicht der »Zivilisation des besseren Lebens« (Oviedo Freire 2011) vorantreiben. Es geht darum, eine solidarische und nachhaltige Gesellschaft in einem institutionellen Rahmen aufzubauen, der das Leben sichert. Noch einmal: Das »Gute Leben« zielt auf eine Ethik der Suffizienz für die gesamte Gemeinschaft und nicht nur für den Einzelnen.

Aus diesem Grund stellt eine grob vereinfachende, gedankenlose Verwendung des Begriffs eine der größten Gefahren dar. Diese ziemlich allgemeine Tendenz, die in verschiedenen Regierungskreisen Ecuadors und auch in Bolivien zu beobachten ist, könnte zu einem »New Age« von »Gutem Leben« oder »Sumak Kawsay« führen. Damit wäre das »Gute Leben« darauf reduziert, eine von vielen Modeerscheinungen zu sein. Wenn dieser Weg weiter beschritten werden sollte, könnte das »Gute Leben« zu einem neuen Beiwort der Entwicklung verkommen à la die »Entwicklung zum ›Guten Leben‹« …

Auch die Dogmatisierung und Betrachtung des »Guten Lebens« unter theoretischen Aspekten, von persönlichen Illusionen oder Utopien inspiriert, könnten am Ende zu Zivilisations- oder gar Kolonisierungsdelirien führen. Die selbstbezogenen, zurechtgebogenen, diskursiv formulierten Definitionen berücksichtigen nicht, dass das Konzept traditionellen Kulturen entsprungen ist. Wenn sich ein so betrachtetes »Gutes Leben« nicht fassen lässt, weil es vor allem für die Regierungspraxis unzureichend konzipiert ist, kann es durch diesen anderen Zugang dazu kommen, dass es mit weiteren Beiwörtern ausgestattet wird (nachhaltig, gendergerecht, endogen). So geschehen bei der »Entwicklung«, der wir mit einer derartigen Differenzierung das Störende nehmen wollten.

Diese Verschmelzung ist auch insofern gefährlich, als sie nutzlose Hybride statt neuer Lebensoptionen hervorbringen könnte. Das Nichtrespektieren der Vielfalt würde den wahren Reichtum an unterschiedlichsten, aus verschiedenen Realitäten stammenden Vorschlägen negieren, Vorschläge, die uns auffordern, von »Guten Zusammenleben« im Plural zu sprechen.

Die Liste der Inkongruenzen, die die »fortschrittlichen« andinen Regierungen auf nationaler wie auch auf dezentralisierter Ebene aufweisen, offenbart, dass die Verfassungsmandate und die Realpolitik des weiter betriebenen Konsumismus und Produktivismus unterschiedliche Absichten verfolgen und der Begriff »Buen vivir« für Propagandazwecke missbraucht wird. Man muss sich nur die Massen an offiziellen Dokumenten und Programmen ansehen, in denen der Begriff »Gutes Leben« in Ecuador und Bolivien für die offizielle Propaganda der beiden Regierungen zum Einsatz kommt. Zum Beispiel machen die Kommunen bei ihren Straßenerneuerungsprojekten in Städten, die dem Autokult huldigen und nicht für die Menschen gebaut worden sind, Werbung damit, dass es sich um Projekte für das »Gute Leben« handele. Auch die von der Regierung aufgelegten Megabergbauprojekte firmieren unter dem missbrauchten Namen »Gutes Leben«.

All dies stellt das »Gute Leben« oder »Sumak Kawsay« als bürokratisiertes, propagandistisches Instrument dar, inhaltsleer und reduziert auf einen Produktnamen. Diese verflachende, grob vereinfachende

Betrachtungsweise des »Guten Lebens« als Marketingprodukt der offiziellen Politik ist eine Gefahr.

Ein weiteres latentes Risiko sind Vorschläge, die das »Gute Leben« (Buen Vivir) vom »Sumak Kawsay« trennen und sie als unterschiedliche Paradigmen betrachten möchten (Atawallpa Oviedo Freire, 2014).

Es ist unbestreitbar, dass sich die Regierungen Ecuadors und Boliviens den Begriff angeeignet, ihn gekapert und unterworfen haben. Niemand bezweifelt, dass das »Gute Leben« der Regierungen nicht mehr viel mit dem indigenen »Guten Leben« gemeinsam hat. Damit wird auch eine Position verständlich, der zufolge das »Gute Leben« nicht mit dem »Sumak Kawsay« übereinstimmt. Damit ist zwar eine Ablehnung dieser Regierungsmanipulation gemeint, aber das rechtfertigt diese Begriffstrennung nicht. Eduardo Gudynas schreibt 2014 in einem Artikel, der in demselben Buch veröffentlicht ist, in dem Oviedo Freires Position von weiter oben enthalten ist, dass mit einer derartigen Trennung »die ursprüngliche Pluralität und das Zusammenfließen kritischer Haltungen gegenüber der nicht-indigenen Modernität verloren gehen«. Zu behaupten, dass das »Gute Leben« per definitionem ein »Entwicklungsansatz« und »Sumak Kawsay« demgegenüber indigen sei, ist eine Vereinfachung, die nichts zur Debatte beiträgt. Außerdem würde eine derartige Unterscheidung und Trennung die indigenen Vorschläge auf eine enge Welt begrenzen und ihre enormen Potenziale für einen konzeptuellen und politischen Kampf zur Überwindung der Modernität minimieren.

Um zu verstehen, was das »Gute Leben« bzw. »Sumak Kawsay« beinhaltet – was, wie gesagt, nicht einfach mit »westlichem Wohlstand« gleichgesetzt werden kann –, muss man als Erstes das Wissen und die Kulturen der nativen Völker und Nationalitäten wiedergewinnen. Diese Aufgabe sollte von den Führern der indigenen Gemeinschaften

> »Die verflachende Betrachtungsweise des ›Guten Lebens‹ als Marketingprodukt der Politik ist eine Gefahr.«

geleistet werden. Noch einmal: Die vom technologischen Fortschritt erzielten Erfolge und Veränderungen, die zum Aufbau des »Guten Lebens« beitragen können, werden nicht geleugnet. Es geht darum, Bestehendes wiederaufleben zu lassen und neue Lebensweisen zu erfinden, die sich innerhalb bestimmter Parameter bewegen, die Formen guten Zusammenlebens sicherstellen.

Damit kann auch ein weiteres Missverständnis ausgeräumt werden. Nur zu oft wird das »Gute Leben« als simpler Versuch einer Rückkehr in die Vergangenheit oder als Rückfall in einen indigenen Mystizismus abgetan (in der Tat ein latentes Risiko). Ohne die Risiken des »Pachamamismo«[2] zu leugnen, ist das Konzept des »Guten Lebens« der Ausdruck derzeit laufender Bemühungen, bei denen sich Wissen und Sensibilitäten, die sich alle in ähnlichen Formen der Entwicklungskritik oder der Suche nach einem anderen Verhältnis zur Natur bewegen, vermischen und miteinander agieren.

So gesehen, ist das Konzept des »Guten Lebens« innerhalb der politischen Prozesse zu Beginn des 21. Jahrhunderts in den andinen Ländern weder ein origineller noch ein besonders neuer Ansatz. Das »Gute Leben« ist zu verschiedenen Zeiten und in verschiedenen Regionen der Erde bekannt gewesen und praktiziert worden und ging aus den Kämpfen der Menschheit für Emanzipation und Leben hervor. Außerdem ist die Menschheitsgeschichte eine Geschichte des Kulturaustauschs, auch wenn dieser oft brutal ablief. Wie schon José María Arguedas vor geraumer Zeit sagte, gilt dies auch für die amerikanischen Urvölker.

»Das ›Gute Leben‹ ist weder eine Rückkehr in die Vergangenheit noch ein Rückfall in einen indigenen Mystizismus.«

Wir können die Geschichte nicht leugnen. Die Inka erbauten ein großes Reich, einschließlich der »mitimaes«,[3] einer bisweilen erfolgreich aufgezwungenen Sprache und einer »Kosmovision« zur Legitimierung der eigenen Macht. Die Eroberung durch die Spanier wurde möglich dank der Unterstützung eines Teils der Indigenen, die sich gegen ihre Regierenden gestellt hatten (beispielhaft dafür ist die Invasion des Hernán Cortés und der Fall Tenochtitlans). Die lateinamerikanischen Kolonien konnte sich wie alle Kolonien mithilfe der Unterstützung kooptierter und assimilierter indigener Gruppen konsolidieren – auch über die Vergabe von Privilegien und Adelstiteln. Auch als die Unabhängigkeit von Spanien erreicht wurde, fanden sich Indigene in beiden gegnerischen Lagern oder auf keiner der Seiten.

Ein Übermaß an postmodernen und postkolonialen Kategorien – wie »archetypisch«, »kosmisch«, »Quanten« und »Kosmovision« –, die nichts mit der anzestralen Bevölkerung zu tun haben, aber eingesetzt (und missbraucht) werden, um das »Anzestrale« ohne Beachtung der Wurzeln zu gestalten, stellt ebenfalls eine Gefahr dar, auch wenn diese Ansätze anerkanntermaßen Protestwert haben können.

Wachsamkeit und Kritik sind also stets willkommen. Dogmatische und intolerante Positionen dürfen nicht zugelassen werden. Es kann keinen Raum für »politische Kommissare« des 21. Jahrhunderts geben. Und noch weniger darf man glauben, dass mit dem Heraufbeschwören des »Guten Lebens« oder »Sumak Kawsay« wie mit einer Zauberformel die Probleme schon gelöst wären.

Neues kann nicht mit alten Werkzeugen gebaut werden

Wie weiter oben dargelegt, ist es unerlässlich, den historischen Sinn des Prozesses infrage zu stellen, der mit der Idee von Entwicklung einsetzte. Darüber hinaus müssen jedoch auch die Ziele, Politiken und Werkzeuge eliminiert werden, mit denen vergeblich der von der Entwicklung versprochene Wohlstand für alle angestrebt worden ist. Man muss sogar konstatieren, dass die für die Analyse der konventionellen Entwicklung verfügbaren Konzepte und Instrumente ausgedient haben. Mit ihnen sollte die Menschheit davon überzeugt werden, dass dieses mit der konventionellen Entwicklungs- und Fortschrittslogik verbundene Zivilisationsmuster natürlich und unvermeidbar ist.

Es müssen unbedingt richtige Indikatoren für das »Gute Leben« geschaffen werden. Dies wäre jedoch riskant und nutzlos, wenn man nicht vorher die Grundlagen des »Guten Lebens«, »Sumak Kawsay« oder »Suma Qamaña« klarstellte. Ebenfalls riskant und nutzlos wäre es, in der Öffentlichkeit weiterhin vom »Guten Leben« zu sprechen, ohne über Indikatoren zu verfügen, mit denen Fort- und Rückschritt beim Umsetzen des »Guten Lebens« gemessen werden können.

> »Das ›Gute Leben‹ lädt uns dazu ein, die anthropozentrischen Visionen durch biozentrische zu ersetzen.«

Aus dem weiter oben Gesagten ergibt sich, dass die Organisation des Produktionsapparates und der Konsummuster von Grund auf verändert werden muss. Zum Aufbau des »Guten Lebens« ist eine andere Wirtschaft erforderlich, eine Wirtschaft, die sich wieder der Natur annähert und die Bedürfnisse der Gesellschaft, nicht die des Kapitals befriedigt. Wenn die Wirtschaft einen Sinn haben soll, muss sie aus der Gefangenschaft ihres Wertverständnisses ausbrechen.

Das »Gute Leben« enthält als Kern – sogar in seiner globalen Projektion – ein großes revolutionäres Potenzial und lädt uns dazu ein, die anthropozentrischen Visionen durch biozentrische zu ersetzen und uns auf die damit einhergehenden politischen, wirtschaftlichen, kulturellen und sozialen Konsequenzen einzulassen.

6
Das »Gute Leben« und die Rechte der Natur

»Und in der Tat lernen wir mit jedem Tag ihre Gesetze richtiger verstehn und die näheren und entfernteren Nachwirkungen unsrer Eingriffe in den herkömmlichen Gang der Natur erkennen. Namentlich seit den gewaltigen Fortschritten der Naturwissenschaft in diesem Jahrhundert werden wir mehr und mehr in den Stand gesetzt, auch die entfernteren natürlichen Nachwirkungen wenigstens unsrer gewöhnlichsten Produktionshandlungen kennen und damit beherrschen zu lernen. Je mehr dies aber geschieht, desto mehr werden sich die Menschen wieder als Eins mit der Natur nicht nur fühlen, sondern auch wissen, und je unmöglicher wird jene widersinnige und widernatürliche Vorstellung von einem Gegensatz zwischen Geist und Materie, Mensch und Natur, Seele und Leib, wie sie seit dem Verfall des klassischen Altertums in Europa aufgekommen und im Christentum ihre höchste Ausbildung erhalten hat.«

»Schmeicheln wir uns indes nicht zu sehr mit unsern menschlichen Siegen über die Natur. Für jeden solchen Sieg rächt sie sich an uns.«

Friedrich Engels

Mensch und Natur: Ein komplexes Verhältnis

Seit Anbeginn der Menschheit prägte die Angst vor den unberechenbaren Naturkräften das Leben der Menschen.[1] Nach und nach wurde aus dem uralten, schwierigen Überlebenskampf ein verzweifelter Versuch, die Natur zu beherrschen. Schritt für Schritt positionierte sich der Mensch mit seinen anthropozentrischen gesellschaftlichen Organisationsformen, bildlich gesprochen, außerhalb der Natur. Die Natur wurde definiert, ohne die Menschheit als einen integralen Bestandteil derselben zu begreifen. Damit wurde sozusagen der gordische Lebensknoten durchtrennt, der alle Lebewesen als Einheit, als Mutter Erde, verbindet – und der Weg war frei für die Beherrschung und Manipulation der Natur.

Die Erforschung der Natur, von den Menschen seit Anbeginn betrieben und immer stärker von wissenschaftlichen Analysemethoden bestimmt, ist unverzichtbar. Das Problem besteht darin, dass stets versucht wurde, den Menschen mit unterschiedlichen Ideologien, Wissenschaften und Techniken von der Natur zu distanzieren. Ohne die wertvollen Beiträge der Wissenschaft leugnen zu wollen, kann man sagen, dass das kapitalistische System die Gesellschaften noch mehr dazu gezwungen hat, sich die Natur zu unterwerfen. Der Kapitalismus als »Weltsystem« (Immanuel Wallerstein)[2] hat die Natur in eine scheinbar unerschöpfliche Rohstoffquelle verwandelt. Das ist weder wahr noch nachhaltig.

Und nicht alle Wissenschaften und auch nicht alle daraus abgeleiteten Technologien sind gut oder werden gut eingesetzt. Die Erforschung der Radioaktivität führte zum Beispiel zum Bau der Atombombe und ließ auch bei den Befürwortern und Förderern der Atomenergie Zweifel und Reue aufkommen. Solche Wissenschaft und Technologie oder, besser gesagt, ihre Anwendung ist fragwürdig.

Gefahren birgt auch zum Beispiel die chemische Agrartechnologie, die in ihrem reduktionistischen Ansatz zur Monokultur führt und damit zum Verlust der Vielfalt. Viele Technologien und ihre Anwendung könnten hier noch aufgelistet werden.

Natürlich ist die Feststellung nach wie vor richtig, dass der Mensch seit Beginn des Menschenzeitalters herausfinden will, wie die Natur funktioniert. Man braucht nur beispielsweise an die Erforschung der Sonnenfinsternis und des Sternenlaufs in den alten ägyptischen, asiatischen und auch amerikanischen Hochkulturen zu denken: Tihuanacu im bolivianischen Hochland oder der Schneckenturm in Chichen Itzá auf der mexikanischen Halbinsel Yucatán bestätigen das. Die Erfindung der Landwirtschaft an verschiedenen Orten der Welt ist 8.000 bis 10.000 Jahre alt, und komplexe Anbausysteme wurden entwickelt, die verschiedene Pflanzenarten miteinander kombinierten. Ein weiteres Beispiel, diesmal aus dem Andenraum, sind die prähispanischen Methoden zur Vorhersage des Klimaphänomens El Niño durch Beobachtung des Nachthimmels.

Auch die Agrarchemie des bekannten deutschen Chemikers Justus von Liebig (1803–1873) hat hier Platz, dessen Erforschung der großen biogeochemischen Kreisläufe den Anfang der Umweltwissenschaft bildete. Von Liebig nahm auch Untersuchungen in den Anden vor. Seine Analyse der Eigenschaften von Guano, das ab 1840 in riesigen Mengen von Peru nach Europa verschifft wurde, führte zur landwirtschaftlichen Nährstoffwissenschaft. Natürlich war Guano schon seit den Zeiten der Inka als Dünger bekannt. Diese Beispiele beweisen, dass Wissenschaft nicht ausschließlich europäisch beziehungsweise westlich ist.

Und sie zeigen auch, dass nicht die gesamte Wissenschaft mit der Gier nach Ausbeutung der Natur zu erklären ist. Auch wenn Charles Darwin (1809–1882) in seinem Bericht über die Reise mit der »Beagle« oft von den Naturressourcen des amerikanischen Kontinents und auch vom Guano aus Peru schrieb, war er, wie sich später zeigte, vor allem daran interessiert, die Entstehung und die Evolution der Arten zu studieren. Ähnliches kann hinsichtlich der Expedition Alexander von Humboldts auf dem amerikanischen Kontinent gesagt werden.

Auch der Kampf für die wissenschaftliche Vernunft und gegen religiöse Dogmen ist bewundernswert: derjenige Galileo Galileis (1564–1642) zu seiner Zeit, der Darwins mehr als zwei Jahrhunderte später. Die ersten menschenähnlichen Lebensformen auf der Erde und ihre evolutionären Veränderungen von den Affen bis zum heutigen Menschen wurden von der westlichen Wissenschaft inmitten des Imperialismus erforscht. Für religiöse Fundamentalisten mögen die Resultate irritierend sein, aber sie stehen nicht im Gegensatz zu einem

Gefühl von Ehrfurcht und Respekt vor der Natur, sondern unterstützen es vielmehr.

Der Ökologismus baut auf einem wissenschaftlichen Verständnis von Natur auf, ist jedoch gleichzeitig von Bewunderung, Ehrfurcht und einer Identifizierung mit der Natur geprägt, weit entfernt von dem Wunsch, sie zu beherrschen und sie sich anzueignen. Eher kann man hier von Neugier und Liebe sprechen.

Es gibt heute immer mehr Menschen auf der Welt, die zu verstehen beginnen, dass die – mechanistische und grenzenlose – Ausbeutung der Ressourcen beziehungsweise materielle Güteranhäufung, die unter dem Begriff »Fortschritt« firmiert, keine Zukunft hat. Sie machen sich Sorgen, weil der Weiterbestand des Lebens durch eine im Endeffekt lebenszerstörende ideologische Vision anthropozentrischen Fortschritts ernsthaft gefährdet ist.

Wenn wir nicht zulassen wollen, dass die Tragefähigkeit und die Widerstandskraft der Erde kollabieren, müssen wir aufhören, die Naturressourcen als Voraussetzung für Wirtschaftswachstum oder als simple Objekte der Entwicklungspolitik zu betrachten. Und wir müssen natürlich auch akzeptieren, dass sich der Mensch in Gemeinschaft verwirklicht, mit anderen Menschen und im Zusammenwirken mit ihnen, als fester Bestandteil der ihn umgebenden Natur, in der Gewissheit, diese nicht beherrschen zu wollen. Die für die Menschen wichtigste Akzeptanz ist also, dass sie sich nicht außerhalb der Natur befinden und dass die Natur biophysische Grenzen hat.

> »Die Einführung der ›Rechte der Natur‹ bedeutet keineswegs, dass wir auf die Vernunft verzichten.«

Damit geht auch die Erkenntnis einher, dass die Natur als soziales Konstrukt, das heißt als ein von den Menschen entworfener Begriff, überprüft und gänzlich neu interpretiert werden muss.

Die Einführung der »Rechte der Natur« bedeutet keineswegs, dass wir auf das umfangreiche wissenschaftliche Erbe oder gar auf die Vernunft verzichten, um uns in unserer Angst oder Verwirrung über den Lauf der Welt in einem alten oder neu geschaffenen Mystizismus oder in politische Irrationalitäten zu verkriechen.

Eine Rückkehr zum Kreationismus, wie es ihn beispielsweise bis heute in großen Gruppen in den Vereinigten Staaten gibt, und zum Glauben an die »Schöpfung« bzw. zur Leugnung Darwins kann nicht die Lösung sein.[3]

Die Beherrschung der Natur:
Vom philosophischen Mandat zur imperialen Aktion

In zahlreichen imperialen Prozessen wurde das Mandat der Naturbeherrschung in die Praxis umgesetzt. Der Beherrschungsgedanke stand am Anfang der Kolonialisierung, die sich über den ganzen Erdball ausbreitete und bis heute anhält. Auf die Reise des Christopher Kolumbus folgten Eroberung und Kolonialisierung. Im Namen des Königreichs und im Namen des Glaubens nahmen eine unbarmherzige Ausbeutung der Naturressourcen und die Zerstörung vieler Kulturen und Zivilisationen ihren Lauf. Eduardo Galeano (2008) sagt dies ganz deutlich:

> »Seit Schwert und Kreuz auf amerikanischem Boden landeten, hat die europäische Eroberung die Anbetung der Natur, die als Sünde betrachtet und mit Peitschenschlägen, dem Galgen oder Feuertod geahndet wurde, verfolgt. Die Gemeinschaft von Natur und Mensch, ein heidnischer Brauch, wurde im Namen Gottes und später im Namen der Zivilisation abgeschafft. In ganz Amerika und in der Welt zahlen wir bis heute für die Auswirkungen dieser erzwungenen Scheidung.«

Seitdem bilden soziale Unsicherheit und Umweltverwüstung die Norm. Mit Ankunft der Europäer in »Abya Yala« kam es vor allem aufgrund von Raub und Plünderungen, exzessiver Ausbeutung der Arbeitskräfte und eingeschleppten Krankheiten zu einem massiven

Genozid an der indigenen Bevölkerung. Diese demografische Katastrophe wurde im Namen des Fortschritts und der westlichen, christlichen Zivilisation angerichtet.

Um die durch diesen Genozid schwierig gemachte Produktion vor Ort zu ermöglichen, wurden große Mengen afrikanischer Arbeitskräfte gewaltsam auf den Kontinent verschleppt. Mit der schon seit Langem existierenden Sklaverei konnte sich der aufkeimende Kapitalismus global entwickeln. Sie war ein wichtiger Beitrag für die Industrialisierung, da Arbeitskraft so extrem billig zu haben war.

Damals wurde das exportorientierte System des Extraktivismus als Grundstein des globalen Marktes gelegt. Die Kolonien versorgten die imperialen Länder – die heutigen Zentren des damals erst aufkeimenden kapitalistischen Systems. Einige Länder spezialisierten sich auf den Export von Naturalien und wurden damit zu Verlierern, während die dominierenden Länder diese importierten.

Der Geist der damaligen Epoche spiegelt sich in fortlaufenden Entdeckungen neuer Territorien wider, deren Potenzial als Rohstofflieferanten erkannt wurde. Die wirtschaftliche »Entdeckung« des Amazonasgebiets fand zu Beginn des Jahres 1640 statt, als Pater Cristóbal de Acuña, Gesandter des spanischen Königs, der Krone über die Reichtümer der von Francisco de Orellana (1540) »entdeckten« Gebiete berichtete. Acuña hatte Hölzer, Kakao, Zucker, Tabak, Minen und Gold vorgefunden, Rohstoffe, die bis heute die verschiedenen nationalen und transnationalen Akkumulationsinteressen im Amazonasgebiet befeuern.

Die Andenländer wurden nicht nur von Darwin besucht, sondern schon vorher von Charles Marie de la Condamine (1701–1774), der den mittleren Breitengrad gemessen hatte. Auf der langen Liste berühmter wissenschaftlicher Besucher, von denen hier nur ein paar erwähnt werden, ist Alexander von Humboldt (1769–1859) besonders bedeutend. Er war der »zweite Entdecker« Amerikas und zweifellos einer der Pioniere der Universalisierung wissenschaftlicher Kenntnisse. Der Wissenschaftsdrang, der diesen großen Berliner, Feind der bourbonischen Krone und der Sklaverei, antrieb, kann in einer vom

Aufblühen des Imperialismus geprägten Zeit nicht von der wirtschaftlichen und politischen Ausbreitung und Dominanz der europäischen Mächte getrennt werden.

Seine Aufzeichnungen über die lange Expedition durch Amerika (1799–1804) hatten

> *»politische und wirtschaftliche, aber auch ambivalente Auswirkungen. Seine Werke weckten das Interesse des aufkeimenden kolonialen Kapitalismus. Wie ist es möglich, dass es dort noch diese riesigen Gebiete und eine noch zu entwickelnde Wirtschaft und diese fabelhaften Vorkommen, und diese fügsamen und genügsamen Arbeitskräfte gibt? Lasst uns also dort schürfen (natürlich Silber) und unsere Hochöfen bauen: Wir werden unser Kapital in diesen Ländern investieren und dort unsere Arbeitsmethoden entwickeln.«*

So formulierte es der große Intellektuelle Egon Erwin Kisch während seines mexikanischen Exils 1942 in der Zeitschrift »Freies Deutschland«.[4]

Humboldt wusste das. »Die Fortschritte des kosmischen Wissens wurden durch alle Gewaltthätigkeiten und Gräuel erkauft, welche die sogenannten civilisirenden Eroberer über den Erdball verbreiten«,[5] schrieb er in seinem Hauptwerk »Kosmos«. Wie viel ist von diesem Entdecker- und Eroberungsgeist noch übrig?

Humboldt, der von der Geografie, Flora und Fauna der Region völlig eingenommen war, hat angeblich deren Bewohner mit Bettlern verglichen, die auf einem Sack Gold säßen – und spielte damit auf den unermesslichen, nicht genutzten Reichtum der Region an. Er ratifizierte in gewisser Weise den amerikanischen Naturexport in den Zeiten nach dem Ende der spanischen Kolonie. Er sah Südamerika als Territorium, das die vorhandenen natürlichen Ressourcen nutzen sollte, nutzen im Sinn der Ausbeutervernunft der damaligen Zeit.[6]

Humboldt wollte wissen, was Amerika an Ressourcen zu bieten hatte, aber er war auch an der reinen Wissenschaft interessiert. So bestieg er zum Beispiel mit seinen Führern unter erheblichen Anstrengungen den Chimborazo, um den Siedepunkt des Wassers zu messen.

Lateinamerika: Vom Schröpfen eines Subkontinents

»Abya Yala«, der lateinamerikanische Subkontinent, wurde so, genau wie Afrika und Asien, vor über 500 Jahren als Lieferant von Rohstoffen in den Weltmarkt eingegliedert. Aus dieser Region kamen Gold, Silber und Edelsteine, mit denen die Expansion des spanischen Kaiserreichs, vor allem aber der aufstrebende Kapitalismus in Zentraleuropa finanziert wurden.

Dieser Reichtum verschob das Zentrum des Weltsystems von Asien nach Europa. Eurasien war nach Ansicht von André Gunder Frank bereits ein Weltsystem mit kulturellem und wirtschaftlichem Austausch (Seidenstraße), Herrschaftszyklen (arabische Kalifate, Indien, China) und Wirtschaftskreisläufen. Die Eingliederung des amerikanischen Kontinents und seines Reichtums führte dazu, dass sich das Zentrum Richtung Europa verschob. Möglich gemacht wurde dies zudem wegen der inneren Krise der damaligen Weltmacht China. Die Eingliederung Amerikas, Afrikas, später auch Australiens und der pazifischen Inseln machten das System damit erstmals zu einem wirklichen Weltsystem.

Seitdem haben die Länder Amerikas, besonders die südlichen, dabei eine unterwürfige Haltung im internationalen Kontext eingenommen und sich darauf spezialisiert, Rohstoffe für den Weltmarkt zu fördern, die die Grundpfeiler der Finanzierung der kapitalistischen Entwicklung in Europa sind.

Nach Erkämpfen ihrer Unabhängigkeit von Spanien setzten die Länder Lateinamerikas den Export von Rohstoffen, das heißt der Natur, genauso fort wie in Zeiten der Kolonialherrschaft, und sie tun dies auch heute noch.

> »›Abya Yala‹ wurde vor über 500 Jahren als Lieferant von Rohstoffen in den Weltmarkt eingegliedert.«

Der Wunsch, die Natur zu beherrschen, um sie in Exportgüter zu verwandeln, ist in Lateinamerika ständig präsent gewesen. In den ersten Jahren der Unabhängigkeit gab Simón Bolívar angesichts des Erdbebens in Caracas im Jahr 1812 den berühmten Satz von sich, der ganz klar das Denken der damaligen Zeit widerspiegelt: »Wenn sich die Natur widersetzt, bekämpfen wir sie und machen sie gehorsam.« Bolívar sprach und handelte den Forderungen seiner Zeit gemäß. Er war überzeugt davon, und das war damals die vorherrschende Meinung, dass sich die Natur beherrschen lasse.

Merkwürdig ist, dass dieser Herrschergeist auch heute noch nicht überwunden ist, obwohl wir seit vielen Jahren wissen, dass wir die Natur nicht einfach immer weiter ausplündern können. Als Ende 2009 in Ecuador nach einer langen Trockenzeit eine Stromrationierung unvermeidlich wurde und eine Lösung des Problems nicht in Sicht war, betrachtete der Präsident der Republik Ecuador dies als Widrigkeit der Natur und sagte in einer seiner wöchentlichen Ansprachen an das Volk: »Wenn sich die Natur mit dieser Trockenheit der Bürgerrevolution widersetzt, werden wir kämpfen und sie gemeinsam besiegen, das kann ich Ihnen versichern.« (7. November 2009)

Die Botschaft Humboldts, der die südamerikanische Bevölkerung, wie überliefert, als Bettler auf einem Goldsack sah, findet sich theoretisch interpretiert in dem berühmten Buch David Ricardos »Die Grundsätze der politischen Ökonomie oder der Staatswirtschaft und der Besteuerung« (1817) wieder. Der bekannte englische Wirtschaftswissenschaftler empfahl jedem Land, sich auf die Produktion jener Güter zu spezialisieren, die für sie komparative oder relative Kostenvorteile aufwiesen, und alle anderen Güter, bei denen sie Kostennachteile hätten, zu erwerben. Seiner Meinung nach sollte sich England zum Beispiel auf die Herstellung von Textilien und Portugal auf die Weinproduktion spezialisieren. Auf dieser Grundlage wurde dann die Außenhandelstheorie entwickelt.

Bei dieser von den Wirtschaftswissenschaftlern so oft zitierten und angewandten These wurde vielleicht auch aus Unwissenheit übersehen, dass sie vom frühen Imperialismus erzwungen worden war. Die von Ricardo vorgeschlagene Arbeitsteilung fand bereits zuvor in dem am 27. Dezember 1703 in Lissabon von Portugal und England unterzeichneten Methuen-Abkommen ihren Niederschlag.[7] In diesem Abkommen, das gerade einmal drei Artikel umfasst und damit sicher das kürzeste in der Geschichte der europäischen Diplomatie ist, wurde vereinbart, dass die Portugiesen Stoffe und Textilprodukte aus England kaufen und die Briten dafür den portugiesischen Wein bevorzugen würden.

Die erste kapitalistische Industrienation mit globalem Anspruch, Großbritannien, betrieb nicht den Freihandel, den sie so verteidigte. Und nicht nur das. Mit ihrer Flotte verteidigte sie in vielen Regionen der Welt ihre eigenen Interessen: Unter Berufung auf einen angeblichen Freihandel führte sie mithilfe von Kanonen das Opium bei den Chinesen ein und blockierte die Märkte ihrer weitläufigen Kolonien, um das eigene Monopol im Textilhandel zu sichern. Das trifft zum Beispiel auf Indien, einen subkontinentalen Markt, zu. Historisch gesehen, bildeten verschiedene Formen des Protektionismus den Ausgangspunkt für die erfolgreichen Volkswirtschaften und tun dies in unterschiedlicher Weise bis heute.

Die US-Amerikaner wählten einen anderen Weg. Ulysses Grant, Held des Sezessionskriegs und danach Präsident der Vereinigten Staaten (1868–1876), äußerte sich kategorisch mit folgenden Worten: »In 200 Jahren, wenn Amerika vom Protektionismus alles bekommen hat, was dieser zu bieten hat, werden auch wir den Freihandel einführen.« Und dies ist ihnen schon früher gelungen, mit mehrfacher Unterstützung ihrer Marine. Die Deutschen ließen sich von Friedrich List, einem echten Pionier der Entwicklungstheorien, inspirieren und schafften es, sich zu entwickeln – trotz des im 19. Jahrhundert vorherrschenden Freihandelsdiskurses und dank ihrer protektionistischen Maßnahmen. Auch die asiatischen Länder Japan und China waren keine Vertreter des Freihandels und sind es bis heute nicht (Ha-Joon Chang, 2004). Verzahnt mit dem akkumulationsorientierten Exportmodell für Primärgüter, hat sich seitdem in der internationalen Arbeitsteilung in vielen rohstoffreichen Ländern Südamerikas eine passive und unterwürfige Haltung etabliert, die auch eine so geprägte Position festigte.

Weite Teile der Gesellschaften haben diese Haltung so verinnerlicht, als würde es sich um ihre unveränderliche DNA handeln, selbst von ihren Regierungen wird sie geteilt. Viele, einschließlich der sogenannten fortschrittlichen Regime, können sich kaum vorstellen, dass man sich von diesem »Fluch des Überflusses« an natürlichen Ressourcen befreien kann (Schuldt, 1995; Acosta, 2009).

In diesen Ländern hat man noch nicht verstanden, dass die Vielfalt beteiligter Akteure im Produktionssektor eine größere wirtschaftliche Chance sein kann als der Extraktivismus. Zur Herstellung eines Radios, Fernsehers, Autos oder Computers sind zum Beispiel viele Zulieferbetriebe erforderlich, und auch auf anderen Gebieten (Forschung) muss dafür gearbeitet werden. Bohrt man ein Loch in die Erde, um Mineralien zu fördern, ist das eher weniger der Fall. Die Herstellung eines Computers oder selbst einer einfachen Schraube kann nicht mit der Förderung von Gold, Erdöl oder auch Bananen verglichen werden.

Allen Beweisen zum Trotz besteht aber die von Alexander von Humboldt in seiner Metapher beschriebene Sichtweise oder besser: die Illusion des allmächtigen Extraktivismus weiter. Auch der ecuadorianische Präsident hat gebetsmühlenartig diese Metapher des berühmten deutschen Naturalisten und Geografen wiederholt. In seinem Bericht an die Nation vom 15. Januar 2009 sagte er zur Verteidigung des Bergbaugesetzes: »Wir werden bei dem Bergbaugesetz keinen Schritt zurückgehen, denn die verantwortungsvolle Entwicklung des Bergbaus ist für den Fortschritt des Landes fundamental. Wir können uns nicht wie Bettler auf einem Sack voller Gold niederlassen.« Bei seinem Besuch in Quimsacocha, Provinz Azuay, am 25. Oktober 2011, einem Ort mit Goldvorkommen mitten in einem wundervollen Hochland mit vielen Lagunen, sagte er erneut, dass »der Bergbau für die moderne Zeit fundamental ist. Ohne ihn kehren wir in das Zeitalter der Höhlenmenschen zurück. Wir dürfen nicht so verantwortungslos sein, dass wir wie Bettler auf einem Sack voller Gold sitzen.«

Nach wie vor wird der Extraktivismus als Finanzierungsquelle akzeptiert, um »Entwicklung« zu erreichen. Ihn abzulehnen würde innerhalb dieser noch ziemlich verbreiteten Sicht bedeuten, dass man der »Entwicklung« keine Chance einräumt. Evo Morales, Präsident des plurinationalen Staats Bolivien, antwortete auf den Vorschlag, die Erdölgrenze im bolivianischen Amazonasgebiet nicht weiter zu verschieben: »Und wovon soll Bolivien denn leben, wenn ein paar NGOs ein erdölfreies Amazonasgebiet fordern (…) Das bedeutet, kurz gesagt, dass das bolivianische Volk dann kein Geld, keine ›royalties‹ mehr haben wird, und dann gibt es dementsprechend auch keine Sozialleistungen (Bono Juancito Pinto, Renta Dignidad, Bono Juana Azurduy) mehr.«[8]

Auf die Proteste der Indigenen aus dem Amazonasgebiet gegen die Fördermaßnahmen im Jahr 2009, die in einem Massaker endeten, hatte der neoliberale peruanische Präsident Alan García eine Antwort, die klarer nicht hätte sein können: »Jetzt reicht es aber; diese Leute haben keine Krone auf, sie sind keine Bürger erster Klasse, 400.000 Ureinwohner bei 28 Millionen Peruanern, die uns sagen können, du hast kein Recht herzukommen. Das ist ein gravierender Fehler, und wer so denkt, möchte uns in die Irrationalität und die primitive Vergangenheit führen.«

»Die Natur wird als Element betrachtet, das es zu zähmen, auszubeuten und natürlich zu vermarkten gilt.«

Sicher ist, dass sich neoliberale und »fortschrittliche« Regierungen beim Extraktivismus verbrüdern. Damit wird die Natur von ideologisch unterschiedlich ausgerichteten Regierungen als Element betrachtet, das es zu zähmen, auszubeuten und natürlich zu vermarkten gilt. Die Natur und konkret die Naturressourcen, vor allem die nicht erneuerbaren, werden als Grundpfeiler angesehen, um die Entwicklung voranzutreiben.

Die »fortschrittlichen« Regierungen versuchen den Sprung in die ersehnte Modernität mit einem durch stärkere staatliche Präsenz forcierten Extraktivismus zu erreichen. Man bekommt den Eindruck, dass diese »fortschrittlichen« Regierungen über den Diskurs hinaus nicht in der Lage sind, andere Optionen als die Akkumulation mittels Extraktivismus zu entwerfen und voranzubringen.

Die bedrohte Natur

Angesichts dieser alten, auf einer profunden Trennung von Wirtschaft und Natur basierenden Beherrschungs- und Ausbeutungsvision, die zu immer mehr globalen Problemen führt, sind verschiedene Warnrufe laut geworden.

Der erste Alarm wurde Mitte des 20. Jahrhunderts gegeben: Die Belastbarkeit der Natur hat ihre Grenzen. In dem 1972 veröffentlichten Bericht an den Club of Rome, auch »Meadows-Bericht« genannt, der unter dem Namen »Die Grenzen des Wachstums« in die Geschichte eingegangen ist, wurde die Welt mit dieser unbestreitbaren Realität konfrontiert. Der Bericht, mit dem das Massachusetts Institute for Technology (MIT) beauftragt worden war, hatte eine Reihe kritischer Szenarien als Ergebnis des Wirtschaftswachstums vorausgesagt; als diese Situationen dann nicht wie prognostiziert eintraten, verlor der Bericht unberechtigterweise seine Glaubwürdigkeit.

> »Klar ist, dass die Natur nicht unerschöpflich und nicht ›unsterblich‹ ist.«

Ähnliches könnte mit dem »Klimawandel« geschehen: Zu viele Interessen leugnen seine Realität. Die Existenz der »Grenzen des Wachstums« werden von der Kapitalgier unterschlagen, die sich auf den dogmatischen Glauben an die Allmacht der Wissenschaft stützt, die wiederum meist im Dienste des Kapitals steht.

Klar ist, dass die Natur nicht unerschöpflich und nicht »unsterblich« ist, dass sie Grenzen hat und die Welt kurz davor ist, diese zu überschreiten, oder sie bereits überschritten hat. Der Meadows-

Bericht, der zu unterschiedlichen Lesarten und Annahmen Anlass gab, in der Praxis jedoch eher geringe Auswirkungen verzeichnen konnte, hat einerseits Alarm ausgelöst und andererseits eine Forderung aufgestellt: Wir können nicht so weitermachen wie bisher, wir brauchen Analysen und globale Antworten.

Viele anerkannte Wirtschaftswissenschaftler wie Nicholas Georgescu-Roegen, Kenneth Boulding, Herman Daly, Roefie Hueting, Enrique Leff und Joan Martínez Alier haben die Grenzen des Wirtschaftswachstums aufgezeigt. Sogar der Wirtschaftsnobelpreisträger Amartya Sen, der weder den Markt noch den Kapitalismus infrage stellt, hat eine Lanze gegen das Wirtschaftswachstum als Synonym für »Entwicklung« gebrochen. Derzeit häufen sich vor allem in den industrialisierten Ländern Stimmen, die eine Wirtschaft fordern, in der das Wachstums nicht nur stillsteht, sondern zurückgefahren wird. Autoren wie Serge Latouche, Tim Jackson, Niko Paech und viele andere beschäftigen sich mit »degrowth«. Ihre Überlegungen dazu sind von den Arbeiten des englischen Wirtschaftswissenschaftlers John Stuart Mill inspiriert, der 1848 ein paar Grundüberlegungen vorwegnahm, die heute unter dem Begriff »stationäre Wirtschaft« bekannt sind.

Einer der schärfsten lateinamerikanischen Denker auf diesem Gebiet ist Enrique Leff (2008), der den Übergang zu einer anderen Organisationsform der Produktion und der Gesellschaft als solcher vorschlägt und sich dabei fragt:

> »Wie kann man das Wachstum eines Prozesses zum Stillstand bringen, der in seiner Grundstruktur und seinem genetischen Code einen Motor eingebaut hat, der ihn wachsen oder sterben lässt? Wie kann man dieses Vorhaben durchführen, ohne eine wirtschaftliche Rezession mit globalen Auswirkungen auf die Gesellschaft und die Umwelt zu provozieren?
>
> (Es) führt zu einer Strategie der Dekonstruktion und Rekonstruktion. Das heißt nicht, dass das System gesprengt werden soll; die Produktion muss neu organisiert werden und eine Ablösung vom Getriebe der Marktmechanismen erfolgen, die genutzte Materie recycelt und in neuen ökologischen Kreisläufen neu orga-

nisiert werden. In diesem Sinn bedeutet die Konstruktion einer Umweltrationalität, die die wirtschaftliche Rationalität dekonstruieren kann, dass man sich die Natur wieder aneignen und die Kulturen als Territorium zurückgewinnen muss.«

Diese Debatte wird in den Industrieländern, den Hauptverantwortlichen für das globale Umweltdebakel, immer lebhafter geführt. Aber auch im Süden sollte man sie aufnehmen.

Es geht nicht darum, dass die »verarmten« Länder nicht mehr oder kaum noch wachsen sollen, damit die reichen Länder ihren unhaltbaren Lebensstandard beibehalten können. Die Frage des Wachstums muss in den »unterentwickelten« Ländern verantwortungsvoll angegangen werden. Zumindest sollte man, wie Manfred Max-Neef vorschlägt, zwischen »gutem« und »schlechtem« Wachstum unterscheiden. Diese Unterscheidung hängt auch von den entsprechenden Natur- und Sozialgeschichten ab. Jedenfalls darf das Wachstum nicht der Motor der Wirtschaft und auch nicht ihr höchstes Ziel sein.

Eine ernsthafte und verantwortliche Diskussion über die Schrumpfung (»degrowth«) der Wirtschaft (mit »stationärem Wachstum« ist es nicht getan) ist zudem im globalen Norden dringend erforderlich und muss notwendigerweise mit dem Postextraktivismus des globalen Südens einhergehen. Dieses Thema wird in dem Kapitel über den Aufbau einer anderen Wirtschaft, in der das »Gute Leben« Realität werden kann, noch zu behandeln sein.

Nun, da die »Nachhaltigkeitsgrenzen« der Welt überschritten sind, müssen außerdem universelle Umweltlösungen geschaffen werden.

Einerseits müssen die »verarmten« und strukturell ausgeschlossenen Länder Optionen für ein würdiges, nachhaltiges Leben suchen, die nicht eine karikierte Wiederauflage des westlichen Lebensstils sind. Andererseits müssen die »entwickelten« Länder die wachsenden Probleme der von ihnen geschaffenen internationalen Ungerechtigkeit lösen und vor allem Suffizienzkriterien für ihre Gesellschaften einführen, anstatt auf Kosten der übrigen Menschheit die Effizienzlogik einer permanenten materiellen Anhäufung aufrechtzuerhalten. Die reichen Länder müssen endgültig ihren Lebensstil ändern, der das ökologische Gleichgewicht der Welt gefährdet, denn in dieser Hinsicht sind auch sie »unter-« oder »fehlentwickelt« (spanisch: maldesarollo; Samir Amin, José María Tortosa). Dabei müssen sie einen Großteil des beschrittenen Weges wieder zurückgehen und sich von einem Wachstum verabschieden, das auf Weltebene unwiederholbar ist. Gleichzeitig müssen sie Mitverantwortung übernehmen, um die vorhandenen Schäden global zu beseitigen. Mit anderen Worten: Sie müssen ihre ökologische Schuld begleichen.

»Die reichen Länder müssen endgültig ihren Lebensstil ändern.«

Es geht nicht nur um eine Klimaschuld. Die ökologische Schuld geht auf die koloniale Ausbeutung – zum Beispiel den Abbau von Mineralien und die massive Rodung der Urwälder – zurück, schlägt sich sowohl im vom Raubbau der Industrieländer betriebenen »ungleichen ökologischen Austausch« wie auch in der »kostenlosen Besetzung des Umweltraums« der »verarmten« Länder nieder. Auch muss hier der Druck auf die Umwelt in Betracht gezogen werden, der durch den Export der meist schlecht bezahlten Naturressourcen in den unterentwickelten Ländern ausgeübt wurde: Dabei wird der Verlust an Nährstoffen und Artenvielfalt noch nicht einmal berücksichtigt. Ein Druck, der aufgrund der übertriebenen Forderungen einer extremen Öffnungspolitik noch verstärkt wird. Die ökologische Schuld wächst auch von anderer Seite: Die reicheren Länder haben ihre nationalen ökologischen Gleichgewichte längst verloren. Sie entsorgen ihre Umweltsünden (in Form von Abfall oder Emissionen) direkt oder indirekt in andere Regionen, ohne dafür zu zahlen.

Hinzu kommt noch die Biopiraterie. Sie wird von mehreren transnationalen Unternehmen vorangetrieben, die sich in ihren Ursprungsländern eine Reihe von indigenen Pflanzen und Kenntnissen patentieren lassen. In diesem Zusammenhang müssen auch die Schäden erwähnt werden, die der Natur und den Gemeinschaften, vor allem den bäuerlichen, zum Beispiel mit genmanipuliertem Saatgut zugefügt werden. Deshalb können wir ohne Weiteres behaupten, dass es nicht nur einen ungerechten Handels- und Finanzaustausch gibt, wie es in der Dependenztheorie heißt, sondern dass auch der ökologische Austausch einseitig ist und das Gesamtgleichgewicht stört.

Die Überbelastung der Natur hat eine Krise ausgelöst, die uns zwingt, die Institutionalität und soziopolitische Organisation infrage zu stellen. Halten wir uns vor Augen, dass »bei der Umweltkrise nicht nur die Ressourcen des Ökosystems überlastet, verzerrt und ausgeschöpft werden, sondern auch die ›Systeme des sozialen Funktionierens‹. Anders formuliert: Von den institutionalisierten sozialen Regulierungsmechanismen wird zu viel gefordert; die Gesellschaft wird zu einem Umweltrisiko« (Egon Becker, 2001). Dieses Risiko verschärft die autoritären Ausschlusstendenzen wie auch die Ungerechtigkeiten des kapitalistischen Systems: »Ein Wertesystem, ein Existenzmodell, eine Zivilisation: die Zivilisation der Ungleichheit«, wie es der österreichische Wirtschaftswissenschaftler Joseph Schumpeter formulierte.

Angesichts dieser Herausforderungen ist es dringend notwendig, Nachhaltigkeit in Bezug auf die Belastbarkeit und Widerstandskraft der Natur zu überdenken. Die Aufgabe besteht darin, die wahre Dimension von Nachhaltigkeit zu erkennen, ihre Störanfälligkeit zu berücksichtigen und sie nicht anthropozentrischen Forderungen zu unterwerfen. Daher bedarf es einer neuen Ethik zur Organisation des Lebens als solchem.

Die Aufgabe scheint einfach, doch sie ist hochkomplex. Anstatt auf der Scheidung von Natur und Mensch zu beharren, müssen beide wieder zusammenkommen. Das entspräche der Wiederherstellung des von einem räuberischen, unhaltbaren Lebenskonzept zerschlagenen gordischen Knotens. Bruno Latour (2008) sagt uns, dass »es darum geht, den gordischen Knoten wiederherzustellen und den Bruch, der die exakten Kenntnisse von der Machtausübung trennt, also die Natur von der Kultur, so oft wie erforderlich wieder zu kitten«. Latours Beitrag hat die anthropologische Debatte über die Trennung der Natur (im Singular) von den Kulturen (im Plural) neu entfacht. Wenn man beide zusammenbringt, gewinnt die Politik wieder an Aktualität.

Um diesen Zivilisationswandel zu erreichen, ist eine der wichtigsten Aufgaben, Mutter Erde, die »Pacha Mama«, im Rahmen einer bewussten Wiederbegegnung zu entkommerzialisieren. Das gilt vor allem für die Stadtbewohner, die, um es milde auszudrücken, weit von der Natur entfernt sind. Sie müssen sich zum Beispiel damit auseinandersetzen, dass das Wasser weder aus dem Supermarkt noch aus dem städtischen Wasserwerk stammt.

Des Weiteren müssen die wirtschaftlichen Ziele den Gesetzen der natürlichen Systeme unterworfen werden, ohne dass dabei die Würde des Menschen aus dem Blickfeld gerät. Gleichzeitig muss versucht werden, die Lebensqualität der Menschen sicherzustellen. Konkret bedeutet dies, dass die Wirtschaft das gesamte theoretische Gerüst über Bord werfen muss, das »den Begriff der Produktion seines materiellen Charakters entledigt und das wirtschaftliche Denken ganz und gar von der physischen Welt getrennt und damit den epistemologischen Bruch vervollständigt hat, mit dem die Auffassung vom Wirtschaftssystem als einem Kreislauf von Produktion und Wachstum auf den Bereich des Wertes reduziert wurde« (José Manuel Naredo, 2009).[9]

Die Wirtschaft muss sich der Ökologie unterwerfen. Der Grund dafür ist einfach: Es ist die Natur, die die Grenzen und die Reichweite der Nachhaltigkeit sowie die Selbsterneuerungskapazität des Planeten bestimmt. Die Produktionstätigkeit ist von ihr abhängig. Wenn also die Natur zerstört wird, wird auch die Grundlage der Wirtschaft zerstört.

Aus diesem Grund müssen wir alles vermeiden, was die Vielfalt beseitigt und sie durch eine störungsanfällige Einförmigkeit ersetzt, wie sie Megabergbauprojekte und landwirtschaftliche Monokulturen

> »Wir müssen alles vermeiden, was die Vielfalt beseitigt und sie durch eine störungsanfällige Einförmigkeit ersetzt.«

hervorbringen. Wie zum Beispiel Godofredo Stutzin (1984) sagt, »zerstören diese Aktivitäten das Gleichgewicht und schaffen ein immer größeres Ungleichgewicht«.

Diesen historischen Wandel, den Schritt von einem anthropozentrischen Ansatz zu einem (sozio-)biozentrischen Ansatz zu vollziehen, stellt die größte Herausforderung für die Menschheit dar.

Die Natur als Rechtssubjekt

Die obigen Überlegungen zeigen eindeutig, welche Richtung eine neue Organisationsform der Gesellschaft einschlagen muss, wenn sie tatsächlich eine Option für das Leben sein soll, mit der Respekt vor der Natur und Koexistenz innerhalb der Natur möglich ist. Damit wird auch der zivilisatorische Charakter der Rechte der Natur verständlich.

Ausgehend von dem Wissen, was die Rechte der Natur tatsächlich bedeuten, gilt es, eine Praxisstrategie zu entwickeln: Diese muss erstens identifizieren, was unter Megarechten (vor allem Menschenrechte und Rechte der Natur) und was unter Metarechten (Wasser, Ernährungssouveränität, Artenvielfalt, Energiesouveränität) zu verstehen ist.

Mit der Anerkennung der Rechte der Natur, also der Anerkennung der Natur als Rechtssubjekt – das heißt auch, dass im Falle von Zerstörung das Recht auf vollständige Wiederherstellung besteht –, hat die ecuadorianische Verfassung von 2008 einen Meilenstein für die Menschheit gesetzt. Ebenso bedeutsam war die Aufnahme des Begriffs »Pacha Mama« (Mutter Erde) als Synonym für Natur und zugleich als Wertschätzung von Plurinationalität und Interkulturalität.

Die Debatte in der verfassunggebenden Versammlung von Montecristi war komplex. Mehrere Mitglieder, auch der Regierungspartei, sowie hohe Regierungsvertreter waren gegen die Aufnahme der Rechte der Natur und bezeichneten das Vorhaben gar als »Dummheit«. Außerhalb der Versammlung wurden die Rechte der Natur von den konservativen Rechtsbewahrern, die diese in Gang gesetzte Veränderung mehrheitlich gar nicht verstehen konnten, als »konzeptuelles Kauderwelsch« abgetan.

Im Lauf der Rechtsgeschichte war jede Ausweitung von Rechten im Vorfeld erst einmal undenkbar. Die Emanzipation der Sklaven oder die Ausweitung der Rechte von Afroamerikanern, Frauen und Kindern wurden immer zunächst als absurd abgetan. Im Lauf der Geschichte wurde die Forderung nach Anerkennung »des Rechts, Rechte zu haben«, immer lauter. Erreicht worden ist diese durch politische Anstrengungen, mit denen diese Rechte leugnende Visionen, Bräuche und Gesetze verändert werden konnten. Es ist merkwürdig, dass viele Menschen, die sich gegen die Ausweitung von Rechten gewandt haben, kein Problem damit haben, juristischen Personen (Körperschaften und Stiftungen) Rechte zu verleihen, die quasi mit denen natürlicher Personen identisch sind … Eine der größten Rechtsverirrungen.

Der Prozess der Akzeptanz der Rechte der Natur ist, auch pädagogisch gesehen, ein starkes Mittel, mit dem nicht nur der Verfassung Genüge getan wird. Die juristische Anwendung dieser Normen wird zweifellos auch mehr Raum für auf neuen Konzepten basierendes Wissen schaffen.

Um die Natur aus ihrer Lage als rechtloses Subjekt oder einfach als Eigentumsobjekt zu befreien, waren und sind politische Bemühungen erforderlich. Es ist fundamental, dass wir akzeptieren, dass alle Lebewesen denselben ontologischen Wert besitzen, was aber nicht heißt, dass sie alle gleich sind. Damit wird der Begriff der »biozentrischen Gleichheit« eingeführt, dem zufolge nach Eduardo Gudynas (2009) alle Lebewesen gleichermaßen wichtig und daher auch gleichermaßen schützenswert sind. So wird »versucht, sowohl die nützlichen als auch die unnützen Arten, diejenigen, die einen Marktwert, und diejenigen, die keinen haben, die attraktiven wie die unangenehmen zu schützen«.

Godofredo Stutzin sagt unter Bezugnahme auf die Rechte, dass »die Natur aus rein ökologischer Sicht qualifiziert und quantifiziert werden kann, anstatt sie nur aus der Sicht der menschlichen Interessen zu bewerten. Dabei wird außerdem die Beweislast, der ›onus probandi‹, umgekehrt, (…); es wird nun davon ausgegangen, dass alles, was in der

Natur vorkommt, für ›das Lebensunterfangen‹ ›irgendwie nützlich ist‹ und deshalb so erhalten bleiben muss, wie es ist, es sei denn, es gäbe ein höheres Interesse, das eine geplante Veränderung oder Zerstörung rechtfertigte (…).« Damit wird mit der Vision von Umwelt als Instrument gebrochen, da die der Natur eigenen Werte anerkannt werden. Es geht dabei nicht um Werte, die ihr von den Menschen verliehen worden sind.

Dieses Thema hat Geschichte.[10] Die Natur mit Rechten auszustatten heißt also, ihren Wechsel vom Objekt zum Subjekt als Teil eines Jahrhundertprozesses der Rechteausweitung politisch voranzutreiben, wie der Schweizer Jurist Jörg Leimbacher schon 1988 sagte. Nach Leimbacher geht es um nichts weniger als darum, die »Daseinsberechtigung« des Menschen zu retten.[11] Hier muss der berühmte Satz des Holländers Baruch de Spinoza (1632–1677), eines der großen Rationalisten der Philosophie des 17. Jahrhunderts, zitiert werden, der im Widerspruch zum heutigen theoretischen Rationalitätsverständnis forderte, dass »alles, was sich der Natur widersetze, sich auch der Vernunft widersetze, und alles, was gegen die Vernunft verstoße, absurd sei«.

> »Alles, was wir für die Natur tun, tun wir auch für uns selbst.«

Das hat die Einsicht zur Folge, dass wir alles, was wir für die Natur tun, auch für uns selbst tun. Mit dieser Einsicht stehen und fallen die Rechte der Natur. Es muss immer wieder gesagt werden, dass der Mensch nicht am Rand der Natur leben kann, erst recht dann nicht, wenn er sie zerstört. Demzufolge muss Nachhaltigkeit gesichert werden, um das Fortleben des Menschen auf dem Planeten zu garantieren. Dieser Kampf fängt, politisch gesehen, damit an, dass man erkennt, dass das kapitalistische System seine eigenen biophysischen Existenzgrundlagen zerstört.

Der politischen Konjunktur während der Erarbeitung der Verfassung, den intensiven Debatten und dem Engagement einer Gruppe von Versammlungsmitgliedern sowie den Beiträgen mehrerer Fachleute ist es zu verdanken, dass diese Initiative schließlich akzeptiert wurde. Zum Erfolg hat auch ein von Eduardo Galeano genau zur richtigen Zeit geschriebener Text namens »La Naturaleza no es muda« (Die Natur ist nicht stumm, 2008) beigetragen, in dem Galeano die Bedeutung der in Montecristi geführten Debatte hervorhebt.[12] Die Arbeit an der Verfassung war beschwerlich, ebenso die Debatte um sie. An dieser Stelle ist es angebracht, alle Beiträge und Kämpfe der Indigenen hervorzuheben, für die die »Pacha Mama« ein fester Bestandteil des Lebens ist. In ihrer Welt werden derartige Rechte nicht gebraucht. Anders ist es in der westlichen Zivilisation, in der diese Rechte ausgeweitet werden müssen, um zu versuchen, das Leben der Menschen miteinander und auch mit der Natur zu organisieren.

Neben der transkulturellen Tradition, in der die Erde als Mutter verstanden wird, gibt es wissenschaftliche Argumente, denen zufolge sich die Erde wie ein lebendiger Superorganismus verhält. Auch die Relationalität aller Wesen wird hervorgehoben: Alles hängt mit allem zusammen, überall und unter allen Bedingungen. Neben dem Einfluss der indigenen Kosmovision, in der die Menschen Teil der Natur sind, beruht die Idee, die Natur mit Rechten auszustatten, auch auf Ideen aus der westlichen Welt, wie wir gleich sehen werden.

Trotz der erwähnten Fortschritte bei der Erarbeitung der neuen ecuadorianischen Verfassung ist der Weg zu ihrer Durchsetzung seit ihrem Inkrafttreten im Jahr 2008 kompliziert verlaufen. Es gibt mehrere von der Exekutive vorgeschlagene Gesetze, die den Verfassungsgrundsätzen in Umweltfragen und speziell den Rechten der Natur widersprechen.

Dennoch ist erwähnenswert, dass zum Beispiel auf den Galapagos-Inseln die erste Naturgerichtsbarkeit geschaffen worden ist. Von den Rechten der Natur inspiriert, wurde im März 2011 auch eine Klage gegen die Regierung der ecuadorianischen Provinz Loja wegen Verschmutzung des Vilcabamba-Flusses zugelassen. Im Namen der Rechte der Natur kam es sogar zu einer umstrittenen Maßnahme, als die

Polizei im Mai 2011 gewaltsam gegen informell tätige Grubenarbeiter in der Provinz Esmeraldas vorging.

Es wird nicht leicht sein, Veränderungen in Ecuador durchzusetzen, dem ersten Land, das die Rechte der Natur in seine Verfassung aufgenommen hat, aber noch schwieriger wird es werden, ihre Akzeptanz auf globaler Ebene zu erhöhen. Dies wird vor allem deshalb schwierig sein, weil dabei die Privilegien nationaler und transnationaler Machtgruppen auf dem Spiel stehen und diese alles daransetzen werden, den Emanzipationsprozess aufzuhalten. Trotz allem sind seit Inkrafttreten der Rechte der Natur die Beiträge, die sie für den Aufbau einer postkapitalistischen Zivilisation darstellen, nicht zu übersehen.

Bei diesem Stand der Dinge und angesichts eines Verfassungsrahmens, der eine derartige Transformation begünstigt, heißt es nun, den Kampf für das Leben, das in der Tat auf dem Spiel steht, in demokratischer Weise aufzunehmen. Zusammenfassend kann man sagen, dass eine internationale Strategie zur Errichtung einer universellen Naturrechtserklärung immer dringlicher wird.

Die Menschenrechte und die Rechte der Natur

Um den Rechten der Natur zur Durchsetzung zu verhelfen, muss ein Übergang vom Anthropozentrismus zum Biozentrismus vollzogen werden, und dafür bedarf es eines steten Veränderungsprozesses auf vielen Gebieten. Dies ist die Grundvoraussetzung für die Umsetzung der großen Transformation, wie von Karl Polanyi definiert. Vor allem handelt es sich um ein politisches Unterfangen, bei dem wir immer wieder die Machtfrage stellen müssen, die mit der Übernahme der Regierungsgewalt allein nicht gelöst ist.

Nach Ansicht des Brasilianers Roberto Guimaraes stellt sich die Aufgabe, Gesellschaft und Wirtschaft so zu organisieren, dass die natürlichen Lebensprozesse ungestört ablaufen können, der Energie- und Materialfluss in der Biosphäre gewahrt und gleichzeitig die Artenvielfalt des Planeten erhalten bleibt.

Dementsprechend ist die Weltneuheit der Natur als Rechtssubjekt eine avantgardistische Antwort auf die derzeitige Zivilisationskrise.

Zwischen den Rechten der Natur und den Rechten der indigenen Völker muss klar unterschieden werden. Es besteht die eurozentrische Gefahr, die Natur mit den »Wilden« gleichzusetzen. Oder anders ausgedrückt: »Die Kultur gehört uns«, der westlichen zivilisierten Welt, die Natur dagegen den Indigenen. Das wäre Unsinn. Genauso gravierend wäre es, wenn die Rechte der Natur von der indigenen Welt als Versuch gedeutet würden, den nativen Gemeinden Bedingungen von außen aufzuzwingen und sie damit in ihrer Selbstbestimmung einzuschränken.

Wenn bei der Suche nach dem unerlässlichen Gleichgewicht zwischen der Natur und den Bedürfnissen der Menschen die Natur als Rechtssubjekt anerkannt wird, so geht dieser Schritt weiter als traditionelle Verfassungen, in denen das Recht auf eine saubere Umwelt schon seit Langem verankert ist. Wie Eduardo Gudynas (2009) feststellt, muss dringend klar werden, dass das Recht auf eine saubere Umwelt Teil der Menschenrechte, aber noch nicht unbedingt der Rechte der Natur ist. Denn die klassischen Formulierungen der Menschenrechte, das heißt das Recht auf eine saubere Umwelt oder auf Lebensqualität, sind in ihrer Essenz anthropozentrisch und müssen unabhängig von den Rechten der Natur verstanden werden.

Bei den Menschenrechten konzentriert sich alles auf die Person. Die politischen und sozialen Rechte, sozusagen die erste und zweite Generation der Menschenrechte, räumte der Staat seinen Bürgern und Bürgerinnen ein. Sie bildeten die Vision einer Bürgerschaft, die gleichermaßen aus Einzelindividuen bestand wie individualisierend wirkte. Insgesamt beinhalteten sie erstens die Bürgerrechte, zweitens die politischen Rechte und drittens die wirtschaftlichen, sozialen

»Es muss ein Übergang vom Anthropozentrismus zum Biozentrismus vollzogen werden.«

und kulturellen Rechte. Hinzu kommen die diffusen und kollektiven Rechte der vierten Generation, zu denen das Recht der Menschen auf gleichwertige soziale Bedingungen und eine gesunde, nicht verschmutzte Umwelt gehören. Mit diesem Rechtepaket versucht man, Armut und Umweltverschmutzung zu verhindern, die sich negativ auf das Leben der Menschen auswirken.

Das Paket entstammt dem klassischen Rechtsverständnis: Gleichheit vor dem Gesetz, Bürgerrechte usw. Um die wirtschaftlichen und sozialen Rechte zu stärken, wird zur Armutsbekämpfung an der Umverteilungsgerechtigkeit oder der sozialen Gerechtigkeit gearbeitet. Die Umweltrechte unterstützen die Menschen – vor allem der armen und marginalisierten Bevölkerungsgruppen – bei der Verteidigung ihrer Lebensqualität. In diesen Fällen, das heißt bei Umweltzerstörung, können die Menschen entschädigt werden bzw. Reparationszahlungen erhalten. So gefordert von einer Gruppe Indigener und Siedler aus dem Nordosten des ecuadorianischen Amazonasgebiets in ihrer Klage gegen das Unternehmen Chevron-Texaco.[13]

In der Verfassung von Montecristi werden von den erwähnten Umweltrechten, also den Menschenrechten der vierten Generation, grundsätzliche Verfassungsmandate abgeleitet. Eine Schlüsselrolle spielt dabei die Entkommerzialisierung der Natur, ebenso wie das Verbot, kommerzielle Kriterien für Umweltdienstleistungen zugrunde zu legen. »Umweltdienstleistungen sind nicht übertragbar; ihre Herstellung, Leistung, Verwendung und Nutzung werden vom Staat reguliert«, heißt es konkret in Artikel 74.

Dennoch sollte nicht ausgeschlossen werden, dass wirtschaftliche Maßstäbe angelegt werden. Sie können irgendwann vor allem für den Entwurf und die konkrete Formulierung politischer Maßnahmen beim Übergang vom Anthropozentrismus zum Biozentrismus nützlich werden. Klar ist auch, dass nicht jede wirtschaftliche Bewertung in einen Preis mündet.

Die verfassunggebende Versammlung von Montecristi hat zum Beispiel das Recht auf Wasser zum grundlegenden Menschenrecht erklärt. Demzufolge kann Wasser kein Geschäft sein. So heißt es in

Artikel 12, dass »das Recht des Menschen auf Wasser grundlegend und unverzichtbar ist. Das Wasser ist ein strategisches Nationalgut zur öffentlichen Nutzung, es ist unveräußerlich, unerlässlich, unpfändbar und wesentlich für das Leben.« Zudem wird in Artikel 138 jegliche Form der Privatisierung von Wasser verboten.

Diese Verfassungsartikel sind in mehrfacher Hinsicht von enormer Tragweite:

— Die kommerzielle Sicht auf Wasser wurde überwunden und von der »Nutzersicht« abgelöst. Es geht jetzt wieder um Bürger und Bürgerinnen und nicht mehr um »Kunden«, also Personen, die zahlen können.

— Da Wasser zum strategischen Nationalgut erklärt wurde, wurde der Staat wieder als Wasserdienstleister eingesetzt. Wie sich in der Praxis gezeigt hat, kann der Staat in dieser Rolle sehr effizient sein.

— Hinsichtlich der Vererbung wurde langfristig an die zukünftigen Generationen gedacht. Damit fällt der vom Markt und von der Spekulation kurzfristig ausgeübte Druck weg.

— Als Naturelement wurde Wasser in der Verfassung von Montecristi als für alle Arten lebensnotwendig anerkannt, denn das fordern die Rechte der Natur.

Weltweit kann dieser Erfolg als Pionierleistung angesehen werden. Zwei Jahre nach Aufnahme dieses Wassermandats in die ecuadorianische Verfassung verabschiedeten auch die Vereinten Nationen am 28. Juli 2000 in ihrer Vollversammlung den Vorschlag der Regierung des plurinationalen Staats Bolivien und erkannten »das Recht auf einwandfreies und sauberes Trinkwasser und Sanitärversorgung als ein Menschenrecht an«. Der Erklärung zufolge handelt es sich um ein fundamentales Recht, »das unverzichtbar für den vollen Genuss des Lebens und aller Menschenrechte ist«.

Die Ernährungssouveränität, zu der der Schutz der Böden und ein angemessener Umgang mit Wasser gehören, ist eine Schutzmaßnahme für Abertausende Landwirte, die von ihrer Arbeit leben, sowie für das würdige Leben der gesamten Bevölkerung und bildet einen weiteren Schwerpunkt der Verfassungsnormen. Damit sollte ein Ausgangspunkt geschaffen werden für die Landwirtschaftpolitik und die Wiedergewinnung des wahren nationalen Erbes, der Artenvielfalt. In der Verfassung wird sogar davon gesprochen, die erforderliche Energiehoheit zurückzugewinnen, und zwar ohne die Ernährungssouveränität oder das ökologische Gleichgewicht zu gefährden.

Bei den Rechten der Natur steht nun im Gegensatz zu den Menschenrechten die Natur (zu der allerdings auch der Mensch gehört) im Mittelpunkt. Die Natur wird dadurch als ein Wert an sich, unabhängig von dem Nutzen für oder der Nutzung durch den Menschen, anerkannt. Das versteht man unter einem biozentrischen Ansatz. Die Rechte der Natur verteidigen jedoch nicht eine unberührte Natur, die es uns untersagt, Landwirtschaft, Fischfang oder Viehwirtschaft zu betreiben. Sie verteidigen den Erhalt der Lebenssysteme. Sie richten ihre Aufmerksamkeit auf die Ökosysteme, die Kollektive und nicht auf die Einzelpersonen. Man kann zum Beispiel Fleisch, Fisch und Körner essen, solange die Ökosysteme mit ihren spezifischen Arten weiterhin stabil bleiben.

> *»Die Rechte der Natur verteidigen den Erhalt der Lebenssysteme.«*

Die Vertretung und Wahrung dieser Rechte obliegt den Menschen, Gemeinschaften, Völkern oder Nationalitäten. Allen Widersachern dieses avantgardistischen Vorschlags zum Trotz ist die Verfassung diesbezüglich kategorisch. Artikel 71 lautet:

> *»Die Natur oder Pacha Mama, in der sich das Leben reproduziert und vollzieht, hat das Recht, in ihrer Existenz und ihrem Erhalt sowie der Regenerierung der Lebenskreisläufe, Struktur, Funktionen und Entwicklungsprozesse vollständig respektiert zu werden. Jeder, sei es eine Einzelperson, Gemeinschaft, ein Volk oder eine Nationalität, kann die Einhaltung der Rechte der Natur von der öffentlichen Hand fordern. Bei der Anwendung und Auslegung*

dieser Rechte werden die in der Verfassung definierten einschlägigen Grundsätze berücksichtigt.«

Die Rechte der Natur, die vom ecuadorianischen Volk durch die von ihm gewählten Mitglieder der verfassunggebenden Versammlung formuliert und mit großer Mehrheit in der Volksabstimmung vom 28. September 2008 bestätigt worden sind, werden zur Unterscheidung von den Umweltrechten als »ökologische Rechte« betrachtet. Anders als in der bolivianischen Verfassung sind sie in der ecuadorianischen Verfassung ausdrücklich als »Rechte der Natur« aufgeführt. Mit diesen Rechten sollen Lebenskreisläufe und Evolutionsprozesse nicht nur der bedrohten Arten und Naturgebiete geschützt werden.

Die ökologische Gerichtsbarkeit möchte Bestehen und Überleben der Arten und ihrer Ökosysteme in ihrer Gesamtheit, als Lebensnetze, sicherstellen. Diese Justiz ist von der Umweltjustiz unabhängig (obwohl in letzter Instanz jede Schädigung der Umwelt auch den Menschen betrifft). Die ökologische Justiz hat nicht zur Aufgabe, die Menschen für Umweltmissstände zu entschädigen, sondern die davon betroffenen Ökosysteme wiederherzustellen. In der Tat müssen gleichzeitig beide Gerichtsbarkeiten zur Anwendung kommen: die Umweltjustiz für die Menschen, die ökologische Justiz für die Natur.

Im Sinne von Gudynas' Überlegungen brauchen und bewirken die Rechte der Natur eine andere Definition der Bürger, die nicht nur das Soziale, sondern auch die Umwelt berücksichtigt. Diese Art von Bürgersein muss im Plural verstanden werden, denn sie hängt von der jeweiligen Geschichte und Umweltsituation ab und nimmt Kriterien der ökologischen Justiz auf, die weiter gehen als das traditionelle Rechtsverständnis.[14]

Vergessen wir nicht, dass gemäß Artikel 11 der ecuadorianischen Verfassung alle Rechte einzeln und kollektiv vor den zuständigen Behörden ausgeübt, gefördert und eingefordert werden können und diese ihre Erfüllung garantieren. Beim Aufbau des ökologischen Bürgertums ist die Erfüllung dieser Verfassungsnorm zweifellos eine Herausforderung. In Artikel 395 der Verfassung heißt es ferner, dass die Umweltgrundsätze querschnittsmäßig angewandt werden und der Staat auf all seinen Ebenen sowie alle persönlichen und juristischen Rechtspersonen im Landesgebiet verpflichtet sind, sie zu erfüllen. Ebenfalls ist definiert, dass sie im Zweifelsfall im Sinne des besten Schutzes der Natur angewandt werden. Tatsächlich muss man sich begrifflich auf eine »natürliche Gemeinschaft« (Norman Wray) zubewegen, da die Rechte der Natur die menschliche Gemeinschaft zu einer Gemeinschaft ausweiten, die alle Lebewesen umfasst.

Wer vertritt die Rechte der Natur?
Eine lokale und globale Aufgabe

Die Menschheit braucht dringend innovative und radikale Vorschläge, die neue Lösungsansätze für die gravierenden globalen Probleme aufzeigen. Eine kohärente Strategie muss dabei helfen, eine gerechte und nachhaltige Gesellschaft aufzubauen, die versteht, dass sie Teil der Natur ist und in Harmonie mit und in ihr leben kann und muss.

Die in Ecuador vollzogene Verfassungserneuerung hat eine Diskussion wiederbelebt, die an verschiedenen Orten des Planeten schon geführt wurde.

Wir dürfen nicht vergessen, dass sich das Umweltbewusstsein der globalen Probleme nicht erst jetzt gebildet hat. Seit Mitte des 20. Jahrhunderts hat sich eine Reihe von Institutionen für dieses Thema eingesetzt. Besonders hervorzuheben sind die seit 1948 bestehende IUCN (International Union for Conservation of Nature), die 1949 einberufene Wissenschaftskonferenz der Vereinten Nationen zum Schutz und zur Nutzung von Ressourcen, die Genfer Seerechtskonvention von 1958 und der Antarktisvertrag von 1959.

Seit der Stockholmer Konferenz von 1972 werden Umweltprobleme als grenzüberschreitende Themen behandelt. 1980 wurde eine Beschwerde für konzertierte globale Aktionen formuliert. In der Stu-

die der von Altkanzler Willy Brandt geleiteten Nord-Süd-Kommission
»Das Überleben sichern« heißt es:

> *»Ob es uns passt oder nicht: Wir sehen uns mehr und mehr Pro-*
> *blemen gegenüber, welche die Menschheit insgesamt angehen, so-*
> *dass folglich auch die Lösungen hierfür in steigendem Maße inter-*
> *nationalisiert werden müssen. Die Globalisierung von Gefahren*
> *und Herausforderungen erfordert eine Art ›Weltinnenpolitik‹, die*
> *über den Horizont von Kirchtürmen, aber auch über nationale*
> *Grenzen weit hinausreicht.«*

Auch haben inzwischen mehrere Umweltkonferenzen stattgefunden,
zum Beispiel in Rio de Janeiro (1992) und Johannesburg (2002), und
zweifellos Einfluss auf die Länder und internationalen Beziehungen
gehabt.

Bei der Konferenz der Vereinten Nationen über Umwelt und Entwicklung, die 1992 in Rio de Janeiro stattfand und unter dem Namen
»Erdgipfel« oder »Rio-Konferenz« in die Geschichte eingegangen ist,
wurden drei Rahmenkonventionen geschaffen: die Klimarahmenkon-
vention, die Biodiversitätskonvention und das Übereinkommen der
Vereinten Nationen zur Bekämpfung der Wüstenbildung. Ebenfalls zu
erwähnen ist, auch wenn es nicht die gewünschten Ergebnisse erreicht
hat, das Kyoto-Protokoll über Klimaveränderungen von 1997.

Obwohl die Ergebnisse dieser Konventionen bescheiden sind, haben sie die Antworten auf die globalen Umweltprobleme und die Art
und Weise, mit der diesen Herausforderungen begegnet wird, sowie
das Naturverständnis der Menschen verändert.

Das Recht, die Institutionen, die Politik und die Regierungsins-
tanzen haben sich weiterentwickelt. Seit den ersten Erklärungen sind
viele Veränderungen vollzogen worden. Man ist vorangekommen,
aber nicht entscheidend. Die Zivilgesellschaft mit ihrem wachsenden globalen Bewusstsein hat angefangen, eine Reihe von Aktionen
und Initiativen zu lancieren. Eine Zusammenarbeit zum Schutz des
Lebens der Menschen und des Planeten erweist sich als immer notwendiger. Dennoch erzielte der Erdgipfel 2012, pompös als Rio+20

präsentiert, nicht die erwarteten Ergebnisse (einige Leute nennen ihn daher Rio–20).

Wenn wir in der Zeit ein wenig zurückgehen und die Bemühungen der Zivilgesellschaft würdigen, sollte auch der wertvolle Beitrag Christopher Stones mit seinem Werk »Should Trees Have Standing?« (1972) erwähnt werden. Jörg Leimbacher betrachtet Stone als »Vater der Rechte der Natur«. Ebenfalls wichtig ist die Arbeit von Albert Schweizer und von Godofredo Stutzin.

Auch sollten erneut die Beiträge und Kämpfe der indigenen Welt, in der die »Pacha Mama« fester Bestandteil des Lebens ist, hervorgehoben und gewürdigt werden, und genauso andere wissenschaftliche Auffassungen, denen zufolge die Erde ein lebendiger Organismus ist. Esperanza Martínez (2014) erkennt die unterschiedlichen Quellen an, wenn sie sagt, dass »diese Rechte nicht rein indigenen Ursprungs sind«. Alle Bemühungen um die Gestaltung der Rechte der Natur entspringen einer »Wiederauflage des Mestizentums«, da sie Elemente aufgreifen, die den westlichen Kulturen wie den mit ihnen verbundenen indigenen Kulturen entstammen. Für sie ist Mutter Erde ein territorialer, kultureller und spiritueller Raum.

Wenn wir Beiträge aus nichtindigenen Gesellschaften anführen wollen, müssen wir vor allem die Arbeiten von James Lovelock und Lynn Margulis (1989), aber auch von Elizabeth Sahtouris und José Lutzenberg erwähnen, die schon in den 1970er-Jahren die Erde als einen lebendigen Superorganismus bezeichneten. Deshalb griff man auf den Namen »Gaia« zurück, mit dem in der griechischen Mythologie die Lebenskraft der Erde bezeichnet wurde. Die Schlussfolgerungen vieler Autoren sind eindeutig: Dieser extrem komplexe Organismus, der geschützt und gestärkt werden muss, hat Würde und Rechte, da alles, was lebt, einen eigenen Wert hat, unabhängig davon, ob der Mensch es nutzt oder nicht. Es gibt sogar eine kosmologische Argumentation, der zufolge die Erde und ihr Leben Momentaufnahmen in einem langen Evolutionsprozess des Universums sind. Dementsprechend ist das Menschenleben ein Moment im Leben des Universums. Und damit dieses Leben existieren und sich reproduzieren kann, müssen alle erforderlichen Voraussetzungen erfüllt sein.[15]

Wie Leonardo Boff betonte, geht es bei all diesen Ansätzen vor allem darum, die »Inter-Retro-Verbindungen« zu erkennen, die alle Wesen miteinander verknüpfen: Alles hängt miteinander zusammen, an allen Punkten und unter allen Umständen. Zu erwähnen sind diesbezüglich auch die juristischen Beiträge von Raúl Eugenio Zaffaroni und Ramiro Avila Santamaria aus Lateinamerika, des Schweizers Jörg Leimbacher aus Europa und des südafrikanischen Juristen Comac Cullinam, um nur ein paar Namen der schnell wachsenden Liste zu nennen.

In vielen Bereichen findet eine holistische These Anwendung. Die Literatur macht da keine Ausnahme. In seinem Roman »Der Baron auf den Bäumen« (1957) erzählt Italo Calvino, wie Cosmo Piovasco de Rondó beschließt, sein ganzes Leben auf Bäumen zu verbringen. Er schlägt in diesem zu Zeiten der Französischen Revolution spielenden Roman einen »Verfassungsentwurf für eine republikanische Stadt mit einer Erklärung der Rechte der Männer, Frauen, Kinder, Haustiere und wilden Tiere, einschließlich der Vögel, Fische und Insekten, sowie der hochwachsenden Pflanzen und des Gemüses und der Kräuter« vor. Zweifellos ein Traktat der Rebellion und der existenziellen Selbstvergewisserung.

All diese erwähnten Beiträge sowie viele weitere haben den Weg geebnet für die Suche nach einer Wiederbegegnung des Menschen mit der Natur – und genau um diese Wiederbegegnung geht es im »Guten Leben«. Wenn also weitreichende globale Aktionen vorgeschlagen werden, sollten sie in eine universelle Erklärung der Rechte der Natur münden.

Hierfür gibt es auch schon Vorschläge:[16] beispielsweise die Erdcharta, ein Versuch zur Formulierung einer Magna Charta oder einer planetaren Verfassung, die seit dem Jahr 2000 aus dem Umfeld der Vereinten Nationen und ihren Organisationen vorangetrieben wird, sowie eine »Universelle Erklärung der Rechte der Erde«, die von EnAct International erarbeitet wurde, einer von Comac Cullinam geförderten Organisation.

Bolivien, in dessen Verfassung die Rechte der Natur nicht enthalten sind, hat dabei eine wichtige Führungsrolle übernommen. Nach dem Scheitern des Kopenhagener Gipfels im Dezember 2009 hat Präsident Evo Morales die »Weltkonferenz der Völker über Klimawandel und die Rechte der Mutter Erde« einberufen. Die Konferenz fand im April 2010 in Cochabamba statt. Dort wurde nicht nur die universelle Erklärung der Rechte der Mutter Erde angenommen, sondern es wurde auch vorgeschlagen, einen internationalen Gerichtshof zur Verfolgung von Umweltdelikten zu gründen. Wie schon erwähnt, erzielte Bolivien dann im Juli desselben Jahres einen weiteren wichtigen Erfolg bei den Vereinten Nationen, als das Recht auf Wasser zum menschlichen Grundrecht erklärt wurde; der gleiche Vorstoß war auch der ecuadorianischen verfassunggebenden Versammlung 2007/2008 gelungen. Die universelle Wassererklärung kann somit, auch wenn ihre Umsetzung nicht verpflichtend ist, als ein weiterer Referenzpunkt dienen.

Wir sollten aus diesem diplomatischen Erfolg Boliviens lernen, um die Erklärung der Rechte der Natur voranzubringen. Da derartige Vorhaben Zeit brauchen, müsste ein Block aus den Ländern gebildet werden, die sich für das Thema engagieren und den Kampf in einem international koordinierten strategischen Rahmen aufnehmen wollen. Deswegen müssen die Aktionen, begleitet von einem geänderten diplomatischen Vorgehen, an vielen Stellen und von vielen betrieben werden, um weitere Anhänger zu gewinnen.

Mit einer Aktion auf Regierungsebene ist es nicht getan. Es ist nur allzu bekannt, dass ein Regierungswechsel oft eine Kurskorrektur zur Folge haben kann oder dass bestehende Regierungen das Interesse an ihren eigenen Vorschlägen verlieren können. Die Aktivitäten und Kampagnen müssen daher auf nationaler wie auch internationaler Ebene von der Zivilgesellschaft eingebracht, ja sogar geleitet werden.

Es gibt schon zahlreiche Beispiele. Vor allem seit der Verabschiedung der ecuadorianischen Verfassung haben die Kämpfe um die Rechte der Natur stark zugenommen, und in Brasilien wird um eines der größten Wasserkraftwerke namens Belo Monte gerungen.

»Mit einer Aktion auf Regierungsebene ist es nicht getan.«

Da eine Erklärung wie die hier vorgeschlagene keine unmittelbaren Ergebnisse zeitigen wird, müssen alle internationalen Optionen berücksichtigt werden. Die Menschenrechte waren auch kein bis ins Kleinste ausgearbeitetes Konzept. Von der Französischen Revolution im Jahr 1789 bis zur Erklärung der Menschenrechte im Jahr 1948 hat es viele Kämpfe und auch Frustration gegeben. Entwurf und Umsetzung haben einen stetigen Einsatz gefordert und tun das bis heute. Jedes neue Recht bedarf zu seiner Durchsetzung einer komplexen politischen Aktion mit vielen diplomatischen Schritten. Bis das Menschenrecht auf Bildung und Arbeit in die universelle Menschenrechtserklärung aufgenommen wurde, waren lange Debatten und große Anstrengungen erforderlich. Ähnliches gilt für den internationalen Pakt über wirtschaftliche, soziale und kulturelle Rechte oder die Erklärung der Vereinten Nationen über die Rechte der indigenen Völker.

Man muss sich also darüber im Klaren sein, wie schwierig die praktische und demokratische Umsetzung der Menschenrechte ist. Dennoch sollte uns das nicht entmutigen.

Die Aufgabe ist komplex. Es müssen konservative Widerstände überwunden und Machtpositionen, die im Besitz von Privilegien sind, herausgefordert werden. Es muss mit traditionellen Sichtweisen gebrochen werden, die als Rechtssubjekte nur Lebewesen zulassen wollen, die in der Lage sind, ein Recht als solches zu erkennen (dabei gibt es natürlich auch Menschen, die aus unterschiedlichen Gründen diese Rechte nicht direkt in Anspruch nehmen können, sie aber dennoch haben).

Es bedarf vieler verschiedener Aktionsstrategien, um die in den Verfassungen verankerten Rechte in Gesetze, Vorschriften, Indikatoren und politische Maßnahmen umzusetzen.[17] Gebraucht werden spezifische Antworten zu Themen wie Artenvielfalt, natürliches Erbe, Ökosysteme, erneuerbare und nichterneuerbare natürliche Ressourcen sowie konzeptuelle Fragen der individuellen wie auch der kollektiven juristischen Umweltverantwortung.

International ist die Aufgabe nicht weniger komplex. Um die Rechte der Natur tatsächlich geltend machen zu können, müssen entsprechende Rechtsrahmen und internationale Instanzen wie der erwähnte internationale Gerichtshof zur Bekämpfung von Umweltdelikten geschaffen werden. Ökologische Probleme betreffen die gesamte Menschheit, und viel kann diesbezüglich von der Zivilgesellschaft erreicht werden. Es finden bereits Aktionen verschiedener Organisationen und Menschen von allen Kontinenten statt, die sich für die Einrichtung des ersten ständigen ethischen Gerichts für die Rechte der Natur und der Mutter Erde einsetzen.[18]

Wir müssen endgültig anerkennen, dass die Rechte der Natur nicht getrennt von den Rechten der Menschen betrachtet, allerdings auch nicht auf diese beschränkt werden können. Umgekehrt müssen die Menschenrechte wie das Recht auf Arbeit, Unterkunft und Gesundheit auch aus der Umweltperspektive gesehen werden. Dafür müssen wir die Menschenrechte unter ökologischen Gesichtspunkten neu und mit einem Querschnittsansatz konzipieren, denn im Endeffekt führt die Zerstörung der Natur zur Zerstörung der Lebensgrundlage des Menschen und damit auch der Menschenrechte.

Die Menschenrechte und die Rechte der Natur, die eine »biozentrische Gleichheit« ausdrücken, sind zwar analytisch unterscheidbar, ergänzen sich aber und verwandeln sich in Lebensrechte oder Rechte auf das Leben. Diese wachsende Überlagerung der Menschenrechte mit den Rechten der Natur ist eine Aufforderung an uns, auf demokratischem Weg, ausgehend von pluralen Bürgerschaften, nachhaltige, ökologisch gedachte Gesellschaften aufzubauen.

Wir brauchen eine Welt, die sich wieder vom Leben bezaubern lässt,[19] mit neuen Dialogen und einer Wiederbegegnung der Menschen untereinander, »nicht um Brüche zu provozieren, sondern um Ästhetiken, Emotionen, Wünsche und Kenntnisse zusammenzufügen« (Esperanza Martínez, 2014). Dies ist ein wesentlicher Bestandteil des »Guten Lebens«.

7
Der Aufbau eines plurinationalen Staats – eine komplexe Herausforderung

»Der Übergang vom Nationalstaat zum plurinationalen, gemeinschaftlichen und autonomen Staat ist eine echte Herausforderung. Es geht darum, die Modernität, die Geschichte der Souveränität in der Modernität, die Geschichte des Staats in der Modernität, die Geschichte der Beziehung von Staat und Gesellschaft, eine Geschichte, die die Trennung zwischen Regierenden und Regierten bestimmt, hinter sich zu lassen ... Wir lassen eine Geschichte der Kolonisierung und polymorphen Beherrschung hinter uns ... wir lassen also die Illusion hinter uns, die uns die subalternen Nationalstaaten hegen ließen ...«

Raúl Prada Alcoreza

Die vielfältigen Staatskrisen

Um besser verstehen zu können, was ein plurinationaler Staat alles impliziert, müssen zuerst ein paar Grundelemente der Staatsdebatte angesprochen werden.[1] Schon immer ist politisch vor dem Hintergrund bestimmter Interessen um die Kontrolle und den Aufbau des Staates gekämpft worden. Gelegentlich hat sich die Gesellschaft erst um den Staat herum gestaltet. In anderen Fällen war es der Staat, der die Gesellschaft strukturierte. Der Staat stellt einen Herrschaftsraum dar, das heißt einen Raum, in dem sich die politische Macht ausdrückt. In einem fortwährenden Prozess unterschiedlichster Auseinandersetzungen und als Ergebnis der organischen Krisen des Kapitalismus (Raúl Prada, 2010) gerät der heutige Staat immer wieder in die Krise.

Der zweideutige Bildungscharakter der Nationen und ihrer Staats- und Gesellschaftsmodelle in der andinen Region gründet auf der Kolonialität der Macht (nicht nur der europäischen) und schloss die Entwicklung der kulturellen, sozialen und produktiven Kapazitäten aus oder begrenzte sie zumindest. Die subalternen Nationalstaaten (Raúl Prada, 2010) erklären sich aus den Zusammenhängen des Weltsystems, denn es handelt sich dabei um Staaten, die innerhalb der Logik der kapitalistischen Akkumulation aufgebaut wurden und existieren.

In Lateinamerika ist vor allem der »minimale«, der neoliberale Staat in die Krise geraten. Wir sprechen hier von einem Staat, der um jeden Preis die Konkurrenz anheizen wollte, um die Länder der Region in einem wachsenden und unkontrollierten Kommerzialisierungsprozess immer stärker in den Weltmarkt zu integrieren. Dieser neoliberale Staat öffnete seine Grenzen für ausländische Produkte und gab dem ausländischen Kapital Sicherheiten, wobei er große Teile der heimischen Gesellschaft unterdrückte. Das alles geschieht und geschah, um die ersehnte Entwicklung anzustoßen. Ohne die Krise des neoliberalen Staats kleinreden zu wollen, müssen wir doch verstehen, dass es – und zwar schon seit längerer Zeit – auch der Kolonialstaat ist, der in der Krise steckt: Auf ihm baut der oligarchische Staat auf, der wiederum die Grundlage für den neoliberalen Staat bildet. So gesehen, handelt es sich also letzten Endes um eine Krise des Nationalstaats.

> »Der Aufbau des plurinationalen Staats geht mit einem tiefen Bruch mit den früheren Strukturen einher.«

Die vielfältigen Staatskrisen erleichtern uns das Verständnis für die Kämpfe der Völker in einigen Ländern Lateinamerikas wie zum Beispiel Bolivien, Ecuador oder Peru. In diesen Ländern sind Emanzipationsprozesse zu beobachten, die der dringenden Notwendigkeit entsprangen, die großen kolonialen Altlasten abzuschütteln. Sie wollen einen anderen Staat aufbauen, der auf der Grundlage von Gleichheit und Freiheit die bestehende, jedoch gemeinhin marginalisierte oder unterworfene Vielfalt anerkennt. Mehrere Gesellschaften denken daher an den sogenannten plurinationalen Staat.

In Bolivien und Ecuador hat der plurinationale Staat Eingang in die Verfassung gefunden. Das bedeutet jedoch nicht zwangsläufig, dass in diesen Ländern ein plurinationaler Staat Realität ist. Selbst in Bolivien, wo bisher die größten Fortschritte in dieser Richtung gemacht worden sind, muss noch viel getan werden. In Ecuador ist dagegen praktisch nichts geschehen. Es ist klar, dass die verfassungsrechtliche Erklärung des plurinationalen und interkulturellen Staates allein dessen praktische Existenz oder seinen realen Werdegang keineswegs gewährleistet. Keine noch so avantgardistische Verfassung kann die Realität ändern. Dennoch findet die Debatte um ihn auch in weiteren Ländern der Region statt. Für Peru kann man voraussagen, dass sie in nicht allzu großer Ferne sogar auf Verfassungsebene angegangen werden wird.

Konkret geht der Aufbau des plurinationalen Staats mit einem tiefen Bruch mit den früheren kolonialen, oligarchischen und neoliberalen Strukturen einher.[2]

Plurinationaler Staat und Nation

Die Plurinationalität verneint nicht die Nation. Sie schlägt ein anderes Konzept von Nation vor. Und zwar besagt sie, dass es nicht nur eine einzelne Nation oder eine einzelne Nationalität gibt, sondern geht von einer Nation verschiedener Nationalitäten aus, die bislang ständig in Konfrontation miteinander lebten.

Der »moderne« und neoliberale Staat, Erbe kolonialer Strukturen und Praktiken, auf denen ein oligarchisches Herrschaftssystem errichtet wurde, hat immer wieder versucht, die Gesellschaft »weißer zu machen«. Er hat versucht, die Vielfalt zu leugnen und sogar auszumerzen. Er hat die Existenz der Kulturen und Sprachen von Völkern und Nationalitäten ignoriert oder unterdrückt, die bereits vor der Eroberung vor Ort waren.

Die Plurinationalität dagegen nimmt als neues gesellschaftliches Organisationskonzept die Vielfalt der ethnischen und kulturellen Sichtweisen in den Staatsgedanken auf. Es gelten, um nur ein paar Bezugspunkte zu erwähnen, auch die kollektiven Rechte und nicht nur die des Einzelnen. Weiterhin interessiert ein neues Verhältnis zur Natur, das, wie oben schon diskutiert, in einer umweltorientierten oder ökologischen Bürgerschaft Anklang finden würde.

In von Rassismus und einem historisch begründeten Fehlen von Demokratie geprägten Gesellschaften ist der Aufbau eines plurinationalen Staats nicht nur eine Herausforderung, sondern eine Notwendigkeit. Deshalb müssen Antworten auf Schlüsselthemen wie Rassismus und Fragen der territorialen Zugehörigkeit gefunden werden.

Rassismus, eine der schlimmsten Folgeerscheinungen der Kolonialität

Rassismus ist nicht nur ein soziales Problem. Der Rassismus, der zur Legitimierung der Eroberung diente, indem er hierarchisch gegliederte Rassekategorien aufstellte, ist ein politisches Problem. Er führt zu wirtschaftlicher Ausgrenzung, Ausschluss und Marginalisierung. Er führt sogar zu Umweltproblemen, da die Ökosysteme und Gebiete, in denen die anzestralen Völker und Nationalitäten und die afroamerikanischen Gemeinschaften leben, nicht respektiert werden. Die Trennung der verschiedenen ethnischen Gruppen macht auch nicht vor Städten halt, da nur zu oft rassisch marginalisierte Gruppen gezwungen sind, sich unter den prekärsten Umständen dort niederzulassen.

Wie Aníbal Quijano (2001) sagt, ist der Rassismus »der tiefste und beständigste Ausdruck der Kolonialherrschaft, der der Erdbevölkerung im Laufe des europäischen Kolonialfeldzugs aufgezwungen wurde«. Zu Beginn der Kolonialzeit sprach man den Indigenen sogar den Besitz von Seelen ab ... Der Rassismus hat sich als hartnäckigste und wirksamste Form sozialer, materieller, psychologischer und natürlich auch politischer Herrschaft erwiesen.

Er zeigt sich auf viele Weisen. Es ist keine Überraschung, dass die Nationalitäten und anzestralen oder indigenen Völker wie auch die afroamerikanischen Gemeinschaften zu den am stärksten verarmten, ausgebeuteten und verwundbaren Bevölkerungsgruppen gehören und weit stärker von Arbeitslosigkeit, mangelndem Zugang zu Bildung und Gesundheitsversorgung betroffen sind als andere Gruppen. Hinzu kommt die Diskriminierung, wenn es um die Partizipation bei Entscheidungsfindungen und die Wahrnehmung demokratischer Rechte geht.

Dazu eine Randbemerkung: Was Praktiken der Entscheidungsfindung angeht, erweisen sich die marginalisierten Völker und Nationalitäten[3] oft als demokratischer als die sogenannten westlichen Demokratien. Das Gemeinschaftsleben als solches ist schon ein Beweis für diese Art von Demokratieausübung. Ihre Praxis kann dazu verhelfen, eine Demokratie, die die Urvölker diskriminiert und zurückweist, sie marginalisiert oder einfach ignoriert, neu zu überdenken. Natürlich hat eine Versammlungsdemokratie im Falle von großen Gemeinschaften bei der praktischen Umsetzung auch Grenzen. Ohne das Modell als zu 100 Prozent kopiertauglich vorzuschlagen, könnte man auch die in der Schweiz praktizierte Direktdemokratie mit ihrem interessanten und nicht weniger komplexen System verbindlicher Volksbefragungen und -entscheide anführen.

Kurz gesagt, liegt die Herausforderung darin, die Plurinationalität als inklusionsorientierte Demokratieausübung und vor allem als Vorschlag für ein vielfältiges Leben in Harmonie und in Nähe zur Natur zu sehen. Sie muss aber auch im Zusammenhang mit anderen Fragestellungen stehen: der Territorialfrage und dem Umgang mit natürlichen Reichtümern.

Die Plurinationalität als emanzipatorischer Weg

Mit ihren Kämpfen fordern Völker und Nationalitäten die volle Ausübung der Demokratie, den Aufbau kollektiver Bürgerschaften, die Anerkennung der Multikulturalität, praktizierte Interkulturalität, Freiheiten und Chancen ohne Ausschluss. In diesen Hinsichten macht die Errichtung des plurinationalen Staats den Weg frei für eine Demokratie mit Bestand.

Plurinationalität ist nicht nur die passive Anerkennung der Vielfalt der Völker und Nationalitäten. Sie ist vor allem eine öffentliche Erklärung des Wunsches, andere gesellschaftsbezogene Perspektiven zuzulassen. Der plurinationale Staat hat sich das Thema Souveränitäten (im Plural) auf die Agenda gesetzt. Es geht nicht nur um die nationale Souveränität, sondern um die Souveränität über das gesamte menschliche Erbe.[4] Raúl Prada (2010) spricht zu Recht von der »Mehrdeutigkeit ihrer Bedeutungen« und streicht vor allem eine heraus, »bei der die Souveränität etwas mit der Legitimität der Macht zu tun hat«.

> »Die Errichtung des plurinationalen Staats macht den Weg frei für eine Demokratie mit Bestand.«

Es ist nur gerecht anzuerkennen, dass es vor allem die indigenen Völker und Nationalitäten waren, die eine Aneignung und Zerstörung der natürlichen Reichtümer verhindert haben. In diesem Sinne muss das politische Projekt zum Aufbau des plurinationalen Staats die Vielfalt nicht nur tolerieren, sondern feiern.

Plurinationalität und Interkulturalität verweisen uns auf die Vorstellung eines Staates, der von Nationen gebildet wird, die durch starke kulturelle Identitäten, ihre Geschichte und vor allem ihren Integrationswillen verbunden sind: um mit der Ausbeutung und Marginalisierung der Völker und Nationalitäten ein für alle Mal Schluss zu machen. Aus dieser demokratischen Tradition der Nichttolerierung von Missbrauch und Korruption heraus haben die Völker und Nationalitäten, die in den letzten Jahren oft die Auseinandersetzung mit den neoliberalen Regierungen angeführt haben, die Bildung eines plurinationalen Staats vorgeschlagen.

Die Akzeptanz einer solchen ursprünglichen Matrix bereichert die Gesellschaften nicht nur kulturell, sie bedeutet auch den Anfang vom Ende rassistischer Praktiken und Wahrnehmungen, die neoliberale Gesellschaften kultiviert haben.

Plurinationalität heißt nicht eine Aufsplitterung der Staatsstruktur. Der Staat soll nicht in Ressorts für »indigene« oder »Afro«-Angelegenheiten aufgeteilt werden. Die Plurinationalität ist nicht nur etwas für die »Indigenen« oder die »Afrostämmigen«. Der Vorschlag eines plurinationalen Staats geht sehr viel weiter und ist viel komplexer. In Ecuador und auch in Bolivien beginnt er sich Anfang der 1990er-Jahre als politischer Prozess herauszukristallisieren, in Verbindung mit Problemen und Forderungen, die sich auf die Identität, Territorialfragen oder die Wasserversorgung beziehen.

Damals verlangten die wiedererstarkten indigenen Organisationen ihren eigenen Raum im politischen Geschehen. Ihre Aktion konzentrierte sich auf die Forderung, in ihren jeweiligen Gesellschaften als politische Subjekte wahrgenommen zu werden. Es ging darum, sich nicht mehr als Objekt behandeln und degradieren zu lassen, wie das systematisch von der Kolonialmacht und der Oligarchie und häufig auch von den sogenannten Linken praktiziert worden war. Wir können den Diskurs und die Praktiken bestimmter linker Gruppen, die das »indigene Problem« ausschließlich aus der Sicht der Konfrontation von Kapital und Arbeit betrachteten, weder leugnen noch kritisieren. Für diese Gruppen galten die Indigenen vorwiegend als ausgebeutete Landarbeiter, Bauern, die der Gewerkschaftslogik entsprachen. Deshalb darf es uns nicht wundern, dass heute aus vielen Richtungen Kritik gegen den plurinationalen Staat kommt, nicht nur aus der oligarchischen und neoliberalen Ecke, sondern sogar vom »konservativen Sozialismus« und den positivistischen Intellektuellen.[5]

Die Indigenen zeigten bei ihren Aufbaubemühungen und angesichts von Widerständen starke Präsenz. Sie sahen sich als Subjekte, wiesen die paternalistische Behandlung ab, die sie stets aus dem politischen Leben verdrängt hatte. Ganz besonders muss hier darauf hingewiesen werden, dass sie nicht einfach als individuelle Subjekte, sondern als kollektive und zusammenstehende Subjekte, als Inhaber gemeinschaftlicher Rechte auftraten. Das ist entscheidend. Diese Haltung ermöglicht die Wiederbelebung des Kollektiven, Vereinigten, Diversen und bildet den Grundpfeiler für Plurinationalität und im Endeffekt auch für das »Gute Leben« oder »Sumak Kawsay«.

Weiterhin ist es wichtig, die gesellschaftlichen Organisationsformen vor der kolonialistischen Eroberung zu erkennen und gelten zu lassen. Es geht hier keineswegs um eine archäologische Spurensuche für den Aufbau neuer Gesellschaften im Stil eines soziologischen Museums. Vielmehr können mit der Wiederbelebung der Urprinzipien der Völker und Nationalitäten dynamische Gesellschaften gegründet werden. Das, was wir als »civic nation« verstehen, kann gemeinsam mit mehreren Kulturnationen, also mit denjenigen Völkern und Nationalitäten bestehen, die schon vor der Eroberung existierten und die sich den Herrschafts- und Ausbeutungsstrukturen der Kolonie und sogar der Republiken widersetzt haben.

Das mangelnde Verständnis für die tatsächlichen Wurzeln vieler Länder der Andenregion und die fehlende Anerkennung dieser Tatsache erklären vielleicht die Existenz von (fast) gescheiterten Staaten oder Nationen. Das Problem besteht darin, dass diese Völker und Nationalitäten nicht integriert wurden. Daher rührt auch die mangelnde historische Funktionsfähigkeit der Nationalstaaten. Die Plurinationalität löst nun diese Staaten nicht auf, fordert aber Räume und Entwürfe der Selbstregierung und Selbstbestimmung für die Völker und Nationalitäten. Wie man sich unschwer denken kann, führt das zu einer schwierigen und komplexen Konfrontation mit all denen, die die Idee des traditionellen Nationalstaats verteidigen.

Aus dieser Sicht lohnt es sich, die umfangreiche Geschichte gescheiterter und gelungener Versuche, Plurinationalität auf die Welt zu bringen, zu studieren, wie Boaventura de Sousa Santos dies schon 2010 getan hat. Auch gibt es gewissermaßen eine internationale Gesetzgebung wie zum Beispiel das Abkommen 169 der Internationalen Arbeitsorganisation oder die Erklärung der Vereinten Nationen über die Rechte der indigenen Völker. Der größte Erfolg ist jedoch bisher mit den Verfassungen Ecuadors und Boliviens[6] erreicht worden. Hier werden nicht nur die Gesellschaften der beiden Länder aufgerufen, plurinationale Staaten aufzubauen, sondern es wurden auch Debatten in der gesamten Region angeregt. Es ist nicht so wichtig, wie viel oder wie wenig bisher auf diesem von den Verfassungen vorgegebenen Weg umgesetzt worden ist. Interessant ist die Möglichkeit, die Herausforderungen zu erkennen, die sich mit diesen Erfolgen ergeben haben.

> »Es geht um die Emanzipation vom Eurozentrismus.«

Mit den Diskussionen über die Verfassung ist ein neuer Prozess der Dekolonisierung der Macht eingeleitet worden. Ein neuer historischer Horizont zeichnet sich ab. Es geht um die Emanzipation vom Eurozentrismus. Diese Emanzipation fordert zum sozialen Kampf auf, der schließlich den Kapitalismus überflüssig machen kann. Nur so wird es möglich sein, die von Herrschaft, rassistischer, ethnischer, sexistischer Diskriminierung und wirtschaftlicher Ausbeutung geprägte soziale Existenz zu überwinden. Dafür bedarf es neuer Formen von Gemeinschaft, neuer Formen des Ausdrucks und der sozialen Diversität, der Solidarität und Gegenseitigkeit. Auch geht es darum, die institutionelle Homogenität des Nationalstaats zu beenden und andere Institutionen zu schaffen, die Gleichheit in der Verschiedenheit sicherstellen. Dieser neue Staat muss die Gebietsautonomien der Völker und Nationalitäten akzeptieren und fördern. Im Grunde genommen bedeutet all dies, dass wir eine demokratische Gesellschaft als Teil eines langfristigen, dauerhaften Prozesses demokratisch generieren müssen.

Dazu muss jedoch völlig klar sein, dass eine Verfassung, in der die Plurinationalität verankert ist, per se noch keine Garantie dafür ist, dass ein Land auch wirklich plurinational ist. Und das wird es auch nicht werden, solange die Verfassung nicht von der gesamten Gesellschaft als gemeinsames Lebensprojekt zum Aufbau eines anderen Staates verstanden wird. Er wird auch dann nicht Realität, wenn sich die Gesellschaft, die Einzelpersonen und Kollektivitäten der wichtigen Bedeutung einer Verfassung nicht bewusst sind.[7]

Die Verfassung ist nicht nur das politischste Rechts- und das juristischste Politikdokument: Die Verfassung ist, und das ist fundamental, ein gemeinsames Lebensprojekt. Das ist der Kern einer plurinationalen, transformierenden Verfassung. Die Verfassungen Boliviens und Ecuadors sind also Werkzeugkästen, die Rechte, Pflichten, Institutionen und andere Grundelemente zum Gelingen der Plurinationalität beinhalten. Wie Nina Pacari sagte (2010), ist »ihre Anwendbarkeit, ihr Aufbau und ihre Ausübung die große Herausforderung« der gesamten Gesellschaft. Es ist demnach eine Aufgabe, die nicht nur den indigenen Völkern und Nationalitäten obliegt.

Das »Gute Leben« als Grundlage des plurinationalen Staats

Obiges zeigt, dass die Praktiken der indigenen Gemeinschaften wiedergewonnen werden müssen, und zwar so, wie sie sind, ohne sie zu idealisieren. Sicher geht es nicht darum, das derzeitige Staatsgebilde notdürftig auszubessern. Auch nicht darum, die derzeitigen Strukturen einfach um indigene Ideen zu bereichern. Der plurinationale Staat ist kein Hybridstaat. Er bedeutet kein Nebeneinander von indigenen und nichtindigenen Vorschlägen und Visionen. Er muss ein anderer Staat im Sinne einer anderen Gesellschaft und eines anderen Lebenskonzepts sein, das heißt des »Guten Lebens«. Plurinationalität erfordert ein anderes Konzept für den Staat (de Sousa Santos, 2010).

Hierbei ist Folgendes zu beachten: Während sich ein Großteil der Haltungen zur konventionellen Entwicklung und viele kritische Strömungen innerhalb des Rahmens modernen, westlichen Wissens entfalten, kennen die Visionen für das »Sumak Kawsay« oder das »Gute Leben« keine derartigen Grenzen. Wie weiter oben schon ausgeführt, nehmen sie Kenntnisse und Wissen der ursprünglichen Völker und Nationalitäten auch aus anderen Gegenden der Welt auf.

Das »Gute Leben« als im Aufbau befindliches globales Konzept wird derzeit in der Theorie diskutiert. Es gibt auch Fortschritte in der Praxis, vor allem bei den Völkern und Nationalitäten, denen die Konzepte entstammen. Wichtige Schritte sind zudem in der Politik gemacht worden. Das zeigt sich in den erwähnten Verfassungen Boliviens und Ecuadors. Über die unterschiedlichen Haltungen innerhalb des »Guten Lebens« hinaus gibt es gemeinsame Schlüsselelemente wie zum Beispiel das Hinterfragen der als Fortschritt verstandenen Entwicklung oder die Forderung nach einem anderen Verhältnis zur Natur. Das »Gute Leben« ist also keine weitere Entwicklungsalternative auf einer langen Liste von Möglichkeiten, sondern eine Alternative zu all diesen Einstellungen und Haltungen (Gudynas und Acosta, 2011).

Besonders in den letzten Jahren haben sich an vielen Orten des Planeten interessante Debatten ergeben, bei denen der Fortschritt als Logik ständiger Mehrproduktion, ständigen Mehrhabens und eines immer schnelleren Vorgehens infrage gestellt wird.

Zur Diskussion steht der Aufbau einer Gesellschaft, die auf harmonischen Beziehungen des Menschen zur Natur, zu sich selbst und untereinander fußt. Doch dies ist kein Ansatz für ein tausendjähriges harmonisches Paradies. Soziale Kämpfe sind bei diesem Prozess nicht ausgeschlossen. Es wird viele Auseinandersetzungen geben, und sie werden so unterschiedlich sein wie die existierenden Formen der vom Kapitalismus betriebenen Ausbeutung, Herrschaft und Ausgrenzung.

Aber diese Kämpfe sind nicht nur Klassenkämpfe. Es müssen gesellschaftliche Probleme mit patriarchalen, rassistischen Implikationen angegangen werden sowie die enormen, wachsenden Generationenkonflikte.

Die in der ecuadorianischen Verfassung von 2008 verankerten Grundsätze des »Guten Lebens« bestehen parallel und gleichgeordnet zu den anderen Grundsätzen wie Gleichheit, Inklusion, Würde, Freiheit, Solidarität, Gegenseitigkeit, Respekt, soziale und Gendergleichheit bei der Partizipation, gemeinsamer Wohlstand, Verantwortung, soziale Gerechtigkeit.[8] Gleichzeitig sind diese ethisch-moralischen Grundsätze direkt mit der Wirtschaftsorganisation des Staats verbunden, zu denen auch Prinzipien wie Solidarität und Gegenseitigkeit mit ihren vielen Dimensionen gehören.

Dieses Konzept des »Guten Lebens« ist direkt mit dem indigenen Wissen und seinen Traditionen verbunden. Es handelt sich also um einen konkreten Versuch, diese über lange Zeit hinweg verborgenen und unterdrückten Kenntnisse und Konzeptionen wieder sichtbar zu machen. Dieser Prozess ist in den Aufbau von Staaten und plurinationalen Gesellschaften eingebettet. Bei all diesen Ansätzen geht es darum, den Rahmen für eine sich als plurinational definierende Gesellschaft abzustecken. Man kann argumentieren, dass diese ethisch-moralischen Prinzipien den Unterbau dieser Plurinationalität bilden und das »Gute Leben« sich dementsprechend auch anders ausdrücken kann.

Das »Gute Leben« stellt als radikaler demokratischer Ausdruck alle Formen von Autoritarismus infrage. Aus dieser Perspektive begreift sich das in der Hitze der Plurinationalitätsdebatte in Bolivien und Ecuador entstandene Konzept des »Guten Lebens« als ein Vorschlag für einen Zivilisationswandel. Genau aus diesem Grund erstarkt es in der andinen und Amazonaswelt immer mehr und geht über die plurinationalen Herausforderungen weit hinaus.

Plurinationaler Staat, radikale Demokratie der Vielfalt

Ein neu konzipierter Staat muss die Schlüsselelemente »Gutes Leben« und Rechte der Natur beinhalten und, davon ausgehend, die Konsolidierung und Erweiterung der kollektiven und gemeinschaftlichen

Rechte. Ein Widerspruch zur Bürgerbeteiligung besteht nicht, denn es handelt sich nicht einfach um eine Demokratie, die nur einer individuellen und liberalen Bürgerschaft offensteht. Die Logik der kollektiven Rechte öffnet die Tür für gemeinschaftliche Bürgerschaften. Auch die Rechte der Natur erfordern und produzieren gleichzeitig eine andere Definition von Bürgerschaft, und zwar eine, die sich gleichermaßen auf das Individuum, auf soziale Kollektive sowie auf Umweltfragen bezieht und von der sozialen und der Umweltgeschichte abhängt. Da eine solche Bürgerschaft Kriterien der ökologischen Gerechtigkeit aufnimmt, die weiter gehen als das traditionelle Rechtsverständnis, nennt Eduardo Gudynas (2009) sie »ökologisches Metabürgersein«. Um dieses zu erreichen, müssen der Rechtspluralismus sowie ein auf plurinationalen und interkulturellen Kriterien aufbauendes öffentliches Management zur Sicherung einer größeren und wirksamen Bürger- und Gemeinschaftsbeteiligung gefestigt und erweitert werden.

All diese Themen werden im Rahmen eines Neokonstitutionalismus debattiert, der transformierende (siehe dazu den Beitrag von Ramiro Avila Santamaría, 2011) und in seiner Grundessenz entkolonisierende Wirkung hat. Es ist klar, dass die Kolonialität der Macht, des Wissens und des Seins nur mit großen Entkolonialisierungsanstrengungen überwunden werden kann. Dafür bedarf es, wie Catherine Walsh (2009) beschrieben hat, ständiger interkultureller Praktiken in allen Lebensbereichen der Kollektivität.

Es müssen Umverteilungssysteme für Reichtum und Macht eingeführt werden. Ebenso notwendig ist eine Pluralität von Gleichheit, denn es geht nicht nur um Klassenkämpfe zwischen Kapital und Arbeit. Vielmehr geht es um die wirksame Überwindung des »Rassenkonzepts« als bestimmendes Element vieler Gesellschaften und um den Abbau patriarchaler Strukturen.

Die Erklärung des plurinationalen Staats in Bolivien und Ecuador stellt für die Völker und Nationalitäten einerseits eine historische Wiedergutmachung dar. Andererseits ist sie gleichzeitig eine Chance für diese

Gesellschaften, von anderen zu lernen und sich zu einem demokratischen und gleichberechtigten Zusammenleben zu verpflichten. Dabei wird die Interkulturalität als Grundbestandteil der Plurinationalität anerkannt. Außerdem äußert sich diese Verpflichtung in der täglichen praktischen Anerkennung der Vielfalten. Es geht um ein gemeinsames Leben, das nicht mehr durch Ausgrenzung, sondern durch eine wirksame, nicht unterwerfende Inklusion geprägt ist. Bei den von Caudillos geführten Regierungen Ecuadors und Boliviens, die die Plurinationalität in ihren Verfassungen vorangetrieben haben, ist Ersteres noch immer der Fall (Luis Tapia, 2011).

> »Es geht um ein gemeinsames Leben.«

Zusammengefasst kann man sagen, dass dieser als Transformator wirkende Neokonstitutionalismus, der das Fundament für den plurinationalen Staat bildet, ausgesprochen emanzipatorisch ist. Er bildet den Start- und nicht den Endpunkt für die Etablierung von Alternativen zur Entwicklung und für die Überwindung des Anthropozentrismus, der die Existenz des Menschen auf der Erde stark bedroht.

Die Aufgabe besteht darin, einmal Gelerntes zu verlernen, gleichzeitig umzulernen und neu zu lernen (Nina Pacari, 2010). Das ist ein komplexes und schwieriges Unterfangen, das stets mehr, nie aber weniger Demokratie erfordert. Die Konsolidierung der Verfassung hängt von der Vertiefung in multi- oder plurinationale Gesellschaften ab, die historisch marginalisierte Bevölkerungsgruppen miteinschließen.

Zum Schluss müssen wir zugeben, dass wir es mit einer extrem komplexen, wenn auch nicht unüberwindlichen Herausforderung zu tun haben. Als Erstes muss man sich dabei über die »Horizonte des plurinationalen Staats« Klarheit verschaffen. Raúl Prada Alcoreza (2010) hat dazu Folgendes geschrieben:

> *Der Übergang vom Nationalstaat zum plurinationalen, gemeinschaftlichen, autonomen Staat ist eine große Herausforderung. Es geht darum, die Modernität, die Geschichte der Sou-*

veränität in der Modernität, die Geschichte des Staats in der
Modernität, die Geschichte der Beziehung von Staat und Ge-
sellschaft, eine Geschichte der Trennung von Regierenden und
Regierten, politischer Gesellschaft und Zivilgesellschaft in einem
Matrixkontext zu überwinden, in dem die Beziehung zwischen
Herrschern und Beherrschten von Herrschaftsmechanismen und
Machtdiagrammen bestimmt wird, die Körper und Territorien
durchziehen, die Verwaltung des Landes und der Gebiete, die
Ausbeutung der Arbeitskraft definieren ... Wir lassen eine Ge-
schichte der Kolonisierung und polymorphen Beherrschung in
einer Welt hinter uns, in der die Geopolitik des Weltsystems und
des kapitalistischen Weltsystems den Planeten in Zentrum und
Peripherie unterteilt, die Ausbeutung der Arbeitskraft rassisch
besetzt sowie die natürlichen Ressourcen kontrolliert und da-
bei eine weltweite Arbeitsteilung installiert, die die peripheren
Länder zu Exportländern für Rohstoffe und billige Arbeitskraft
macht – und dann einige dieser verspätet in die industrielle Re-
volution eingetretenen Länder mit veralteter Technologie aus-
stattet, die sehr kapitalintensive, aber mittel- und langfristig als
wenig ertragreich angesehene Schwerindustrie verdrängt und
stattdessen lieber auf die kurzfristig lukrative Zirkulation und
Investition von Finanzkapital setzt. Wir lassen also die Illusion
hinter uns, die uns die subalternen Nationalstaaten nach Ende
der Unabhängigkeitskriege und nationalen Befreiungskämpfe
hegen ließen, die Illusion, dass wir im Konzert der Nationen, in
der Hierarchie der Vereinten Nationen unabhängig und gleich-
berechtigt dastehen.«

Deshalb muss nun eine neue Geschichte geschrieben werden. Benötigt
wird dafür »eine neue, von den kulturellen Beiträgen der ursprünglichen Völker gedachte und gefühlte Demokratie. Eine inkludierende,
harmonische Demokratie, die die Diversität respektiert« (Nina Pacari,
2010). All dies gehört zu den Transformationsvorschlägen, die tief
greifen und in ihrer Essenz zivilisatorisch sind sowie der gleichzei-

tigen Sicherung von Pluralität und Radikalität höchste Priorität einräumen müssen.

Die entsprechende Frage lautet nun: Können diese Überlegungen dazu dienen, plurinationale und interkulturelle Staaten in anderen Regionen der Welt um- und auszugestalten? Vielleicht sogar in dem von schweren sozioökonomischen und identitären Krisen geplagten Europa?

8
Eine andere Wirtschaft für eine andere Zivilisation

»Es ist eine gemeine Klugheitsregel, dass man, auf den Gipfel der Größe gelangt, die Leiter, vermittelst welcher man ihn erklommen, hinter sich werfe, um andern die Mittel zu benehmen, uns nachzuklimmen. Hierin liegt das Geheimnis der kosmopolitischen Lehre Adam Smith' ...

Eine Nation, die durch Schutzmaßregeln und Schiffahrtsbeschränkungen ihre Manufakturkraft und ihre Schiffahrt so weit zur Ausbildung gebracht hat, daß keine andere Nation freie Konkurrenz mit ihr zu halten vermag, kann nichts Klügeres tun, als diese Leiter ihrer Größe wegzuwerfen, andern Nationen die Vorteile der Handelsfreiheit zu predigen und sich selbst reumütig anzuklagen, sie sei bisher auf der Bahn des Irrtums gewandelt und jetzt erst zur Erkenntnis der Wahrheit gelangt.«

Friedrich List

Das »Gute Leben« oder »Sumak Kawsay« – ein Konzept im Aufbau

Wie wir von Anfang an klargestellt haben, ist das »Gute Leben« oder »Sumak Kawsay« kein vollständig ausgearbeitetes Konzept. Wir sehen es als Chance für den kollektiven Aufbau neuer Lebensformen. Wie schon gesagt, soll das »Gute Leben« ein qualitativer Schritt sein, der zur Auflösung des traditionellen produktivistischen Fortschrittskonzepts und der allein gültigen »Entwicklung« mit ihren vielen Spielarten mechanistischen Wirtschaftswachstums beitragen soll. Das »Gute Leben« löst diese überholte Lebensform jedoch nicht nur ab, sondern bietet eine viel inhaltsreichere und auch komplexere Vision an.

Es ist daher nicht damit getan, ein paar Rezepte aus offiziellen Dokumenten wie den Verfassungen Ecuadors und Boliviens und ihre Pläne für ein »Gutes Leben« oder für die »Entwicklung« in die Praxis umzusetzen. Vom »Guten Leben« zu reden, ohne die Wirtschaftspolitik und das gesellschaftliche Akkumulationsverhalten ändern zu wollen, wäre Betrug.

Eine Alternative zur Entwicklung erfordert eine andere Wirtschaft, die auf den Grundprinzipien des »Guten Lebens« aufbaut, also vor allem auf Solidarität, Gegenseitigkeit, Komplementarität, Verantwortung, Integralität (alle Lebewesen sind bedeutend für den Planeten), Suffizienz (und in gewisser Weise auch Effizienz), kulturelle Vielfalt und Identität, Gleichheit und natürlich Demokratie. Im Weiteren werden wir vor allem zu umreißen versuchen, wie eine solidarische und nachhaltige Wirtschaft aussehen könnte.

> »Eine Alternative zur Entwicklung erfordert eine auf Solidarität gründende Wirtschaft.«

Um eine auf Solidarität gründende Wirtschaft aufzubauen, müssen andere Formen von Produktion, Handel, Konsum, Kooperation und Akkumulation finanzieller Mittel gefunden werden, ebenso wie eine andere Verteilung von Einkommen und Reichtum sowie geänderte Produktionsfaktoren.

Anstelle einer Effizienzlogik, die sich auf eine immer schneller werdende materielle Akkumulation stützt und nicht einmal mehr der Demokratie eine Chance gibt, ist ihr Herzstück die Suffizienz.

Das utopische Ziel ist die Errichtung harmonischer, kollektiver Beziehungen, nicht nur beliebiger, individueller. Wie wir nur zu gut wissen, führt uns das derzeitige Ziel der konkurrenzorientierten Gesellschaften in Richtung einer negativen Utopie. Am Ende soll ein auf gemein-

schaftlicher und nachhaltiger Basis aufgebautes, nicht kapitalismus-
orientiertes Wirtschaftssystem geschaffen werden.

Die neue solidarische Wirtschaft muss nachhaltig sein. Mit anderen Worten: Sie muss von Anfang an und fortlaufend wirtschaftliche
Prozesse garantieren, die die ökologischen Kreisläufe respektieren
und sich, ohne externe Hilfe und ohne die vorhandenen Ressourcen
zu verknappen, auf Dauer halten können. Um auch sozial gesehen
nachhaltig zu sein, braucht eine solche Wirtschaft soliden demokratischen Halt.

Um dieses doppelte Ziel der Solidarität und Nachhaltigkeit zu erreichen, müssen Wege beschritten werden, die die heute vorherrschende Logik der sozialen Zerstörung und der Umweltzerstörung hinter
sich lassen. Die größte Herausforderung dieser Transitionen[1] besteht
darin, die von breiten Bevölkerungsgruppen verinnerlichten kulturellen Verhaltensmuster zu überwinden. Das bringt, wie sich in den
sogenannten entwickelten Ländern gezeigt hat, dem Einzelnen und
den Kollektivitäten nicht unbedingt höheren Wohlstand. Denn das
Hauptinteresse der orthodoxen Wirtschaftswissenschaftler richtet sich
gerade auf die Kombination von Arbeit, Kapital, natürlichen Ressourcen und anderen Faktoren zur Sicherung ständigen Wirtschaftswachstums und zunehmender Kapitalakkumulation, bei der Solidarität und
Nachhaltigkeit keine Berücksichtigung finden. Genau diese Bemühungen verursachen schädliche und ausbeuterische Zustände, unter denen
die Mehrheit der Bevölkerung und der Planet selbst zu leiden haben.

Zur Bekämpfung dieser orthodoxen Wirtschaft, in welcher Form
auch immer sie daherkommt, bedarf es einer großen Transformation.
Es muss eine Wirtschaftslogik geschaffen werden, die nicht in einer
ständigen Erweiterung des akkumulationsorientierten Konsums verwurzelt ist. Es muss anders, besser und weniger konsumiert werden,
um selbst mit reduzierten materiellen Gütern bessere Ergebnisse für
die Lebensqualität zu erzielen.

Dementsprechend muss sich ein solches neues Wirtschaftskonzept,
das sicher von mächtigen Interessen bekämpft werden wird, konsolidieren und sich eine wachsende Grundlage für gemeinschaftliche

Eigenständigkeit auf allen Gebieten schaffen. Sowohl die Wachstumswirtschaft als auch die Wachstumsgesellschaft müssen demontiert werden. »degrowth« ist für sich allein nicht automatisch eine soziale oder ökologische Verbesserung, sondern muss mit anderen Veränderungen einhergehen. »degrowth« darf nicht mit Rezession verwechselt werden.

In einer neuen solidarischen und nachhaltigen Wirtschaft müssen also die gegenwärtigen Bedürfnisse befriedigt werden, ohne die Chancen der folgenden Generationen zu gefährden.

> »Auf dem Spiel steht die Verteidigung des Lebens.«

Es geht nicht mehr nur darum, die Arbeitskraft zu verteidigen und Überstunden geltend zu machen, sich also der Ausbeutung der Arbeitskraft zu widersetzen. Das ist sehr wichtig, aber nicht alles. Auf dem Spiel steht die Verteidigung des Lebens. Die Wirtschaftsziele, die den Gesetzen der natürlichen Systeme und den Forderungen der Gesellschaft untergeordnet sind, müssen die Würde des Menschen und die Verbesserung der Lebensqualität von Individuen, Familien und Gemeinschaften im Blick behalten, ohne die Natur und ihre Vielfalt zu opfern.

Demzufolge ist die Überprüfung des Wirtschaftswachstums unerlässlich. In welche Richtung können sich die Produktivkräfte entwickeln? Eine neue Wirtschaft muss als holistische und systemische, auf den Menschenrechten und den Rechten der Natur aufbauende Vision neu gedacht werden.

Der Autozentrismus als Grundlage der Transitionen

Der Autozentrismus ist eine politische und wirtschaftliche Organisationsstrategie, die den Aufbau von unten und von innen heraus verfolgt und den lokalen Gegebenheiten gerecht wird; durch ihn gewinnen beispielsweise alternative Währungen an Gewicht, mit denen die Gemeinschaft wieder Herr über ihre Wirtschaft werden kann.[2]

Um den Autozentrismus zu realisieren, müssen nach Jürgen Schuldt kollektive politische Entscheidungen über die »selektive und zeitweilige Trennung vom Weltmarkt«[3] getroffen werden. Diese Trennung (wie auch immer man sie nennen will) kann allmählich und von unten aus vorgenommen werden: von der Region bzw. regional im Hinblick auf das Land und danach vom Land in Bezug auf den Weltmarkt. Die Dezentralisierung spielt dabei eine ganz wichtige Rolle, denn die lokale Gesellschaft übernimmt bei den zu treffenden Entscheidungen wieder ihre führende Rolle und die Kontrolle.

Ein Beispiel wäre die Herstellung der Ernährungssouveränität aus der bäuerlichen Welt, unter Beteiligung der Verbraucher und Verbraucherinnen. Hier kommen zahlreiche Vorschläge aus vielen Teilen der Welt zusammen, die alle das Ziel haben, die bäuerliche Produktion vor Ort für den lokalen Konsum zu stärken, zum Beispiel mit den sogenannten Null-Kilometer-Initiativen (kurze Strecken zwischen Herstellungsort und Verbrauchsort).

Noch bessere Ergebnisse könnten autozentrierte Bemühungen erzielen, wenn sie von der Zentralregierung unterstützt würden.

Grundlage für den autozentrischen Weg sind die Entwicklung der endogenen Produktivkräfte einschließlich der lokalen menschlichen und produktiven Ressourcen und die Kontrolle von Akkumulation sowie die eigene Definition von Konsummustern. All dies muss von einem umfassenden Partizipationsprozess begleitet werden.

Auf der Basis lokaler Initiativen müssen Räume realer Macht entstehen und wirklich demokratische Gegenkräfte in politischen, wirtschaftlichen und kulturellen Belangen installiert werden. Diese würden dann den Keim einer neuen staatlichen Institutionalität, einer neuen Marktlogik und eines neuen gesellschaftlichen Zusammenlebens bilden. Solche Gegenkräfte wären die Grundlage für eine kollektive Strategie, mit der ein gemeinsames Lebensprojekt geschaffen werden soll: das »Gute Leben«. Dabei kann es sich nicht um eine abstrakte Vision handeln, die die heutigen Akteure und derzeit vorhandenen Beziehungen außer Acht lässt und sich nur darauf konzentriert, was wir für morgen anstreben.

Das Konzept des Autozentrismus beinhaltet die Wiederverknüpfung von Wirtschaft und Politik, um eine politische Ökonomie zu gestalten, bei der als wichtigste Bezugspunkte die vom Kapitalismus gewaltsam veränderten Kategorien Zeit und Raum dienen. Dieses Modell erfordert eine Stärkung der Gemeinschaftsräume. Und das führt zu Folgendem:

»Die autozentrierte Entwicklung als Prozess, der die Partizipation der von einem konkreten Territorium aus organisierten Akteure voraussetzt, sie mit einem bewussten Willen (weil sie wissen, was sie erreichen wollen) und einer politischen Richtung (weil sie wissen, wohin die angestrebten Veränderungen führen) ausstattet. Der Ausgangspunkt des Autozentrismus ist die Lokalität, bei der das nationale Szenarium vom Lokalen ausgeht und von den Regionen/Subjekten aus aufgebaut wird. Der autozentrierte Weg ist auch ein Prozess des (Selbst-)Aufbaus der Volksmacht.« (Antonio Romero, 2009)

Der vom Autozentrismus ausgehende Transitionsansatz räumt – aus wirtschaftlicher Sicht – den lokalen und den Binnenmärkten Vorrang ein. Das heißt jedoch nicht, dass auf das alte Modell des »Importersatzes« zurückgegriffen werden soll, das zum Nutzen der lokalen Kapitalisten angelegt war. Das Modell hat ihnen auch tatsächlich genützt, da eine nicht existente »nationale Bourgeoise« gefördert oder gestärkt und auf diesem Weg die Industrialisierung angestoßen wurde. Beim Autozentrismus bedeutet Binnenmarkt Massenmarkt und vor allem Gemeinschaftsmarkt, der ein »Leben mit dem Unsrigen und für die Unsrigen«, die Verbindung von Land und Stadt, dem Ländlichen mit dem Städtischen an die erste Stelle setzen wird. Davon ausgehend, kann man dann evaluieren, inwieweit eine Teilnahme an der Weltwirtschaft möglich ist.

Man kann nicht in wirtschaftliche Projekte eingreifen, ohne die Bevölkerung aktiv zu beteiligen, am Entwurf, am Management und an

> »Beim Autozentrismus bedeutet Binnenmarkt Gemeinschaftsmarkt.«

der Entwicklung der selbstverwalteten Produktionseinheiten (von den Familien über die »Kleinstunternehmen« bis zu regionalen Projekten), den neuen Gütern und Dienstleistungen, angepassten und eigenen Technologien, Zuweisung von Ressourcen und kollektiven Investitionen usw. Diese Güter müssen den axiologischen und existenziellen Bedürfnissen[4] der Veränderungsakteure entsprechen, um ein direktes Lernen, die Verbreitung und volle Nutzung von Fähigkeiten, die Motivierung zum Verständnis gegebener Phänomene und das autonome Schaffen zu stimulieren.

Die Befriedigung der menschlichen Grundbedürfnisse kann von Anfang an und während des gesamten Aufbauprozesses des »Guten Lebens« stattfinden. Mit anderen Worten: Ihre Erfüllung ist nicht das Ziel, sondern die Kraft, die diesen Prozess antreibt. Erreicht wird dies, wenn ständig synergetische Befriedigungen[5] gefördert werden. Dafür muss die Synergie von Effizienz und Suffizienz genutzt werden, was wiederum heißt, dass das Effizienzkonzept überprüft werden muss, um es von der kapitalistischen, an die permanente Produktion und Akkumulation materieller Güter gebundenen Macht zu befreien.

Damit hätten die Menschen und Gemeinschaften die Möglichkeit, den Aufbau- und Wiederaufbauprozess des »Guten Lebens« von Anfang an zu (er)leben und mitzubestimmen. Der Prozess als solcher wäre eigenständig und partizipativ, könnte die Grundlagen für eine Ordnung schaffen, in der sich eine Solidarwirtschaft mit einer grunddemokratischen Sozialordnung vereinen ließe. Ziel ist es, allen die Chance zu geben, ein erfülltes Leben zu leben, und die angemessenen Mittel für die wesentlichen Ziele auszuwählen. Damit wird das »Gute Leben« zu einem öffentlichen Gut mit großer intellektueller und politischer Integrationskraft.

Laut Jürgen Schuldt will die Transition, unter sozialen Gesichtspunkten gesehen, die kulturellen Identitäten und die autonomen Einstellungen der Lokalbevölkerung, die Interaktion und Integration der Volksbewegungen und die wirtschaftliche und soziale Eingliederung der Bevölkerungen wieder aufwerten. Letztere sollen ihre passive Rolle bei der Nutzung der kollektiven Güter und Dienstleistungen aufgeben und sich zu autonomen Antriebskräften des Gesundheitswesens, der Bildung, des Transports usw. entwickeln, die lokal und regional koordiniert sind und konsensorientiert funktionieren.

Politisch gesehen, würden derartige Prozesse zur Bildung und Stärkung repräsentativer Institutionen und zur Entwicklung einer demokratischen, partizipativen Kultur beitragen. Es geht darum, die Versammlungskultur in den Gemeinschaften (inspiriert von den »Ayllus«) zu fördern, da diese sehr viel demokratischer sind als die von der staatlichen Institutionalität aus entwickelten Prozesse der repräsentativen Demokratie. So können Entwürfe, die Inwertsetzung oder Kritik von Projekten konkret auf den Weg gebracht werden. Auch würden dabei notwendigerweise die traditionellen politischen Parteien und Organisationen überdacht werden müssen.

Bezogen auf die Realität der Anden und des Amazonasgebiets, müssen diese Transitionsprozesse unweigerlich auf postextraktivistische Ökonomien und Gesellschaften hinarbeiten und daher

— den immer schneller fortschreitenden Raubbau in den Gemeinschaften stoppen. Dafür sollten die Projekte im Licht der Elemente analysiert werden, die das »Sumak Kawsay« inspirieren;

— die Abhängigkeit vom Erdöl und Bergbau als Energie- wie auch als Materialquelle verringern und vermehrt die Nutzung von Ersatzmöglichkeiten fördern, die aus eigenen erneuerbaren Quellen stammen. Dasselbe gilt für die Monokultur. Die Forderungen der Gemeinschaften müssen identifiziert werden, genauso wie Möglichkeiten ihrer kultur- und umweltnahen, bevorzugt lokalen Befriedigung;

— die Verschwendung verringern und die fortschreitende Zunahme der Entropie verlangsamen. Alle Aktivitäten, die mehr Energie verbrauchen, als sie produzieren, müssen eingestellt werden. Daher sind Maßnahmen erforderlich, die den Verbrauch von Verpackungsmaterialien senken, die nichts weiter als Müll sind, und die Verschmutzung und ihre Quellen eliminieren. Vor allem aber muss mehr über die existenziellen menschlichen Bedürfnisse und synergetische Befriedigungen nachgedacht werden;

— die Einkommens- und Reichtumsumverteilung vorantreiben, einschließlich der Enteignung von Gütern, die mittels Korruption oder illegaler Inbesitznahme fremden Eigentums, besonders dem der Gemeinschaften, erworben wurden;[6]

— die technologischen Muster zur Wiedernutzung und Förderung lokal vorhandener Alternativen ändern, ohne dass die wertvollen Beiträge aus dem Ausland, vor allem was die sogenannten intermediären und »sauberen« Technologien betrifft, geleugnet werden. Ein Großteil dieser lokalen Fähigkeiten und Kenntnisse befindet sich im Besitz der Gemeinschaften, die sich aus eigenem Entschluss, aus Tradition oder aufgrund ihrer Marginalisierung von den westlichen Technologiemustern ferngehalten haben und Optionen nutzen oder schaffen, die ihnen die produktive Arbeit und den Verbrauch lokaler, handwerklicher und organisch kultivierter Produkte erleichtern.

Viele traditionelle Praktiken sind so solide, dass der Lauf der Zeit sie nur am Rande, nicht aber in ihrer Essenz berührt zu haben scheint. Um ein neues technologisches Muster zu schaffen, müssen Technologien bewahrt, entwickelt oder angepasst werden. Um befreiend zu wirken, dürfen sie weder neue Abhängigkeitsmuster schaffen noch die Umwelt verschmutzen oder viel Energie verbrauchen und nur wenig CO_2 verursachen.

Die Transition zu postextraktivistischen Gesellschaften kann nur auf ökologischer Grundlage und mit wachsender sozialer Gleichheit, auf ausgesprochen demokratischen Fundamenten erfolgen. Ein anderer Weg ist undenkbar. Wir müssen akzeptieren, dass kein Wirtschaftsprozess über die Grenzen der Ökosysteme hinaus nachhaltig sein kann und dass die Wirtschaft Teil eines größeren, endlichen Systems ist, nämlich der Biosphäre. Daher kann es, wie schon gesagt, kein permanentes Wachstum geben.

Zum heutigen Zeitpunkt muss anerkannt werden, dass niemand ein fertiges Rezept vorlegen kann. Das sollte uns aber nicht beunruhigen, sondern eher freuen. Nur alle zusammen werden wir die notwendigen Alternativen finden. Außerdem dürfen Alternativen nicht nur in den Ländern gesucht werden, wo die Ideen des »Guten Lebens« oder »Sumak Kawsay« ihren Ursprung haben. Auch in Europa gibt es zahlreiche alternative Projekte. Als Beispiel können wir die von Pierre Rabhi gesammelten Projekte anführen, einem der »ehrlichsten, radikalsten und nicht einzuordnenden Denker unserer Zeit«. Auch die Überlegungen der Akademie Solidarische Ökonomie[7] und viele weitere Impulse wie die der Ökumenischen Versammlung vom April/Mai 2014 in Mainz und die lokalen Initiativen des Aktionsbündnisses Fairer Handel Castrop-Rauxel im Mai/Juni 2014 sind innerhalb der breiten Palette der in Deutschland laufenden Projekte besonders erwähnenswert.

»Die Transition zu postextraktivistischen Gesellschaften kann nur auf ökologischer Grundlage erfolgen.«

Auch die Tatsache, dass Köln einen »Tag des guten Lebens« eingeführt hat, ist hier erwähnenswert. Oberbürgermeister Jürgen Roters beschrieb den Tag anlässlich des »Bonn-Symposium 2014 – Lokales Engagement für Entwicklung. Chancen einer Post-2015-Agenda« am 27. November 2014 folgendermaßen:

»Zum Kulturwandel in der Domstadt kann auch die Agora Köln beitragen, ein breites und buntes Bündnis ... Dieses Bündnis hat in diesem Jahr zum zweiten Mal den ›Tag des guten Lebens‹ veranstaltet und damit das Konzept des ›Buen Vivir‹ aufgegriffen, das, aus Lateinamerika stammend, auf der ganzen Welt rezipiert wird. An diesem ›Tag des guten Lebens‹ wurde in einem Kölner Stadtteil ein 1 km² großes Gebiet für den motorisierten Verkehr

gesperrt, und die Bürgerinnen und Bürger haben den entstande-
nen Freiraum genutzt, um ihre Vorstellungen von Nachhaltigkeit,
alternativem Leben und Gerechtigkeit darzustellen und umzuset-
zen. Vorausgegangen war ein monatelanger Prozess, in dem sich
die Anwohner mit der Frage auseinandergesetzt haben: ›In wel-
cher Stadt wollen wir leben?‹«

Es müssen zugegebenermaßen sehr viele Aspekte berücksichtigt werden. Für die hier dargestellten Elemente, die für den Aufbau dieser
neuen Wirtschaft eine treibende Rolle spielen könnten, kann und soll
kein Anspruch auf Vollständigkeit erhoben werden.

Der Mensch im Zentrum der Wirtschaft

In dieser anderen, auf den Aufbau und den Fortbestand des »Guten
Lebens« ausgerichteten Wirtschaft muss der Mensch als wichtigster,
aber stets als in die Natur integrierter Faktor im Mittelpunkt stehen.
Die in Montecristi erarbeitete ecuadorianische Verfassung definiert
dies sehr genau in Artikel 283:

»Das Wirtschaftssystem ist sozial und solidarisch; es erkennt den
Menschen als Subjekt und Ziel an; es ist auf eine dynamische und
ausgeglichene Beziehung zwischen Gesellschaft, Staat und Markt in
Harmonie mit der Natur ausgerichtet und hat zum Ziel, die Pro-
duktion und Reproduktion der materiellen und immateriellen Be-
dingungen, die das Gute Leben möglich machen, zu garantieren.
Das Wirtschaftssystem sieht folgende wirtschaftliche Organisations-
formen vor: öffentlich, privat, gemischt, volksbasiert und solidarisch
sowie alle weiteren in der Verfassung vorgesehenen Formen. Die
volksbasierte solidarische Wirtschaft wird per Gesetz reguliert und
umfasst den Genossenschafts-, Vereins- und Gemeinschaftssektor.«

Wenn der Mensch Achse dieser anderen Wirtschaft sein soll, sorgt die
Arbeit für seinen Unterhalt. Das bedeutet, dass alle Formen der Arbeit,

die produktive wie auch die reproduktive, als gleichberechtigt anerkannt werden müssen. Die Arbeitswelt ist grundlegender Bestandteil der auch als »Arbeitswirtschaft« bezeichneten solidarischen Wirtschaft (José Luis Coraggio, 2011).

Arbeit ist also ein Recht und eine soziale Pflicht in einer Gesellschaft, die das »Gute Leben« anstrebt. Deshalb kann keine Form der Arbeitslosigkeit oder Unterbeschäftigung toleriert werden. Die Herausforderung des »Guten Lebens«, das in großem Maß mit dem Thema Arbeit verbunden sein wird, muss über die Stellung der Arbeit gelöst werden. Es geht nicht einfach darum, »mehr« zu produzieren. Es muss für ein gutes Leben produziert werden. Sobald alles seine Ordnung bekommen hat, wird die Arbeit das Leben der Menschen würdiger machen. Arbeit sollte dann als Raum der Freiheit und des Genusses verstanden werden.

In diesem Zusammenhang sollte man auch an eine Umverteilung der ständig knapper werdenden Arbeitsplätze denken. Um das zu erreichen, sind die Kürzung der Arbeitszeiten und eine Umverteilung der Arbeit erforderlich sowie eine kollektive Neudefinition der axiologischen und existenziellen Bedürfnisse des Menschen, deren jeweilige und

»Das Motto lautet: mit weniger besser leben.«

synergetische Befriedigung von den Verfügbarkeiten in Wirtschaft und Natur abhängt. Das wird nur möglich, wenn die neu gestalteten Gesellschaften auf Gleichheit und Gerechtigkeit aufgebaut sind, und daher müssen andere gesellschaftliche Werte eingeführt werden.

Wir müssen uns völlig klar darüber sein, dass der vor allem bei den Eliten vorherrschende Lebensstil, der für die Mehrheit der Erdbevölkerung als erstrebenswerter (und unerreichbarer) Orientierungsrahmen gilt, mit Einführung des »Guten Lebens« auf dem Prüfstand steht. Eher früher als später muss es vorrangig um Suffizienz gehen, um das, was ausreichend, um das, was wirklich notwendig ist, anstatt mit immer größerer Effizienz zügellos dem Konsumismus und Komfortismus zu frönen, wodurch die Grundlagen der Gesellschaft selbst und

der ökologischen Nachhaltigkeit gefährdet sind. Das »Gute Leben«
bedeutet nicht, im Überfluss zu leben. Das Motto lautet im Gegenteil:
mit weniger besser leben.

Diese Transformation muss bei allen Produktionsformen, auch der
extraktivistischen, die dem Kapitalismus seine materielle Grundlage
sichert, vollzogen werden. Die Roh- bzw. Naturstoffe produzierenden
und exportierenden Länder, die am Weltmarkt unterwürfig agieren,
arbeiten für das globale kapitalistische Akkumulationssystem und sind
indirekt sowie direkt Verursacher der globalen Umweltprobleme.

Auch wenn es sich widersprüchlich anhört: Die aktuelle vielfältige und mutierende Krise des Kapitalismus und der Umgang mit
ihr – etwa die millionenschweren Finanzspritzen zur Rettung der
Banken – sorgten dafür, dass die Preise vieler Rohstoffe, also auch
des Erdöls und der Mineralien, sowie vieler Nahrungsmittel so hoch
blieben. Dies ist schon in den Jahren vor der Krise der Fall gewesen
und entsprach der Spekulationslogik des seit Karl Marx bekannten
fiktiven Kapitals.[8] Damit werden die Ressourcen nicht mehr nur zur
Befriedigung der Energie-, Produktions- oder Nahrungsmittelnach-
frage genutzt, sondern sind zu finanziellen Aktiva in einer von der
Spekulation beherrschten Welt geworden.

Der vom offiziellen Diskurs einiger »fortschrittlicher« Regierungen
propagierte Weg zum Sozialismus, der die Bedürfnisse und auch die
spekulativen Forderungen des globalen Kapitalismus durch verstärk-
ten Extraktivismus nährt, ist damit, gelinde gesagt, inkohärent und
jedenfalls alles andere als sozialistisch.[9]

Sich ausschließlich auf die globalen Forderungen zu fixieren oder
sie infrage zu stellen, während gleichzeitig lokale und subnationale
Themen vernachlässigt oder negiert werden, ist ein Betrug mit mög-
licherweise perversen Konsequenzen. Der Extraktivismus[10] ist definitiv nicht mit dem »Guten Leben« vereinbar, und zwar nicht nur, weil
er Raubbau an der Natur betreibt und die Gemeinschaften zerstört,
sondern weil er mit seiner Arbeitsstruktur die Arbeitskräfte ausbeutet
und ihnen keine angemessene und sichere Beschäftigung garantiert.

Außerdem ist die Wirtschaftsdynamik in den extraktivistischen Ländern, besonders in den Erdöl- und Bergbauländern, »rentenbasiert«. Klientelbeziehungen beherrschen die gesellschaftliche Struktur und die täglich gelebte Praxis, Gier und autoritäres Verhalten das politische Leben. Damit erklärt sich auch der Widerspruch, dass gerade in rohstoffreichen Ländern die Masse der Bevölkerung verarmt ist.

Die materielle Güterproduktion und der Markt sind nur Mittel, nicht Zweck

Die Debatte über das Wirtschaftswachstum ist initiiert. Im globalen Norden wächst die Anzahl der Stimmen, die nicht nur Nullwachstum, sondern »degrowth« der Wirtschaft fordern. Im globalen Süden wird Wachstum schon seit Langem infrage gestellt. Jetzt ist eine inzwischen allgemein anerkannte Feststellung darüber angebracht, dass Wirtschaftswachstum nur ein Mittel, nicht aber der Zweck ist. Amartya Sen (1985) hat dies sehr deutlich formuliert:

»Die wahren Grenzen der traditionellen Entwicklungswirtschaft ergeben sich nicht aus den Mitteln, die gewählt wurden, um Wirtschaftswachstum zu erreichen, sondern daraus, dass die Tatsache, dass dieser Prozess nur ein Mittel zum Erreichen anderer Zwecke ist, nicht genügend anerkannt worden ist. (...) Es ist nicht nur so, dass das Wirtschaftswachstum eher ein Mittel als ein Zweck ist; es ist auch so, dass es für gewisse wichtige Zwecke kein sehr effizientes Mittel ist.«

Zeitweiliges Wachstum kann ohne Entwicklung erfolgen, dies ist in der verarmten Welt sehr häufig der Fall. Wie vielen Ländern ist es über relativ lange Zeit gelungen, bedeutende Wirtschaftswachstumsraten vorzuweisen? Zweifellos wenigen. Und wie viele von diesen wenigen haben sich entwickelt? Noch viel weniger. Es hat sich zudem erwiesen, dass sogar in den Ländern, die sich selbst als entwickelt betrachten, eher eine »Fehlentwicklung« stattgefunden hat.

Es gibt Leute, die behaupten, dass Wachstum unter bestimmten Umständen notwendig sein kann, vor allem wenn es darum geht, bestimmte Grundmängel zu überwinden, zum Beispiel im Gesundheits- und Erziehungswesen. Aber auch das rechtfertigt nicht jede Art von Wachstum. Manfred Max-Neef hat das in einem offenen Brief vom 4. Dezember 2001 an den Wirtschaftsminister Chiles ganz klar zum Ausdruck gebracht:

»Wenn ich zum Beispiel eine natürliche Ressource bis zur Neige ausbeute, wird meine Wirtschaft, solange ich das tue, wachsen. Der Preis ist jedoch eine steigende Anzahl Armer. In Wirklichkeit sind sich die Menschen über die Irrwitzigkeit der konventionellen Makroökonomie, bei der der Vermögensverlust als steigende Einnahme verbucht wird, gar nicht im Klaren. Hinter jeder Wachstumszahl stehen die Geschichte der Menschen und eine Geschichte der Natur. Wenn diese Geschichten positiv sind, können wir Wachstum willkommen heißen, denn ein geringes, aber gutes Wachstum ist einem starken, aber schlechten Wachstum vorzuziehen.«

Obigem Zitat ist zu entnehmen, dass sich die Organisation der Wirtschaft als solche grundlegend ändern muss. Darin liegt wohl die größte Herausforderung. Das zu einem Fetisch erhobene Wirtschaftswachstum, dem die Weltmächte und breite Bevölkerungsgruppen huldigen, muss entlarvt und demontiert werden. Das ist leicht zu sagen, aber ohne Konsens und Beteiligung des Volkes schwer zu erreichen.

Kernpunkt ist dabei die Anerkennung der Tatsache, dass die Natur Grenzen hat, die von der Wirtschaft nicht überschritten werden dürfen. Der Klimawandel, Ergebnis des exzessiven Energieverbrauchs, ist ein unleugbarer Beweis. Im reinen Funktionsdenken sind »Umweltgüter« und »Umweltdienstleistungen« nur handelbare Güter, für die Eigentumsrechte verliehen worden sind. Dazu ist es gekommen, weil ein egoistisches und kurzsichtiges Verhalten überhandgenommen hat, ein Verhalten, das nicht in der Lage ist anzuerkennen, dass es für Ressourcen eine Schwelle gibt, ab der sie erschöpft sind.

Andererseits gibt es nicht nur ökologische Grenzen. Es gibt einen weiteren entscheidenden Punkt: Das von der Gier des Kapitals angeheizte Wirtschaftswachstum mit seiner durch Produktion und Spekulation betriebenen Akkumulation findet auf der Grundlage einer wachsenden strukturellen Ungleichheit statt. Man muss sich nur ein paar Zahlen der ungerechten Verteilung des Reichtums auf der Welt vor Augen führen: Die 85 reichsten Menschen der Welt besitzen so viel wie die Hälfte der armen Weltbevölkerung insgesamt. Das sind einem Bericht von Oxfam (2014) zufolge 1,7 Milliarden Einwohner. Derselbe Bericht zeigt, dass das eine Prozent der reichsten Weltbürger über fast die Hälfte des Weltreichtums verfügt. Auch eine Überprüfung der Ungleichheit in Deutschland bringt lehrreiche Zahlen ans Licht: Im Jahr 2008 befanden sich 53 Prozent des Vermögens in den Händen der reichsten zehn Prozent, dagegen besaß die Hälfte der Bevölkerung gerade einmal ein Prozent (Der Spiegel, 19/2014).

Ein weiterer Fetisch ist der Markt. Viele Stimmen überlassen ihm gänzlich das Feld: Der Markt spricht, der Markt reagiert, der Markt protestiert, der Markt fühlt ... Schlimm ist es, wenn der Staat sich dem Markt unterordnet, denn das führt dazu, dass die Gesellschaft merkantilen Verpflichtungen und einem selbstverherrlichenden Individualismus unterworfen wird.

Es wird uns weisgemacht, dass der Markt als Funktionsmechanismus der von Adam Smith geprägten »unsichtbaren Hand« reguliert, welche Waren produziert werden sollen. Kernstück der Marktwirtschaft ist, dass alles zur Ware wird, alles einen Preis hat und das Angebot dieser Waren auf Veränderungen reagiert. Die Nachfrage motiviert die Hersteller dazu, mehr Gewinn zu erzielen, indem sie die Produktion von Gütern hochfahren. Diese Wechselbeziehungen zwischen Verbrauchern und Herstellern legen dann praktisch automatisch die Menge der zu produzierenden Güter fest.

Zusammengefasst beruht also die wirtschaftliche Funktionsfähigkeit der Gesellschaft auf den Gesetzen des Marktes und der Wechselbeziehung zwischen individuellen Interessen und der Konkurrenz. Diese

Realität zwingt den Unternehmer zur Effizienz, damit er die Kosten niedrig halten und konkurrenzfähig bleiben kann. Infolge dieser Logik sind der beste Anreiz zur Förderung des Wohlstands ein verstärktes Eigeninteresse und die Entwicklung des Wettbewerbs. In dieser (vorherrschenden) Logik entsteht der allgemeine Wohlstand als Ergebnis der Befreiung des einzelnen Individuums von staatlichen oder gemeinschaftlichen Zwängen.

Ganz anders als bei einer vorwiegend merkantilen Wirtschaft fördert das »Gute Leben« eine andere Art dynamischer und konstruktiver Beziehung zwischen Markt, Staat und Gesellschaft. Angestrebt wird nicht eine Marktgesellschaft, das heißt eine merkantile Gesellschaft, gewünscht ist nicht eine von Monopolisten und Spekulanten kontrollierte Wirtschaft. Es geht vielmehr darum, eine Wirtschaft mit Märkten (im Plural), eine Wirtschaft im Dienste der Gesellschaft zu schaffen.

Für einige mag die Rückeroberung heterogener Märkte (im Plural) vielleicht überraschend erscheinen. Aber schon der große französische Historiker der École des Annales, Fernand Braudel, hat frühzeitig erkannt, dass der Kapitalismus kein Synonym für »Marktwirtschaft« ist. Im Gegenteil kann der Kapitalismus sogar ein »Antimarkt« sein, wenn sich die Unternehmer – in mehr oder minder starker Monopolstellung – nicht wie die idealtypischen Unternehmer der konventionellen Wirtschaftstheorie verhalten.

Für Braudel war der Kapitalismus eine Art unerwünschter Gast, der nachts einbricht und etwas stiehlt. In diesem Fall erfolgte der Einbruch in die mediterrane Wirtschaft und kaperte den Markt. In der Welt der Indigenen gab es schon lange vor der Ankunft der Eroberer den Markt als ein soziales Konstrukt auf der Basis von Solidarität, Gegenseitigkeit und Verhältnismäßigkeit (von Karl Polanyi aufgenommen) und weit entfernt vom später aufgezwungenen Kapitalismus. Und es gibt ihn auch heute noch.

Der Markt ist, anders als die liberale Theologie behauptet, kein spontan entstandenes Produkt. Er ist eine sozial konstruierte Antwort auf die konkreten Forderungen der jeweiligen historischen Epoche.

Der spontane Markt ist ein Mythos, es hat ihn nie gegeben. Der kapitalistische Markt verschärft die Interessenkonflikte im Schoß der Gesellschaft und fördert die Ungleichheit, um Anreize zu erhalten. Und damit nicht genug – es war keineswegs die angebliche Freiheit des Marktes, die den reichen Ländern zu ihrem Erfolg verholfen hat, sondern Kolonialismus und Protektionismus.[11]

Wir wissen sehr wohl, dass es nie einen freien Welthandel gegeben hat. Die zentralen Länder haben die Chancen genutzt, die sich ihnen mit einer erzwungenen Öffnung der Wirtschaften der verarmten Länder, viele davon ihre ehemaligen Kolonien, seinerzeit bot. Der asymmetrische internationale Handel hat sie begünstigt. Man muss nur sehen, welche Vorteile sie sich mit den heutigen asymmetrischen Handelsabkommen, den Assoziierungsabkommen, Mehrparteienabkommen oder Freihandelsabkommen gesichert haben. Der Name kann sich ändern, der Kern bleibt der gleiche. Deshalb hat der internationale Handel immer wieder zur Verarmung der peripheren Länder beigetragen.

> »Der spontane Markt ist ein Mythos.«

Luis de Sebastián (1999) schrieb dazu:

»Ohne gesetzlichen und sozialen Rahmen können die Märkte völlig unmoralisch, ineffizient, ungerecht sein und gesellschaftliches Chaos fördern. (…) Wenn die Märkte für die instrumentellen Zwecke ihrer jeweiligen Gesellschaften gut funktionieren sollen, dürfen sie nicht unbeschränkt frei sein. Die freien Märkte haben nie gut funktioniert, sie haben zu Wirtschaftskatastrophen unterschiedlicher Art geführt.«

Der Markt reagiert auf und bedient konkrete Interessen und Ansprüche der mit den nationalen und internationalen Mächten verbundenen sozialen Akteure. Er ist zu dem Raum geworden, in dem sich die beherrschende Macht menschlicher Institutionen entwickelt, und ist zu einem ihrer wichtigsten Idole aufgestiegen. Ohne die Nützlichkeit von Märkten leugnen zu wollen, muss ihre wahre symbolische und konzeptuelle Macht abgebaut werden. Damit fördert man aber keineswegs eine extrem vom Staat bestimmte Wirtschaftsvision.

Welche Position sollte diese andere Wirtschaft dem Weltmarkt gegenüber einnehmen? Unbedingt gebraucht wird eine strategische Konzeption für eine Beteiligung am Weltmarkt, unter Maximierung des möglichen Nutzens und Minimierung der vielen negativen Auswirkungen. Daher müssen Verbindungen zur größtmöglichen Zahl relevanter Wirtschaften und vor allem zu den Nachbarwirtschaften geknüpft werden. Eine ergänzende Verbindung des Handels mit Wirtschaften ähnlicher Größe muss gegenseitigen Nutzen erbringen. Auch muss mit den reich gewordenen Ländern selbst gehandelt werden, allerdings nicht zu den in den Freihandelsabkommen vorgesehenen Bedingungen. Im Rahmen der Möglichkeiten müssen die Exporte nachhaltig diversifiziert werden, um nicht von wenigen Märkten, geschweige denn von einem einzigen Markt abzuhängen. Der Handel muss an den Maßstäben einer sozialen und einer Umweltlogik ausgerichtet und reguliert werden und nicht an der Logik der Kapitalakkumulation: ein wahrlich komplexes Unterfangen.

Hier kann – so merkwürdig dies bei der Erörterung des »Guten Lebens« zu sein scheint – eine Empfehlung von John Maynard Keynes (1933) aufgegriffen werden:

> »Ich sympathisiere daher mit denjenigen, die die wirtschaftliche Verwicklung der Nationen minimieren, nicht mit denen, die sie maximieren. Ideen, Wissen, Gastfreundschaft, Reisen – das sind die Dinge, die von Natur aus international sein sollten. Aber lasst uns die Güter weiterhin lokal produzieren, solange dies vernünftig und möglich ist, und lassen wir die Finanzen hauptsächlich national bleiben.«

Ergänzend dazu und in einer Linie mit dem großen Denker Karl Polanyi muss der Markt vom Staat und von der Gesellschaft organisiert und kontrolliert werden. Dies darf jedoch nicht per Herrschaftsmechanismus erfolgen, da der »Markt ein guter Diener, aber ein miserabler Herr ist«. Der Staat muss demzufolge bürgernäher und der Markt zivilisiert werden. In beiden Fällen heißt das, dass die Gesellschaft und besonders die Gemeinschaften stärker partizipieren müssen.

Zusammengefasst muss ein für alle Mal verstanden werden, dass die Wirtschaft nicht über den breit gespannten Forderungen der Gesellschaft und erst recht nicht über den Kapazitäten der Natur steht. Ihre wahre Bedeutung ergibt sich daraus, dass die Wirtschaft als Sozialwissenschaft dazu beitragen soll, andere Produktions- und Konsumbeziehungen zu schaffen, die stets den Forderungen der Gesellschaft (in erster Linie der Mehrheit) Folge leisten ohne Gefährdung der ökologischen Kreisläufe. Um das zu erreichen, müssen die Wirkungen des »Ökonomismus« durchbrochen werden, denn er ist deshalb so fatal, weil er seine Kraft aus dem wirtschaftlichen Integralismus (oder Fundamentalismus) bezieht, der seine analytischen Modelle mit der Realität verwechselt.

Die Wiederbelebung anderer Arten von Wirtschaftslogik

Man darf keineswegs glauben, dass das gesamte Wirtschaftssystem der vorherrschenden Wirtschaftslogik unterworfen ist. Es gibt viele Beziehungen, die auf anderen, zweifellos wichtigen Prinzipien aufbauen. Als Beispiel können wir die für das Funktionieren der Sozialversicherung oder Sozialleistungen unerlässliche Solidarität anführen sowie die unterschiedlichsten auf Solidarität und Gegenseitigkeit basierenden Beziehungen in den Ökonomien der ursprünglichen Völker und Nationalitäten. Ähnliches gilt für die Dienstleistungen im Bildungs- und Gesundheitssektor, im öffentlichen Transport, den Finanzdienstleistungen und anderen Funktionen, die allgemeine öffentliche Güter liefern, aber nicht dem Gebot von Angebot und Nachfrage unterliegen. Außerdem agieren auch nicht alle wirtschaftlichen Akteure aus Gewinnstreben.

Wenn das Wirtschaftliche anders und differenzierend gehandhabt werden soll, muss es aber auch Änderungen auf sozialem Gebiet geben, und diese dürfen sich nicht in der simplen Rationalität und Qualität der Sozialpolitik erschöpfen. Sie müssen sich an den Kriterien der Effizienz sowie vor allem der Suffizienz und Solidarität orientieren und dazu beitragen, die kulturellen Identitäten der Lokalbevölkerung zu stärken, die Interaktion und Integration von Volksbewegungen zu fördern und die ausgegrenzten Massen wirtschaftlich und sozial einzugliedern.

Breite, traditionell marginalisierte Bevölkerungsteile würden ihre passive Rolle bei der Nutzung kollektiver Güter und Dienstleistungen aufgeben und als autonome Triebkräfte die lokal und territorial definierten Dienstleistungen im Gesundheits-, Bildungs- und Transportsektor voranbringen und bei der Bewältigung der Herausforderungen von Gemeinschaft zu Gemeinschaft mit anpacken. Politisch gesehen, würde dieser Prozess zur Bildung und Stärkung von die Mehrheit repräsentierenden Institutionen auf lokaler und Stadtverwaltungsebene beitragen und sich dann in konzentrischen Kreisen bis auf die nationale Ebene ausweiten. Nur so kann der Dominanz des globalen Kapitals und der staatlichen Bürokratien, der beiden Kräfte, die sich dem Wandel am heftigsten widersetzen, die Stirn geboten werden. Umso besser ist es, wenn die Zentralregierung bewusst und aktiv mitarbeitet.

Aus Sicht des »Autozentrismus« heißt das, dass ein konzertierter Emanzipationsprozess von der lokalen Ebene aus eingeleitet werden muss. Hier entstehen die wahren demokratischen Gegenkräfte in den Bereichen Politik, Wirtschaft, Sozialwesen, Kultur und Umwelt, ebenso wie der Keim für eine neue staatliche Institutionalität, eine erneuerte Marktlogik und ein verändertes Zusammenleben in der Gesellschaft. Diese Gegenkräfte dienen als Grundpfeiler für eine kollektive Strategie zum Aufbau eines partizipativen und solidarischen Lebens in Gemeinschaft: des »Guten Lebens«, das keine abstrakte Vision bleiben kann, die heutige Akteure und Beziehungen vernachlässigt. Dennoch sollten wir hier den Menschen nicht nur so nehmen, wie er ist, sondern ihn auch so sehen, wie er sein könnte, und uns an diese Vorstellung gewöhnen.

Das ist keine leichte Aufgabe. Es wird lange dauern, bis die heute vorherrschenden Sichtweisen überwunden sind. Die Wegbereiter des Wandels müssen beharrlich sein, wenn sie ihn erreichen wollen. Und eine politische Schlüsselfrage lautet: Wer bringt den Mut auf? Die Antwort im weitesten Sinn: die organisierte Gesellschaft, die sich ihrer Probleme und Fähigkeiten bewusst ist und sich berufen fühlt, Utopien zu schaffen, die diese ersehnten Transformationen hervorbringen. An erster Stelle sind dies die Volksbewegungen, vor allem die indigenen, aber auch die städtischen und ländlichen Gemeinden.

Darum geht es also bei den Transitionsstrategien, die unbedingt plural sein müssen, also alle gesellschaftlichen Akteure versammeln sollen, die nicht mit der derzeitigen Situation einverstanden sind und, wenn möglich, zivilisatorische Alternativvorschläge haben. Mit Blick auf diesen utopischen Horizont müssen konkrete Aktionen zur Lösung konkreter Probleme entwickelt werden. Dabei sind alle Beiträge von Nutzen, die in diese Richtung weisen, die ursprüngliche und alternative Praktiken wiederaufleben lassen und potenzieren sowie alle Visionen und alles Erlebte mit der Praxis eines harmonischen und erfüllten Lebens in Einklang bringen.

> »Transitionsstrategien müssen alle gesellschaftlichen Akteure versammeln.«

Die Abkehr von einer extraktivistischen Wirtschaft zum Beispiel muss einen Schlüsselaspekt berücksichtigen: den geplanten Rückgang des Extraktivismus. Die Natur darf definitiv nicht weiter geschädigt werden. So werden auch nachhaltige Aktivitäten in der verarbeitenden Industrie, in der Landwirtschaft, im Tourismus und vor allem im Wissen gestärkt … Der Erfolg von Strategien zur Durchsetzung und Bewältigung einer gesellschaftlichen, wirtschaftlichen, kulturellen und ökologischen Transition wird von ihrer Kohärenz und vor allem von ihrem Rückhalt in der Gesellschaft abhängen.

Bei der Durchsicht der vorhandenen Literatur kann man feststellen, dass es in Bezug auf die unterschiedlichen Konzeptionen der wirtschaftlichen und sozialen Praktiken indigener Gemeinschaften keinen besonderen Konsens gibt. Diese treten im täglichen Leben und in den einzelnen Territorien in unterschiedlicher Form auf. Uns interessiert hier aber das Prinzip der Gegenseitigkeit bei den Menschen, die fester Bestandteil der »Pacha Mama« sind, die als Grundidee in ihren Gesellschaften tief verwurzelt ist.

Es gibt viele praktische Formen der Gegenseitigkeit und Solidarität sowie viele Übereinstimmungen zwischen dem andinen und amazonischen Wissen, die alle im sozialen Miteinander gelebt werden.

Ohne das Thema hiermit erschöpfend behandeln und ohne vorschlagen zu wollen, dass diese Produktionsformen allen Ökonomien aufgezwungen werden sollen, erst recht nicht über Nacht, möchten wir ein paar Wirtschaftsformen verschiedener indigener Gemeinden erwähnen.[12]

»minka« (»minga«): Eine Institution der gegenseitigen Hilfe innerhalb der Gemeinschaft. Sie sichert bestimmte Arbeiten zum Wohl der Bevölkerung und wird zur Befriedigung der kollektiven Bedürfnisse der Gemeinschaft durchgeführt. Beispiele sind Bau und Wartung eines Bewässerungskanals oder eines Weges. Es handelt sich um eine Form der Gemeinschaftsarbeit, mit der es gelungen ist, den Ausschluss aus dem kolonialen und republikanischen System zu überwinden oder ihm zumindest die Stirn zu bieten. Außerdem konnten die Gemeinschaften auf diese Weise ihre Produktion steigern, Anreize für Arbeit schaffen und das Sparen fördern. Die »minka« ist zudem ein starkes kulturelles Ritual, das die Gemeinschaften zusammenschweißt und zum Austausch soziokultureller Normen beiträgt.

»ranti-ranti«: Anders als bei einigen Mestizenökonomien mit punktuellem und einmaligem Warentausch werden bei diesem Austausch Werte, Produkte und Arbeitstage übertragen, und zwar in einer endlosen Kette. Er stützt sich auf das Prinzip des Gebens und Nehmens, ohne dass Zeit, Aktion und Raum festgelegt sind, und bezieht sich auf bestimmte ethische, kulturelle und historisch bedingte Werte der Gemeinschaft (dieses Prinzip ist auch in allen weiter unten beschriebenen Verfahren enthalten). Beispiele sind die Hilfe bei landwirtschaftlichen Arbeiten, also der Einsatz für eine andere Person, um später, nach geraumer Zeit, in den Genuss der reziproken Arbeitsleistung zu kommen. Es geht um ein solidarisches Handeln nach dem Motto »erst du, dann ich«.

»makimañachina«: Eine ähnliche Vereinbarung zwischen Einzelpersonen zur Durchführung einer speziellen Arbeit, bei der keine Bezahlung erfolgt. Die einzige Bedingung ist, dass derjenige, dem geholfen wurde, diese Unterstützung zu gegebener Gelegenheit mit seinem eigenen Einsatz vergilt. Es ist die Hilfe, die Verwandte oder Freunde jemandem für die erforderliche Weiterführung einer Aktivität gewähren.

»makipurarina«: Dies bezeichnet das »Zusammenlegen der Hände« für eine Arbeit, die mehreren zum Nutzen gereicht, wobei sich immer wieder eine bestimmte Gruppe verbindet. Mit einer derartigen Verpflichtung können alle Arbeiten erledigt werden, bei denen nicht, wie im Fall der »minka«, die gesamte Gemeinschaft involviert ist. Sie gewährleistet die Weiterführung von Arbeiten, die von Verwandten, guten Bekannten, Nachbarn oder Freunden aus anderen Gebieten begonnen wurden. Die vereinten Bemühungen festigen gemeinschaftliche Bande.

»uyanza«: Eine Einrichtung der sozialen Hilfe und der Anerkennung für Familien, die ihre Arbeitskraft verliehen haben. Eine Person, die sich dieser Leiharbeit bedient hat, ist moralisch verpflichtet, sie mit einer Schenkung, sei es einem Teil der Ernte oder einem anderen Geschenk, zu vergelten.

»chukchina«, »chalana« oder »challina«: die Nachlese der Ernte. Alle am Produktionsprozess beteiligten Personen, die ihre Arbeitskraft bei der »makimañachina« eingesetzt haben, sind dazu berechtigt. Auch Waisen, Witwen und andere Personen, die über keine eigenen Erzeugnisse verfügen, dürfen einsammeln. Zudem bekommen sie wegen ihrer prekären Lage aus Solidarität einen kleinen Teil der landwirtschaftlichen Produkte zugewiesen. Auf diese Art und Weise wird nichts verschwendet. Dennoch spiegelt diese Option auch die Ungleichheit innerhalb der Gemeinschaften wider. Die »chukchina« ist außerdem nur dann möglich, wenn die Felder und Anbaugebiete groß sind. Heutzutage sind die Felder in den meisten Gemeinschaften zu klein, und es gibt keine Nachlese mehr.

»uniguilla«: Eine ergänzende Tauschmodalität für Nahrung zur Verbesserung des Speiseplans mit Produkten aus anderen Zonen. Personen aus weit entfernten Gebieten tauschen ihre Nahrungsmittel aus. Die Aktivität geht von der Kenntnis des landwirtschaftlichen Kalenders aus. Mit diesem Austausch-, Ergänzungs- und Versorgungsverfahren werden die Speisekammern in den Zeiten zwischen den Ernten oder bei unzureichender eigener Produktion gefüllt.

»waki«: Ackerland wird zur Bestellung einer anderen Gemeinschaft oder Familie überlassen. Die Ernte wird anschließend zwischen beiden Gemeinschaften oder Familien aufgeteilt. Ein ähnliches Verfahren wird bei der Tieraufzucht und -haltung angewandt.

»makikuna«: Die gesamte Gemeinschaft, die weitere Familie, Freunde und Nachbarn sind beteiligt. Eine Art moralische Unterstützung in schwierigen Lebenslagen, vor allem bei unvorhergesehenen Ereignissen oder Notfällen.

Auch eine Reihe anderer Aktionen und Praktiken wie etwa »tumina«, »probana«, »yapa«, »pampamesa«, »kamari« sollten erwähnt werden. Diese Liste kann weiter fortgeführt werden. In allen Fällen handelt es sich um solidarische, auf Gegenseitigkeit aufbauende Beziehungen zwischen Einzelpersonen und verschiedenen Gemeinschaften jeweils im Bezug zur Natur.

Viele dieser Praktiken sind unter anderen Namen auch in anderen Regionen bekannt und können für den Aufbau einer neuen Wirtschaft genutzt werden, die im Dienst der Menschheit und im Einklang mit der Natur steht. Das entspricht der Forderung, die Karl Marx in seiner Kritik am Gothaer Programm (1875) formulierte: »Jeder nach seinen Fähigkeiten, jedem nach seinen Bedürfnissen.«

Weiterhin muss unbedingt klar sein, dass das »Gute Leben« nicht auf den ländlichen Bereich beschränkt bleiben kann und soll. Zwar kommen die Grundvorschläge vor allem aus diesem Bereich, aber da aufgrund der Binnenmigration immer mehr Menschen in den Städten leben, müssen Antworten für breite, dort oft marginalisierte und ausgebeutete Bevölkerungsschichten gefunden werden. Derzeit scheinen die urbanen Räume noch weit entfernt von einem solidarischen und umweltfreundlichen Leben zu sein.

Eine Konzeption des »Guten Lebens« für die Städte und von ihnen ausgehend zu finden, ist eine der größten und komplexesten Herausforderungen,[13] jedoch können in einigen Fällen die weiterhin bestehenden engen Beziehungen der Migranten zu ihren Heimatgemeinschaften genutzt werden. Auf alle Fälle müssen die Städte und das Leben darin neu gedacht, neu entworfen und neu organisiert werden, und es müssen gleichzeitig neue Beziehungen zum Land geschaffen werden. All dies ist Teil einer neuen bäuerlichen Ausrichtung der Territorien und unsere Option für ein harmonischeres Leben.

Energie: die neuralgische Achse der Transformation

Im Rahmen der Kritik an den Grundlagen des Systems, die in diesem Text nicht erschöpfend ausgebreitet werden kann, wird auch die »fossile« Energienutzung infrage gestellt. Dabei ist die Endlichkeit der Reserven an fossilen Treibstoffen weniger wichtig als die durch zügellose Ausbeutung ausgereizten Grenzen der Umwelt. Wir müssen schnell und geplant auf Sonnenergie setzen, wie der deutsche Professor

Elmar Altvater empfiehlt. Es geht nicht darum, immer mehr Energie zu produzieren, um eine ständig wachsende Nachfrage zu stillen. So wichtig dies ist, es reicht nicht aus, die fossilen und nicht erneuerbaren Energieträger durch erneuerbare und immer sauberere zu ersetzen. Eine effiziente Energienutzung spielt beim Transformationsprozess der Energiematrix eine bedeutende Rolle.

Vor allem aber ist die Energiefrage so bedeutsam, da über sie die Strukturen von Konsumismus und Produktivismus verändert werden können. Energie kann auch als Instrument zur Übertragung des Reichtums und zur Schaffung von Gleichheit in Gesellschaft und Umwelt dienen. Das führt dann im Energiesektor zu neuen Modellen von Produktion, Konsum, Transport, Vertrieb und Kontrolle, bei denen Energie als Recht und nicht als Ware betrachtet wird.

»Die Energiefrage ist so bedeutsam, da über sie die Strukturen von Konsumismus und Produktivismus verändert werden können.«

Energie muss aus sozialer, politischer und historischer Sicht Geltung erlangen. Um es ganz simpel auszudrücken: Es genügt, sich die Energienutzung anzuschauen, um zu verstehen, was für eine Staatsstruktur in dem jeweiligen Land im Aufbau ist. Zu Zeiten der Sklaverei, vor knapp zwei Jahrhunderten, waren extrem autoritäre Staaten an der Tagesordnung, die es möglich machten, dass mindestens die Hälfte der Bevölkerung rechtlos blieb und »umsonst« für die andere Hälfte der Bevölkerung arbeitete. Heute wird der »Atomstaat« gebraucht, der über Tausende von Jahren die Sicherung des nuklearen Abfalls gewährleisten muss. Daher ist die Energiefrage nicht nur eine technische und wirtschaftliche, sondern eine zutiefst politische Angelegenheit.

Die fossilen Energieträger sind endlich. Die bei ihrer Verarbeitung anfallenden Emissionen führen zu einer globalen Umweltkrise, und die entsprechenden Energiereserven befinden sich nur an wenigen Orten der Erde, was Ungleichheit und Konkurrenzdruck erzeugt.

Eine Solarwirtschaft[14] fördert dagegen eine dezentralisierte und regionalisierte Energieerzeugung und gibt den Gemeinschaften damit mehr demokratische Kontrolle über das Energiesystem.

All dies zeigt klar, in welche Richtung der Aufbau einer neuen Organisationsform der Gesellschaft betrieben werden muss, wenn diese wirklich eine Option für ein nachhaltiges Leben sein soll, bei dem die Natur respektiert und die Nutzung des Naturerbes der natürlichen Generation (und Regeneration) unterworfen ist. Die Belastungs- und Erholungsfähigkeit der Natur muss respektiert werden, damit sie nicht durch menschliches Tun für immer geschädigt wird.

Geduldiger Aufbau statt verantwortungsloser Improvisation

Natürlich müssen die Grundprinzipien der Gegenseitigkeit, Umverteilung und Solidarität in allen Bereichen des Gemeinschaftslebens umgesetzt werden, also vom eigenen Zuhause und den Kindergärten ausgehend bis in die unterschiedlichen Instanzen und Etappen des menschlichen Lebens. Sie dürfen nicht mit Wohltätigkeitsmaßnahmen in einer Welt zunehmender Konkurrenz und Ungleichheit verwechselt werden.

Denken wir daran, dass die Menschheit keine Gemeinschaft aus aggressiven, brutal konkurrierenden Wesen ist. Diese egoistischen Werte wurden von Zivilisationen geschaffen und hochgespielt, die den Individualismus, Konsumismus und die aggressive Anhäufung materieller Güter fördern, wie es genetisch in der kapitalistischen Zivilisation angelegt ist. Es ist wissenschaftlich bewiesen, dass der Mensch und die höheren tierischen Lebewesen von Natur aus zur Zusammenarbeit und gegenseitigen Hilfe neigen. Diese Werte und anzestralen Institutionen sollen wiederbelebt und durch weitere ergänzt werden, die von den erwähnten Grundsätzen ausgehen und entwickelt werden können.

Wenn wir in diese Richtung weiterdenken, müssen auch die Selbst- und Mitbestimmungssysteme in allen Arten von Unternehmen gestärkt werden. Arbeitnehmer und Arbeitnehmerinnen müssen entscheidende Akteure bei der Steuerung ihrer jeweiligen Produktionseinheiten sein.

Ebenfalls haben die feministischen Forderungen nach einer auf Zusammenarbeit, Ergänzung, Gegenseitigkeit und Solidarität bauenden, Leben schützenden Wirtschaft wieder an Aktualität gewonnen. Diese Konzeptionen sind für die Frauen und die Gesellschaft insgesamt als Teil des kollektiven Aufbauprozesses des »Guten Lebens« relevant und erfordern neue feministische Ansätze, bei denen sich Konzepte wie Autonomie, Souveränität, Gegenseitigkeit und Gleichberechtigung herauskristallisieren müssen.

Die Umverteilung des Reichtums (zum Beispiel des Eigentums von Land und Wasser) und der Einkommen nach Kriterien der Gleichberechtigung wie auch die Demokratisierung des Zugangs zu finanziellen Mitteln, wie zum Beispiel Krediten, bilden die Grundlage dieser solidarischen Wirtschaft. Die Finanzen müssen den Produktionsprozess unterstützen und dürfen nicht nur der Akkumulation und Konzentration des Reichtums in wenigen Händen dienen, da das nur die Finanzspekulation anheizt.

In Ecuador sind die Banken und Bankiers per Verfassung gezwungen, sich von all ihren Unternehmen zu trennen, die nichts mit ihrer Finanztätigkeit zu tun haben. Dazu gehören auch die Medien. Bankiers sollen Bankiers und nichts anderes sein. Diese Maßnahme trägt zweifellos dazu bei, die Macht der Banken transparenter zu machen, sie zu regulieren und zu mäßigen. In der Verfassung Ecuadors ist auch der Aufbau einer neuen Finanzarchitektur festgeschrieben, bei der die Finanzdienstleistungen öffentlich sind. Damit werden die Volksfinanzen als Entwicklungsmotor anerkannt, und die Gründung einer öffentlichen Förderbank wird vorangetrieben, die das interne Sparaufkommen bündelt und solidarische, produktive Wirtschaften beflügelt. Die Spar- und Kreditgenossenschaften sowie andere volksbasierte Sparsysteme, die ebenfalls von der Verfassung anerkannt sind, sollen eine Vorzugsbehandlung erfahren. Dasselbe gilt übrigens für wirtschaftliche Praktiken mit alternativen Währungen.[15]

Dezentralisierung und Autonomien, die auf Solidarität und Gleichberechtigung beruhen, machen den Weg für den Aufbau einer breit fundierten Wirtschaft frei. In diese Richtung sollte sich auch die regionale Integration auf der Grundlage von Solidarität, Gegenseitigkeit und Gleichberechtigung entwickeln. Ohne eine solidarische, würdige und intelligente Integration der Völker auf Weltebene[16] wird es schwierig sein, die derzeitige soziale und wirtschaftliche Degradierung zu überwinden.

> »Dezentralisierung und Autonomien machen den Weg für den Aufbau einer breit fundierten Wirtschaft frei.«

Die so entstehende neue Wirtschaft konsolidiert den Grundsatz des öffentlichen Monopols der strategischen Ressourcen, legt aber gleichzeitig die Nutzungsdynamik dieser Ressourcen aus der Sicht der Nachhaltigkeit fest und definiert die Regulierungs- und Kontrollmechanismen der öffentlichen Versorgung, ausgehend von der Gesellschaft. Für die Übergangsphase sieht die Verfassung unterschiedliche Wirtschaftsformen vor: staatliche, öffentliche, private, gemischte, gemeinschaftliche, vereinsbasierte und genossenschaftliche. Die soziale und die Umweltfunktion des Eigentums sind ebenfalls in der Verfassung Ecuadors verankert.

Angesichts der schweren Probleme müssen vereinfachende und in Schubladendenken verfangene Visionen demontiert werden. Auch gibt es keine Rezepte oder unstrittige Aktionslisten, es kann auch keine geben; zu frisch ist die Erinnerung an das donnernde Scheitern Lateinamerikas, das sich mithilfe eines auf den zehn Geboten des Washington Konsensus erstellten Rezepts um den Weltmarkt herum organisieren wollte.

Jetzt haben wir die Chance, unterschiedliche indigene, marginalisierte und lange Zeit verachtete Produktions- und Austauschsysteme als Inspiration zu nutzen und kreativ einzubeziehen. Ihre Bedeutungsebenen und ihre Gültigkeit müssen analysiert und genutzt werden, wenn es darum gehen soll, die Wurzeln vielfältiger und kulturell reicher Gesellschaften zu stärken. Die indigene Gesellschaft verfügt über ein breit aufgestelltes soziales Geflecht, in dem sich, ausgehend von Gegenseitigkeit, Solidarität und Übereinstimmung, verschiedene Aktionen miteinander verweben. Die Beziehungen und Rationalitäten sind tief in den Bräuchen und in der täglichen Praxis verwurzelt. Das Leben wird von der Gesellschaft bedingt. Das Individuum ist in seine gesellschaftliche Umgebung eingebettet. Und die Gemeinschaft befindet sich mit all ihren Einzelmitgliedern in enger Beziehung zur Natur.

Tief greifende soziale Transformationen sind nötig

Alle Menschen habe dasselbe Recht auf ein würdiges Leben, in dem Gesundheit, Ernährung, Trinkwasser, Unterkunft, Umwelthygiene, Bildung, Arbeit, Beschäftigung, Freizeit und Erholung, Sport, Kleidung, soziale Sicherheit und andere notwendige soziale Dienstleistungen gesichert sind. Damit all diese Rechte eingelöst werden können, muss die Verteilung von Reichtum und Einkommen angepasst werden, denn mit umfangreichen Subventionen für die Randgruppen lässt sich das nicht erreichen.

Alle Rechte müssen von der Gesellschaft für all ihre Mitglieder garantiert werden können, zu jedem Zeitpunkt und in jeder Lage, nicht nur wenn Geldüberschuss herrscht. Wenn man zum Beispiel konkret allen Hausfrauen eine Sozialversicherung garantieren will und die Mittel aus dem Export der Rohstoffe dafür nicht ausreichen, muss eine Steuerreform eingeleitet werden, die die erforderlichen Mittel von den einkommensstarken Gruppen eintreibt. Wie man sich leicht denken kann, geht es hier wieder um den ständigen Machtkampf.

Die Rechte behinderter Personen und ihre Gewährleistung müssen als Querschnittsaufgabe betrachtet und sichergestellt werden, wobei besonders betroffenen Personen und Gruppen Vorrang eingeräumt werden muss.

Konkret muss Investitionen in Bildung und Gesundheit Priorität eingeräumt werden, die für das »Gute Leben« und nicht für eine Neuauflage der konkurrenzgetriebenen und endlos akkumulierenden Welt konzipiert wurden. Als Menschenrechte wären Bildung und Gesundheit kostenlose Dienstleistungen. Ein kostenloser Zugang zur Justiz ist ein weiterer Schlüsselaspekt. Auch eine universelle Sozialversicherung ist wichtig, bei der eine Privatisierung völlig ausgeschlossen ist. All diese Bemühungen auf sozialem Gebiet werden durch Aktionen ergänzt, deren Anliegen die Überwindung von Machismus, Rassismus sowie jeglicher Form gesellschaftlichen Ausschlusses ist.

> *»Alle Menschen habe dasselbe Recht auf ein würdiges Leben.«*

In der Welt des »Guten Lebens« sind Aus- und Inländern ähnliche Rechte zu gewähren. Die Menschen werden als Hoffnung, nicht als Bedrohung gesehen. Man darf nicht darauf warten, dass sich die Welt ändert, um erst dann tätig zu werden. Man muss schon jetzt agieren, um die Veränderung der Welt anzustoßen …

Im Sinne dieser Überlegungen werden in der ecuadorianischen Verfassung von Montecristi der Grundsatz des Universalbürgerschaft, die Freizügigkeit für alle Erdbewohner und die allmähliche Überwindung des Ausländerseins als Transformationselemente der ungleichen Beziehungen zwischen den Ländern und vor allem denen des Nordens und des Südens gefördert. Als Erstes soll die lateinamerikanische und karibische Staatsbürgerschaft vorangetrieben werden; hinzu kommt die Freizügigkeit der Personen der genannten Region, politische Maßnahmen, die die Menschenrechte der Grenzbewohner und Flüchtlinge garantieren, und der gemeinsame Schutz der Bewohner Lateinamerikas und der Karibik in den Durchgangs- und Zielländern der Migration. Leider werden viele dieser Rechte heute von der ecuadorianischen Regierung mit Füßen getreten.

Entgegengesetzt zur neoliberalen Ideologie müssen das Öffentliche, das Universale, das Kostenlose und die Vielfalt wieder eingesetzt werden. Es sind Elemente einer Gesellschaft, die systematisch Freiheit, Gleichheit und Gleichberechtigung sowie Solidarität als Leitprinzipien des »Guten Lebens« anstrebt.

Hier taucht nun mit voller Kraft das Thema der Allmende (Commons) auf, wobei darunter alle Güter zu verstehen sind, die von einer mehr oder minder großen Gruppe von Einzelpersonen oder der Gesellschaft als solcher besessen oder genutzt oder konsumiert werden. Es kann sich dabei um natürliche oder soziale, fassbare oder immaterielle Systeme handeln (zum Beispiel Wikipedia), die sich zwar voneinander unterscheiden, aber als ererbte oder gemeinsam aufgebaute Systeme über einen gemeinsamen Nenner verfügen. Wegen Platzmangels werden hierzu nur ein paar wenige Punkte erwähnt. Dennoch soll auf dieses enorme Potenzial für den Aufbau einer anderen Wirtschaft hingewiesen werden. Die entsprechenden Beiträge und Diskussionen der letzten Jahre deuten auf eine Stärkung und Verbreitung dieser Thesen hin.[17]

Für die Verteidigung und wirksame Nutzung der Gemeingüter ist es notwendig, die politischen Diskussionen in einer breit angelegten und partizipativen Agenda festzuhalten. Das zwingt dazu, den Charakter der einzelnen Güter als Gemeingüter zu identifizieren und zu definieren. Die bestehenden Bedingungen müssen unbedingt erhalten werden, um direkt und ohne merkantile oder andere Mittler über die Gemeingüter verfügen zu können. Die Privatisierung bestehender oder noch zu schaffender Gemeingüter muss verhindert werden. Wir müssen den technologischen und juristischen Rahmen entwerfen und ausprobieren, der Kreativität und Innovation bei der Schaffung von Gemeingütern anregt. Beim geistigen Gemeingut muss darauf geachtet werden, dass der Zugang frei und kostenlos ist.

Diese Worte riechen nach Utopie. Und genau darum geht es. Es müssen alle irgend möglichen Konzepte für eine noch zu verwirklichende Utopie geschrieben werden. Eine Utopie, in der die Realität, ausgehend von den Grundsätzen der Philosophie des »Guten Lebens«, kritisiert wird. Die als Projekt für ein solidarisches und nachhaltiges Leben ausdrückt, was sie sein will: eine kollektiv imaginierte, politisch eroberte und demokratisch gebaute, zu jedem Zeitpunkt und in jeder Lage umsetzbare Alternative. Es geht darum, die Misere der Modernisierung zu überwinden, nicht die Misere zu modernisieren, um es mit den Worten des deutschen Journalisten Thomas Pampuch zu sagen.

»Gutes Leben« für alle, nicht »Dolce Vita« für wenige

Es darf nicht sein, dass eine kleine Bevölkerungsgruppe bequem leben kann, während die Mehrheit leidet, um die Vorteile dieser privilegierten, unterdrückenden Gruppe aufrechtzuerhalten. So sieht jedoch die Realität des derzeitigen kapitalistischen Systems aus.

Der Kapitalismus hat seine große Produktionskapazität bewiesen. Er hat einen bedeutenden, ungeahnten technologischen Fortschritt geschaffen. Es ist ihm sogar gelungen, die Armut in mehreren Ländern zu reduzieren. Dennoch schafft er systembedingt stets soziale Ungleichheit zwischen und in den Ländern selbst. Ja, es stimmt, dass der Kapitalismus Reichtum schafft, aber die Zahl der Menschen, die keinen Nutzen davon haben, ist zu groß.

Wie Adam Smith in seinem Klassiker »Wohlstand der Nationen. Eine Untersuchung seiner Natur und seiner Ursache« aus dem Jahr 1776 schon schrieb, ist der Reichtum nur mit der Existenz massiver Armut zu erklären:

> »Überall, wo es große Vermögen gibt, ist auch die Ungleichheit groß. Auf einen Reichen kommen dann wenigstens 500 Arme, denn der Überfluss weniger setzt Armut bei vielen voraus.«

In der Konzeption des »Guten Lebens« erstarkt diesbezüglich wieder eine Vision: Es sind nicht so sehr die vom Menschen im Laufe seines Lebens produzierten Dinge, die zählen, vielmehr zählen die Dinge, die Menschen für das Leben tun. Das ist ein Kernpunkt im Aufbau einer anderen Gesellschaft. Auch Amartya Sen (1985) empfiehlt:

»Die Entwicklung muss sich darum kümmern, was die Menschen machen bzw. nicht machen können, d. h., ob sie länger leben, vermeidbarer Morbidität entkommen können, ob sie gut genährt, des Lesens und Schreibens kundig, kommunikationsfähig, literarisch und wissenschaftlich teilnahmefähig usw. sind. Mit Marx gesprochen, geht es darum, ›Die Vormacht der Umstände und des Zufalls über das Leben der Menschen durch die Vormacht der Menschen über den Zufall und die Umstände zu ersetzen‹.«

Diese Lebenssicht, die sich noch innerhalb der Entwicklungslogik bewegt, erfordert zuallererst eine tief greifende Umverteilung der in sehr wenigen Händen angehäuften Dinge. Diejenigen, die nichts oder nur sehr wenig haben, müssen mit dem Notwendigsten ausgestattet werden, um ihnen ein würdiges Dasein zu ermöglichen. Vergessen wir nicht, dass es darum geht, ein Zusammenleben ohne Elend, ohne Diskriminierung und mit einem Mindestmaß an notwendigen Dingen zu schaffen, ohne dies zum Endziel erklären zu wollen. Ein Leben ohne Elend und Armut als Gründungsziel einer neuen Gesellschaft bedeutet außerdem, dass es keinen Überfluss mehr gibt, der dieses Elend erst verursacht. Daher muss die übermäßige Konzentration des Reichtums, nicht die Armut bekämpft werden. Letztere muss völlig besiegt werden.

Um dies zu erreichen, müssen nicht nur der Reichtum und die Einkommen umverteilt, sondern auch neue Produktions- und Konsummuster geschaffen werden, mit denen die (axiologischen und existenziellen) Grundbedürfnisse befriedigt werden können. Dieses Konzept, von mehreren Denkern und Konstrukteuren der sogenannten Entwicklung mit menschlichem Maß vorgelegt, ist zweifellos eine Vision, die in vielen Punkten mit dem »Guten Leben« übereinstimmt.

Das »Gute Leben« bedeutet jedoch weit mehr als die reine Befriedigung von Bedürfnissen und der Zugang zu Dienstleistungen und materiellen Gütern.

Deshalb ist es unpassend und äußerst gefährlich, das von den zentralen Ländern konzipierte Entwicklungsparadigma anzuwenden. Nicht nur ist dieses Konzept für die Kollektivität nicht gleichbedeutend mit Wohlstand, sondern es gefährdet mit der vielfachen Störung des globalen ökologischen Gleichgewichts auch das Leben der Menschheit als solcher. Die so stark abgedroschene »nachhaltige Entwicklung« kann höchstens als Übergangsphase zu einem nicht kapitalistischen Paradigma Anerkennung finden, in dem Gleichberechtigung, Freiheit und Gleichheit und natürlich Umweltnachhaltigkeit enthalten sind.

Das »Gute Leben« als neue gesellschaftliche Organisationsform bedeutet, dass die zu entdeckenden und zu fördernden individuellen und kollektiven Potenziale ausgeweitet werden müssen. Der Mensch muss nicht entwickelt werden, der Mensch muss sich selbst entwickeln. Grundvoraussetzung dafür ist, dass alle Menschen dieselben Wahlmöglichkeiten haben, auch wenn sie nicht über die gleichen Mittel verfügen, die zudem nicht in wenigen Händen konzentriert sein dürfen. Die Menschen müssen ihre Fähigkeiten ausbauen, um in Gemeinschaft und sozialer Harmonie als Teil der Natur zu leben.

Der Staat korrigiert dann die Fehler des Markts und fördert den Wandel auf allen notwendigen Gebieten. Die Hauptaufgabe muss jedoch von der Gesellschaft selbst angegangen werden. Sie muss, ausgehend von der Gemeinschaft, alle für den Wandel benötigten Organisationsformen auf dem Prinzip der Gleichheit aufbauen. Denn diese neue gesellschaftliche Organisationsform, also das »Gute Leben«, erfordert Gleichheit und Gleichgewicht, sowohl für den Weg als auch für das Ziel.

> »Das ›Gute Leben‹ erfordert Gleichheit und Gleichgewicht.«

Gleichheit müsste das Ergebnis eines Prozesses sein, der die in allen Bereichen des menschlichen Lebens bestehenden Ungleichheiten und

Ungerechtigkeiten – vor allem wirtschaftlich, sozial, ethnisch, kulturell, regional sowie generations- und genderbedingt – dynamisch und solidarisch reduziert.

So gesehen, reicht es nicht, der Umverteilung wegen umzuverteilen. Um Gleichberechtigung zu erreichen, wird vielmehr ein Transformationsprozess vorgeschlagen, der Pfeiler des Produktionsapparats und kulturelles Elixier der Gesellschaft ist. Vergessen wir nicht, dass mangelnde Gleichberechtigung und Ungleichheiten letztlich die Menschenrechte verletzen und die Grundlagen der Demokratie und des ökologischen Gleichgewichts untergraben.

Wie viele historische Erfahrungen zeigen, ist eine gleichmäßigere Verteilung der Einnahmen und des Reichtums in einem Land schon allein deshalb erforderlich, um dynamischere Märkte zu fördern, die das Wirtschaftswachstum mit begünstigen. Damit soll jedoch nicht gesagt werden, dass die Förderung dieses Wachstums oberstes Ziel ist.

Auch wenn wir das Wirtschaftswachstum nur als Entwicklungsachse stärken wollten, können wir die scheinbar äußerst logische Botschaft keinesfalls akzeptieren, der zufolge die »Torte« erst gebacken werden muss, bevor sie verteilt werden kann. Es sei ein Fehler, den Reichtum zu verteilen, bevor man ihn vergrößert hat, behaupten die Neoliberalen. Ihrer Meinung nach würde damit die Armut verteilt. Im Rahmen der neoliberalen Wirtschaftslogik wird deshalb auf eine höhere Gewinnrate hingearbeitet. Nur so kann angeblich genug gespart werden, um Neuinvestitionen zu finanzieren, die dann später ein größeres Produkt generieren, das der Gesellschaft in ihrer Gesamtheit in Form von mehr Einkommen und Beschäftigung zugutekommt.

Hinter dieser scheinbar unangreifbaren »Tortenbäckertheorie« steht eine politische Konzeption von Einkommens- und Reichtumsumverteilung, die ein fast institutionalisiertes System geschaffen hat, das die Verteilung sogar in Zeiten wirtschaftlichen Wachstums verhindert. Das größte Wirtschaftswachstum garantiert keine Umverteilung des Überschusses. Ganz im Gegenteil ist es so, dass die, die am meisten haben, den Überschuss mit Klauen und Zähnen verteidigen und den Randgruppen höchstens ein paar Krümel übrig lassen.

Vor allem muss man die Fähigkeit der postulierten »Fortschrittsmagie« infrage stellen, die ihre Früchte angeblich automatisch umverteilt und, als direkte Konsequenz, den Demokratisierungsprozess der Gesellschaft konsolidiert.

Die von den neoliberalen »Tortenbäckern« vorgeschlagene zeitlich versetzte Verteilung funktioniert nicht in Wirtschaftsprozessen, die als solche untrennbar mit dem sozialen und dem Umweltgeschehen verbunden sind. Eine zeitliche Versetzung gibt es hier nicht. Man kann in den Produktionsprozessen keinen Reichtum schaffen, ohne dass er in irgendeiner Weise, sei es über den Gewinn oder die Löhne, die Renten oder Pensionen, wieder verteilt wird. Und diese Verteilung beeinflusst wiederum die Produktionsentscheidungen.

Es kommt darauf an, wie sich die Produktionsbedingungen und die Verteilung gegenseitig potenzieren, nicht darauf, wie sie unabhängig voneinander werden könnten. Und wie schon wiederholt in diesem Buch gesagt worden ist, kann die Trennung von Produktion und Natur nicht weiter aufrechterhalten werden.

Eine substanzielle Minderung von Armut und Ungleichheit, mehr Freiheit und Menschenrechtsgarantien können also mit einer Umverteilung zugunsten der Armen und Marginalisierten und mit dem Abbau der übermäßigen Konzentration von Reichtum und Macht in wenigen Händen erreicht werden. Dazu gehört auch, dass das Niveau des Überflusses bei einigen wenigen sinken muss, um die Umverteilung einzuleiten. Sowohl Armut als auch Überfluss müssen ausgemerzt werden.

Umverteilen ist keine einfache Angelegenheit. Wer schon alles hat, möchte noch mehr haben und gibt seine Privilegien nicht so leicht auf. Deshalb ist eine solide und strategische Politik erforderlich, um so viele antihegemonische Machträume wie notwendig schaffen zu können. Alle sozialen Kräfte, die vom Ausbeutungsschema des Kaptialismus betroffen sind, müssen sich zu diesem Zweck zusammenschließen.

Wenn die gesamte Gesellschaft diesen Kampf führt, ist kein Platz mehr für eine Avantgarde, die privilegierte Führungspositionen einnimmt. Die Aufgabe kann auch nicht ausschließlich auf nationalem Gebiet gelöst werden. Die Schlussfolgerung ergibt sich von selbst. Das »Gute Leben« muss von allen möglichen strategischen Gebieten aus aufgebaut werden, also auf lokaler und regionaler Ebene, ohne dabei die globale Ebene zu vernachlässigen.

Ohne eine gerechtere und gleichere Gesellschaft können weder die Wirtschaft noch die Märkte richtig funktionieren. Es kann so auch keine Demokratie aufgebaut werden. Ohne Gleichheit kann man auch der Umweltzerstörung nicht Herr werden. Ungleichheit und Ungerechtigkeit verfälschen und verhindern systematisch die eigene Wahlfreiheit sowohl auf wirtschaftlichem als auch auf politischem Gebiet. Deshalb müssen die Machtverhältnisse zwischen Staat und Bürgern und Bürgerinnen geändert werden, sodass diese wirklich im Besitz der Souveränität sind.

So betrachtet, ist das im Aufbau befindliche »Gute Leben« als Bestandteil eines plurinationalen und interkulturellen Staats sogar ein Vorschlag für eine neue konzeptuelle Architektur. Mit anderen Worten: Es werden andere Konzepte, Indikatoren und Werkzeuge gebraucht, mit denen ein neues ausgeglichenes Leben der Menschen und Kollektivitäten mit der Gesellschaft und der Natur Realität werden kann. Viele Gebiete, auf denen die Wirtschaftslogik Werte und Grundsätze verzerrt hat – wir nennen als Beispiel so absurde Konzepte wie das menschliche oder natürliche Kapital, als könnte mit diesen untereinander oder mit dem Finanzkapital Austausch betrieben oder als könnten sie gar als Abschreibungsobjekte betrachtet werden –, müssen einer Bewertung nach rein wirtschaftlichen Kriterien entzogen werden.

Die ersehnte Harmonie kann, wie schon gesagt, auf keinen Fall bedeuten, dass uns ein harmonisches Paradies erwartet. Es wird immer Widersprüche und Spannungen in den menschlichen Gesellschaften und auch in ihrem Verhältnis zur natürlichen Umwelt geben.

Somit muss beim Aufbau einer anderen als der heutigen Gesellschaft »eine größere Freiheit für alle« (Karl Polanyi, 1944) auf der Grundlage wachsender Gleichberechtigung geschaffen werden. Dieses Ziel ist nicht innerhalb des kapitalistischen Systems und erst recht nicht im Paradies der extremen Ungleichheit des neoliberalen Kapitalismus zu erreichen. Dennoch müssen alle vom »Guten Leben« inspirierten Initiativen gefördert und unterstützt werden, die ein anderes, der Wahrheit verpflichtetes historisches Bewusstsein schaffen und gleichzeitig aktiv werden, um schon jetzt würdigere Lebensbedingungen zu erreichen.[18]

Globale Antworten auf eine globale Krise

In einer Wirtschaft kann man weder die Kritik am globalisierten Kapitalismus noch Transformationsvorschläge diesbezüglich mit Nichtachtung strafen. Daher wollen wir kurz ein paar Ideen aus dem Finanz- und Umweltbereich diskutieren. Dabei ist uns bewusst, dass dies nicht die einzigen kritischen Vorschläge sind.

Eckpfeiler eines globalen Vorschlags zur Förderung der Transition auf diesem Gebiet ist die Schaffung eines internationalen Finanzkodex (bzw. anfänglich regionaler Kodexe). Dieser soll sicherstellen, dass die Neutralität eines bestimmten Landes, so mächtig oder unparteiisch dieses auch sein mag, nicht automatisch auch für alle in ihm wirkenden Organisationen und Institutionen gilt. Ein Kernkapitel des Kodex muss die Legalität und die Legitimität der Finanzaktivitäten behandeln.

Eine seiner Funktionen wäre die Normierung der Finanzwelt und vor allem der Auslandsverschuldung, die seit Langem schon zu einem Werkzeug wirtschaftlicher und auch politischer Herrschaft geworden ist. Es muss unterschieden werden zwischen legal und legitim entstandenen Schulden, die bezahlt werden können, und solchen, die angefochten werden müssen, weil sie im Rahmen der Doktrin der Wucher- und Korruptionsschulden zustande gekommen sind.

Auch die Aufarbeitung der ökologischen Schuld sowie der historischen Schuld, bei der verarmte Länder die Gläubiger sind, kann nicht außer Acht gelassen werden.

Die Gründung eines internationalen Schiedsgerichts für Staatsschulden unter den von Oscar Ugarteche und dem Autor dieser Zeilen entwickelten Bedingungen ist dringend nötig. Mindestvoraussetzung für die Aufnahme seiner Arbeit ist die sofortige Auflösung des Pariser Clubs als Verhandlungsrahmen. Dieser Club entbehrt nicht nur einer Rechtsgrundlage, er darf auch nicht mehr der Raum sein, in dem Entscheidungen über Umschuldungen getroffen werden, bei denen die Gläubiger den Schuldnern die Bedingungen diktieren. Den Spekulanten muss endgültig der Zugang versperrt werden.

> »Den Spekulanten muss endgültig der Zugang versperrt werden.«

Daher müssen nicht nur die Steueroasen verschwinden, sondern auch all die Steuern eingeführt werden, die für internationale Finanztransaktionen vonnöten sind (Tobin-Steuer), um die Finanzspekulation zu bekämpfen.

In diesem Sinn erscheint auch die Gründung einer Weltzentralbank (die nichts mit der Weltbank oder dem IWF zu tun hat) immer notwendiger. Sie soll mithelfen, die Herausgabe einer Währung oder eines globalen Währungskorbs zu normieren (was allerdings nichts mit dem Bretton-Woods-System zu tun hat).

Auf regionaler Ebene, wo die globalen Änderungen ihren historischen Sinn entwickeln sollten, tauchen immer mehr Vorschläge auf. In Lateinamerika hat man zunächst die Idee zur Gründung einer »Banco del Sur« (Südbank) und eines Stabilitätsfonds des Südens entwickelt und dann das Modell eines einheitlichen regionalen Kompensationssystems (Sistema Unitario de Compensación Regional – SUCRE) zur leichteren Abwicklung der regionalen Handelsströme. Diese Initiativen, die vorläufig noch nicht greifbar und auch nicht besonders stark sind, da mehr geredet als konkret getan wird, könnten die Vorläufer eines regionalen Währungs- und Finanzsystems mit eigenem Kodex werden.

Auch in Bezug auf die globalen Umweltfragen gibt es heiß umstrittene Themen. Trotz der offensichtlichen Probleme, die der Klimawandel hervorgerufen hat und die sich durch die kapitalistische Gier noch verschärfen, versucht der Kapitalismus seinen Spielraum zu erweitern, indem er die Natur immer stärker merkantilisiert (Larry Lohman). Der Emissionshandel und die Umweltdienstleistungen markieren die neueste Expansionsgrenze für das Weiterbestehen der Kapitalakkumulation. Der Schutz der Wälder wird zum Geschäft. Luft, Wälder und die Erde selbst werden merkantilisiert und privatisiert. Es scheint keine Rolle zu spielen, dass die kapitalistische Schlange weiterhin ihren eigenen Schwanz auffrisst, ihre eigene Existenz und die der Menschheit gefährdet.

> »Der Schutz der Wälder wird zum Geschäft.«

Auf der Suche nach neuen Ausbeutungsmöglichkeiten kolonisiert der Kapitalismus mit überraschendem und perversem Einfallsreichtum das Klima. Dieses extreme neoliberale Vorgehen, von dem die »fortschrittlichen« Regierungen Lateinamerikas nicht frei sind, macht die Fähigkeit der Erde, den Kohlenstoff wiederzuverwerten, zu einem Geschäft. Besorgniserregend ist dabei, dass auch die Atmosphäre immer mehr zu einer neuen Ware wird, die von denselben Akteuren entworfen, reguliert und verwaltet wird, die die Klimakrise verursacht haben und die jetzt über ein komplexes finanzielles und politisches System subventioniert werden. Erinnern wir uns daran, dass dieser Klimaprivatisierungsprozess in der neoliberalen Phase anfing und von der Weltbank, der Welthandelsorganisation und anderen ergänzenden Abkommen vorangetrieben wurde.

Die Logik der »grünen Wirtschaft« führt diesen Prozess noch einen Schritt weiter. Sie scheint sogar im Hinblick auf mehrere konzeptuelle Elemente der nachhaltigen Entwicklung ein Rückschritt zu sein. Mit ihren Instrumenten ist die Umweltzerstörung nicht zu verhindern. Dem Kapital garantiert sie dagegen neue Akkumulationsmechanismen bei steigender Degradierung der Umwelt.

Der Emissionshandel beispielsweise wurde eingerichtet, um einen Ausweg aus den vom Klimawandel ausgelösten Konflikten zu schaffen. In Wirklichkeit ist er eine Möglichkeit, aus der Klimakatastrophe ein Geschäft zu machen. Derzeit machen die für die Verschmutzung verantwortlichen Unternehmen und Zwischenhändler Millionengewinne, ohne dass man etwas von substanziellen Fortschritten in dieser Frage gehört hätte. Bis heute weiß man nicht, wie viel CO_2 reduziert wird – wenn das überhaupt der Fall ist. Zudem können auch perverse Wirkungen (»Leakages« in der Terminologie des Kyoto-Abkommens oder »zweitbeste« Ergebnisse in der mathematischen Mikroökonomie) eintreten. Zum Beispiel war im Kyoto-Protokoll ursprünglich nicht vorgesehen, dass ein Primärwald gerodet und abgebrannt wird, um anschließend eine Eukalyptusplantage anlegen zu können.

Der freiwillige Emissionshandel ist noch gefährlicher als das Kyoto-Protokoll, das in gewisser Weise durch die Quoten reguliert ist, die den Länder zugeteilt und von diesen an ihre Unternehmen weitervergeben wurden. Der freiwillige Emissionshandel wächst dagegen ohne irgendeine Regulierung und mindert damit das politische Kapital, das den interessierten Parteien Pflichtgrenzen verordnen kann. Das heißt, dass er die Entwicklung angemessener, zur Bekämpfung der steigenden Umweltprobleme unerlässlicher umweltpolitischer Maßnahmen zunichtemacht.

> »Der freiwillige Emissionshandel ist noch gefährlicher als das Kyoto-Protokoll.«

Das Problem der Umweltdegradierung in einer Marktwirtschaft besteht darin, dass Letztere bei ihren Berechnungen die externen Wirkungen nicht vollständig miteinbezieht und dazu tendiert, die Interessen der zukünftigen Generationen und Rechte anderer Art zu untergraben. Die Unkenntnis über den Wert (der nicht dasselbe ist wie der Preis) ist groß. Die Pluralität der Werte und die komplexen Funktionen der Ökosysteme und Arten werden nicht berücksichtigt. In diesem Zusammenhang ist die traditionelle Kosten-Nutzen-Rechnung nicht anwendbar, da sie dazu neigt, alles, was ihr unbekannt ist, mit null zu bewerten. Es gibt jedoch Multikriterienanalysen, mit deren Hilfe wir besser fundierte Entscheidungen fällen können.

Eine Einführung dieser Dienste auf dem Markt würde bedeuten, die Verantwortung für die Definition der zweckgebundenen Verwendung in die Logik ihres asymmetrischen Funktionierens zu übertragen. Das kann zu einer Konzentration des Zugangs zu diesen Ressourcen und dem darauffolgenden Verlust der Souveränität der Bevölkerungen führen, die diese Ökosysteme nutzen.

Wenn die Menschheit im internationalen Konzert die große Transformation schaffen will, muss sie sich »Mutter Erde« wieder annähern, die Beziehungen zur Natur entmerkantilisieren und sich voll und ganz und zudem global für die Rechte der Natur einsetzen.

Man darf sich nicht nur auf konjunkturelle Themen beschränken. Die Welt muss alle möglichen Strategien entwickeln, mit denen die strukturellen Grundlagen für den Wandel gelegt werden können. Sie muss sich dabei sogar die konjunkturellen Schwierigkeiten und vor allem die relativen Schwächen der Weltmachtzentren zunutze machen. Dieser Wandel wird sich nicht ergeben, wenn man einfach nur abwartet, dass die entwickelten Länder ihre Probleme lösen, und dabei vergisst, dass in der internationalen Wirtschaft alles miteinander verbunden und ungleich verteilt ist.

Ausblick
Die Debatte ist im Gang

»Wir sind eine Gesellschaft der Einsamkeiten, die sich begeg-
nen und wieder verlieren, ohne sich gegenseitig zu erkennen.
Das ist unser Drama, eine Welt, die für das Auflösen von
Bindungen organisiert ist und in der der andere stets eine
Bedrohung, nie aber ein Versprechen ist.«

Eduardo Galeano

Das in Zeiten der kapitalistischen Globalisierung vorherrschende Denken verleitet uns dazu, eine Wirtschaft, die kein Wirtschaftswachstum
anstrebt, für jenseits des Vorstellbaren zu halten. Aus diesem Blick-
winkel betrachtet (der auch von den sogenannten fortschrittlichen
Regierungen vertreten wird), ist eine Welt ohne Erdöl, Bergbau oder
Agroindustrie undenkbar.

Die Realität zeigt uns jedoch, dass genau dies die große Forderung
des Augenblicks ist. Einerseits wird es immer dringlicher, sich vom auf
die Wünsche des Kapitals ausgerichteten Extraktivismus abzuwenden
und zu einem Ansatz überzugehen, der das Leben im umfassendsten Sinn an die erste Stelle setzt und den Aufbau von Gesellschaften
ermöglicht, in denen ein menschenwürdiges Leben gewährleistet ist.
Andererseits muss auch die Frage des Wirtschaftswachstums neu gestellt werden, um sich von dieser Fessel befreien zu können, die zu
einer weltweiten sozioökologischen Katastrophe mit unvorstellbaren
Konsequenzen führen kann. Bei dieser Aufgabe ist nicht nur die gesamte kritische Denkfähigkeit, sondern auch die Erfindungskraft und
Kreativität der Gesellschaften, der Staaten und natürlich der sozialen
und politischen Organisationen gefragt.

Diese Debatte zu unterbinden heißt, die Demokratie zu unterbinden. Um sie jedoch zu fördern, müssen die Kernpunkte der Diskussion, von denen einige schon angeführt wurden, identifiziert, definiert und verteidigt werden.

Wirtschaftswachstum – eine Sackgasse

Gleichzeitig drängt sich eine Analyse dessen auf, was »Wachstumswirtschaft« und »Wachstumsgesellschaft« wirklich darstellen. Derzeit mehren sich Forderungen nach einer Wirtschaft, die nicht etwa Nullwachstum anstrebt, sondern Schrumpfung (»degrowth« oder »decroissance«). Wie schon gesagt, haben viele Denker des globalen Nordens wie beispielsweise Nicholas Georgescu-Roegen, Kenneth Boulding, Herman Daly, Roefie Hueting, Serge Latouche, Joan Martínez Alier, Enrique Leff, Nico Paech und Harald Bender die Grenzen des wirtschaftlichen Wachstums aufgezeigt. Selbst der Wirtschaftsnobelpreisträger Amartya Sen, der den Kapitalismus nicht infrage stellt, hat sich gegen das Wirtschaftswachstum als Synonym für Entwicklung ausgesprochen.

»Die neuen Antriebskräfte der Wirtschaft müssen in der Solidarität, Gegenseitigkeit und der Relationalität gefunden werden.«

So werden immer mehr Alternativen aufgezeigt, und es öffnet sich der Weg für den Übergang zu einer anderen Organisationsform der Produktion und auch der Gesellschaft. Die Herausforderung lautet: Wir brauchen eine andere Wirtschaft für eine andere Zivilisation. Diese Debatte wird in den industrialisierten Ländern, die die größte Verantwortung für das globale Umweltdebakel tragen, immer häufiger geführt. Aber auch im Süden findet sie schon statt.

Es geht nicht darum, ob die verarmten Länder wachsen oder wie viel sie wachsen, damit die reichen Länder ihren unhaltbaren Lebensstandard aufrechterhalten können. Die neuen Antriebskräfte der Wirtschaft müssen in der Solidarität, Gegenseitigkeit und Harmonie sowie natürlich der Relationalität gefunden werden.

Rufen wir uns noch einmal die von Enrique Leff formulierten Fragen ins Gedächtnis:

— Wie lässt sich das Wachstum eines Prozesses abschalten, in dessen Grundstruktur und genetischem Code ein Motor eingebaut ist, der ihn zwingt, zu wachsen oder zu sterben?

— Wie lässt sich dieser Anspruch verwirklichen, ohne eine Wirtschaftsrezession mit weltweiten sozialen Folgen und Umweltauswirkungen auszulösen?

Wenn man diese Gedanken weiterführt, wird eine Strategie zum Abbau der kapitalistischen Rationalität und zum Wiederaufbau von Alternativen benötigt. Nur so kann die große Transformation verwirklicht werden, die mit der Überwindung des kapitalistischen Systems einhergeht. Mit der Anerkennung und Wertschätzung anderer Einsichten und Praktiken sowie der sozialen Neuinterpretation der Natur aus kulturellen Vorstellungswelten wie dem »Guten Leben« heraus wird man diese neue soziale, politische, wirtschaftliche, kulturelle und für die Transformation unerlässliche Rationalität schaffen können.

Auf wirtschaftlichem Gebiet muss also die Produktion neu organisiert werden. Sie muss von den Marktmechanismen (vor allem vom Weltmarkt) gelöst werden. Das für Produktionsprozesse verwendete Material muss recycelt werden und in neuen ökologischen Kreisläufen wieder zum Einsatz kommen. Die Welt braucht auch eine Umweltrationalität, die in der Lage ist, die wirtschaftliche Rationalität abzufedern und Prozesse zur Wiedervereinigung mit der Natur sowie zur territorialen Rückeroberung der Kulturen in Gang zu setzen.

Die kolonialen Grenzen des Extraktivismus

Das Postwachstum geht Hand in Hand mit dem Postextraktivismus. Dieses Thema ist vor allem, aber nicht ausschließlich im globalen Süden angesiedelt.

Der Extraktivismus scheint weiterhin für die unterschiedlichsten politischen Lager attraktiv zu sein. Das gilt nicht nur für neoliberale Politiker, sondern auch für diejenigen, die sich vom Neoliberalismus distanzieren. Eine kritische Lektüre ihrer Diskurse und Argumente ist für die Erarbeitung eines Gegenentwurfs unerlässlich. Die Rede vom Postextraktivismus ist inzwischen zu einem Gemeinplatz für Alternativvorschläge geworden, vor allem in den Ländern, die besonders stark unter der brutalen Intervention der Erdöl- und Bergbauunternehmen zu leiden haben, die transnationalen Interessen folgen und von den neoliberalen oder »fortschrittlichen« Regierungen unterstützt werden.

Es ist unerlässlich, dass Bedeutung und Tragweite des Extraktivismus, seine Grundlagen und seine Geschichte offengelegt werden. Das ist kein leichtes Unterfangen, da die Volkswirtschaften Lateinamerikas, Afrikas und Asiens seit mehr als 500 Jahren auf seiner Praxis aufbauen.

Deshalb muss der Extraktivismus diskutiert werden, von den neoliberalen, aber auch von den »fortschrittlichen« Regierungen, die in der Praxis seine Akkumulationsdynamik stärken, aber zumindest in ihrem Diskurs anerkennen, dass es einen Wandel geben muss.

Der Extraktivismus kolonialen Ursprungs, den die neoliberalen Regierungen nahezu unverändert fortführen, ist dem Neoextraktivismus gewichen, der sich in einigen Punkten positiv abhebt – wie beispielsweise die stärkere staatliche Kontrolle über Abbau und Förderung und die Verteilung der Einnahmen –, der aber keineswegs die Akkumulationsdynamik aufbricht, die zu Abhängigkeit und Unterentwicklung führt.

Die Extraktionswirtschaft kann nicht von heute auf morgen eingestellt werden. Hier kann die geplante Schrumpfung (»degrowth«) des Extraktivismus als Übergang hilfreich sein. »degrowth« kann nachhaltige Aktivitäten in der verarbeitenden Industrie, in der Landwirtschaft, im Tourismus und vor allem in der Bildung stärken.

Es wird definitiv keinen Ausweg aus dem komplexen Dilemma der rohstoffreichen und gleichzeitig verarmten Gesellschaften geben, wenn der Extraktivismus weiterbesteht oder gar noch intensiver betrieben wird. Strategien und Maßnahmen zur Vorbereitung eines sozialen, wirtschaftlichen, kulturellen und ökologischen Wandels werden dann Erfolg zeitigen, wenn sie kohärent sind und gesellschaftlich akzeptiert und unterstützt werden.

Postwachstum und Postextraktivismus – eine zusammenhängende Debatte

Global gesehen, sind wir zweifellos aufgefordert, ernsthaft und verantwortungsvoll über die dringend notwendige wirtschaftliche Schrumpfung des globalen Nordens zu diskutieren. Dies muss notwendigerweise Hand in Hand mit dem Postextraktivismus im globalen Süden erfolgen. Heute, wo die Nachhaltigkeitsgrenzen der Welt im wahrsten Sinn des Wortes überschritten sind, müssen außerdem universelle Umweltlösungen gefunden werden. Wir können nicht oft genug wiederholen, dass damit auch die Frage der sozialen Ungleichheit und Ungerechtigkeit endlich beantwortet werden muss.

Einerseits müssen die verarmten und strukturell ausgeschlossenen Länder Optionen für ein würdiges und nachhaltiges Leben suchen, und diese dürfen kein schlechter Abklatsch des westlichen Lebensstils sein. Andererseits ist es Aufgabe der »entwickelten« Länder, die von ihnen verursachten, zunehmenden Probleme der internationalen Ungleichheit zu lösen. Vor allem müssen sie endlich Suffizienzkriterien in ihren Gesellschaften einführen und nicht versuchen, auf Kosten der übrigen Menschheit die als ständige materielle Güteranhäufung verstandene Effizienzlogik aufrechtzuerhalten.

Die reichen Länder sind auch dazu aufgerufen, dringend benötigte Antworten auf die wachsende Ungleichheit in ihren eigenen Ländern zu finden. Sie müssen ihren Lebensstil ändern, wenn sie das weltweite ökologische Gleichgewicht nicht weiterhin gefährden wollen. So gesehen, sind nämlich auch sie unter- oder fehlentwickelt. Gleichzeitig müssen sie ihren Teil der Verantwortung übernehmen, damit die verursachten Schäden global behoben werden können. Anders ausgedrückt: Sie müssen ihre ökologische Schuld bezahlen. Die durch die ständige Überschreitung der biophysischen Grenzen der Natur hervorgerufene Krise führt notwendigerweise dazu, die soziopolitische Institutionalität und Organisation infrage zu stellen.

> »Die reichen Länder müssen ihre ökologische Schuld bezahlen.«

Angesichts dieser Herausforderungen zeichnet sich die Notwendigkeit ab, die Nachhaltigkeit hinsichtlich der Belastungs- und Widerstandskraft der Natur zu überdenken. Die Aufgabe besteht darin, die wahre Dimension der Nachhaltigkeit zu erkennen und zu berücksichtigen, wie weit die Natur fähig ist, Störungen zu verkraften, die anthropozentrischen Ansprüchen erwachsen sind. Damit ist es aber noch nicht getan. Ebenfalls muss anerkannt werden, dass uns die konventionelle, auf Wirtschaftswachstum aufbauende Entwicklung in eine Sackgasse führt. Die Grenzen der Natur, die durch die menschlichen Lebensstile und durch die Erfordernisse der Kapitalakkumulation immer schneller überschritten werden, werden immer offensichtlicher.

So leicht die Aufgabe zu sein scheint, so komplex ist sie. Wie schon erwähnt, muss die Trennung von Natur und Mensch aufgehoben werden und stattdessen deren Wiedervereinigung erfolgen.

Um diese zivilisatorische Transformation zu erreichen, muss zuerst die Natur entmerkantilisiert werden. Zudem müssen die wirtschaftlichen Ziele dem Funktionieren der natürlichen Systeme unterworfen werden, ohne dabei den Versuch, den Menschen Lebensqualität zu verschaffen, und die menschliche Würde aus den Augen zu verlieren. Klipp und klar gesagt, muss sich die Wirtschaft der Ökologie unterwerfen.

Der Grund kann einfacher nicht sein. Es ist die Natur, die die Reichweite der Nachhaltigkeit und die Grenzen der Erneuerungsfähigkeit der Systeme bestimmt, von denen die Produktion abhängt. Wenn man also die Natur zerstört, zerstört man die Grundlagen der Wirtschaft selbst.

> »Die Wirtschaft muss sich der Ökologie unterwerfen.«

Die Wirtschaft muss sich von einem theoretischen Gerüst befreien, das nach Meinung von José Manuel Naredo »den Begriff der Produktion seines materiellen Charakters beraubt und das wirtschaftliche Denken ganz und gar von der physischen Welt trennt und damit den epistemologischen Bruch vervollständigt hat, mit dem die Auffassung vom Wirtschaftssystem als einem Kreislauf von Produktion und Wachstum auf den Bereich des Wertes reduziert wurde«.

Damit sind wir aufgefordert, Maßnahmen zu vermeiden, die die Vielfalt zugunsten der vom industriellen Bergbau oder den Monokulturen geschaffenen Einförmigkeit opfern. Denn dadurch wird, wie Godofredo Stutzin sagt, »das Gleichgewicht gestört und immer größeres Ungleichgewicht produziert«.

Wenn sich aber die Wirtschaft dem Mandat der Natur unterwerfen soll, muss sich das Kapital den Forderungen der menschlichen Gesellschaft, die nicht nur Teil der Natur, sondern die Natur selbst ist, unterordnen. Daher müssen Reichtum und Macht grundlegend umverteilt und Gesellschaften geschaffen werden, die auf Gleichheiten (im Plural) basieren. Es geht nicht mehr nur um den Klassenkampf, also die Konfrontation von Kapital und Arbeit, sondern um die effektive Überwindung des Konzepts der »Rasse« als Grundelement abhängiger Gesellschaften, in denen der Rassismus am schärfsten zum Ausdruck kommt. Patriarchat und Machismo müssen dringend überwunden werden.

Die Menschenrechte und die Rechte der Natur sind zu konsolidieren und zu erweitern. Sie müssen der Ausgangspunkt für den demokratischen Aufbau der Gesellschaften sein und in diesem Sinn eine größere und wirksamere Beteiligung der Bürger und Bürgerinnen und Gemeinschaften gewährleisten. Der Entwurf für diesen historischen Wandel, für den Übergang von einer anthropozentrischen Konzeption zu einer (sozio)biozentrischen sowie für die Überwindung einer auf Wachstum durch Kapitalanhäufung basierenden Wirtschaft stellen die größten Herausforderungen für die Menschheit dar. Ihnen müssen wir uns stellen, wenn nicht das Dasein des Menschen auf der Erde als solches gefährdet sein soll.

Das »Gute Leben«/»Sumak Kawsay« – eine Chance, sich andere Welten vorzustellen

In Ecuador und Bolivien werden die Schwierigkeiten immer größer, das Verfassungsmandat des »Guten Lebens« umzusetzen. Die Regierungen befinden sich auf einem neostrukturalistischen, eindeutig neoextrakivistischen Weg, der genau die Logik der kapitalistischen Akkumulation erfüllt.

Der Extraktivismus kann nicht zum »Guten Leben« führen. Mit dem Extraktivismus, einem Raubbaumodell par excellence, geht stets Gewalt einher. Die Liste der Verstöße ist lang. Vor allem aber ist die Dynamik der extraktivistischen Akkumulation ein Akt der Gewalt gegen die Natur und die Gesellschaft als solche.

Der Aufbau des »Guten Lebens« – das Ziel, das den Postextraktivismus inspirieren soll – muss als Alternative zur »Entwicklung« verstanden werden. Und nicht nur das: Das »Gute Leben« bekämpft die »Entwicklung« noch mehr, als es sie kritisiert.

In der Tat kann man die »Entwicklung« nicht kritisieren und sich dennoch immer wieder auf sie beziehen. Das Polemisieren gegen Argumente und Konzepte für »Entwicklung« ändert nicht ihre Daseinsgrundlage. Der »Entwicklung« müssen unverzüglich die Bedingungen und Grundlagen entzogen werden, die ihre massive Verbreitung und (unnütze) Befolgung seitens nahezu der gesamten Menschheit erleichtert haben.

Trotz dieser grundlegenden Infragestellung muss das »Gute Leben« von der derzeitigen Realität der »Entwicklung« aus aufgebaut bzw. wieder aufgebaut werden. Das heißt, wenn wir diese aufgeben, werden wir viele ihrer Lasten weiter mit uns herumtragen, und wir müssen daher die Kohärenz der entfalteten Aktionen und der vorgeschlagenen Ziele gewährleisten.

Der wahre Beitrag des »Guten Lebens« liegt in den Dialogmöglichkeiten, die es bereithält. Er eröffnet uns ein weites Feld für Reflexionen, wie der Umsturz des herrschenden Ordnungskonzepts gelingen kann. Ein besonders wichtiger Beitrag könnte in einem kollektiven Brückenschlag zwischen althergebrachtem und modernem Wissen bestehen, wobei stets zu berücksichtigen ist, dass der Aufbau von Wissen das Ergebnis eines gesellschaftlichen Prozesses ist. Was kann dafür besser geeignet sein als eine offene und respektvolle Debatte? Eine Debatte, die vorerst noch aussteht.

> »Der wahre Beitrag des ›Guten Lebens‹ liegt in den Dialogmöglichkeiten, die es bereithält.«

Auf der einen Seite des Weges ist ein im Wiederaufbau befindliches Konzept sichtbar, das auf althergebrachtes Wissen setzt und zu sehr der Vergangenheit verhaftet ist. Auf der anderen Seite des(selben) Weges blickt man in die Zukunft. Die bestehenden und so offenkundigen Entfernungen müssen überwunden werden. Vielleicht sollte der Dialog erreichen, dass die, die der Vergangenheit verhaftet sind, etwas mehr in die Zukunft (und auf die Gegenwart) blicken und die Zukunftsgläubigen eine weniger fromme Vision der Vergangenheit beisteuern.

Es wird Zeit brauchen, die herrschenden Ansichten zu überwinden und neue Lebensoptionen zu schaffen. Dies muss »auf dem Weg« geschehen: indem Neues gelernt und gleichzeitig das Lernen selbst neu gelernt wird. Dafür bedarf es einer beträchtlichen Dosis an Beständigkeit, Willen und Bescheidenheit.

Das »Gute Leben« ist eine Chance für den kollektiven Aufbau einer neuen Lebensform, bei der das Entwicklungskonzept epistemologisch zu Grabe getragen wird. Boaventura de Sousa Santos spricht in seinen Arbeiten wiederholt vom »Mord« an dem vom westlichen Hegemoniewissen verachteten anderen Erfahrungs- und Wissensschatz, der heute mit dem Konzept des »Guten Lebens« erstarkt, während gleichzeitig die Fortschrittskonzepte mit ihrem produktivistischen Ansatz und ihrer einseitigen Entwicklung, vor allem aber die mechanistische Version des Wirtschaftswachstums demontiert werden.

> »Das ›Gute Leben‹ ist eine Chance für den kollektiven Aufbau einer neuen Lebensform.«

Die Überwindung des dominierenden Entwicklungskonzepts ist qualitativ ein wichtiger Schritt. Solange dieser Gegenentwurf von der Gesellschaft aktiv debattiert wird und die Vorschläge der Völker und Nationalitäten sowie breiter Bevölkerungsgruppen aufnimmt und auch Input aus anderen Weltregionen miteinbezieht, kann er sich in den weltweiten Debatten, die für die Umsetzung der großen Transformation erforderlich sind, stark positionieren.

Das »Gute Leben« akzeptiert und unterstützt andere Lebensweisen, schätzt die kulturelle und politische Vielfalt, die Interkulturalität und die Plurinationalität. Dieser Pluralismus rechtfertigt und toleriert in keinem Fall die Zerstörung der Natur und auch nicht die Ausbeutung von Menschen oder die Existenz privilegierter Gruppen, die auf Kosten der Allgemeinheit und von der Arbeit und den Opfern anderer leben.

Das »Gute Leben« bezieht alle mit ein, sonst ist es kein gutes Leben!

Quito, 17. Februar 2015

Anmerkungen

Einführung

1 Rafael Correa ist dank zweier Wiederwahlen in den Jahren 2009 und 2013 seit dem 15. Januar 2007 Präsident Ecuadors. Derzeit plant er eine Verfassungsänderung, um die unbegrenzte Wiederwahl einzuführen.

2 Alberto Acosta, Autor dieser Zeilen.

3 Die lange Liste betrügerischer Taten des Unternehmens Chevron-Texaco sind in Alerta Verde, Boletín de Acción Ecológica, Januar 2014, Nr. 170, zusammengefasst. Siehe http://www.accionecologica.org/component/content/article/1735-alerta-verde-170-la-mano-sucia-de-texaco-se-extiende-al-Yasuní.

4 Der Amazonasregenwald Ecuadors ist inzwischen fast lückenlos in Erdölförderblöcke eingeteilt, die Ölvorkommen unter der Erde ausweisen.

5 Am 25. Juni 2012 fällte der Interamerikanische Gerichtshof für Menschenrechte sein endgültiges Urteil zugunsten der Sarayaku-Gemeinschaft, das die Regierung Correa jedoch nicht in seiner Gesamtheit akzeptiert.

6 Oilwatch ist eine Nichtregierungsorganisation, die in vielen Ländern anwesend ist, ihren harten Kern aber in Ecuador hat.

7 Unter Missachtung ihrer eigenen ursprünglichen Vorschläge hat die Regierung die Bahn für die XI. Erdölrunde im südlichen Zentrum des Amazonasgebiets frei gemacht. Wie Ende 2013 klar wurde, mit mäßigem Erfolg, denn Angebote gingen nur für 21 Erdölblöcke ein. Als Antwort auf die Proteste gegen diese Ausschreibung optierte die Regierung für eine stärkere Kriminalisierung des Volkswiderstands und löste sogar eine Organisation der Zivilgesellschaft auf: die Stiftung Fundación Pachamama.

8 Anhand der Empfehlungen des Projekts Petramaz kam es am 29. Januar 1999 zu den Exekutiverlassen Nr. 551, mit dem die unantastbare Zone Cuyabeno-Imuya, und Nr. 552, mit dem die unantastbare Zone Tagaeri-Taromenane geschaffen wurde.

9 Angesichts der nach dem 15. August 2013 von der ecuadorianischen Regierung mehrfach wiederholten Behauptung, der damalige Energie- und Bergbauminister

Alberto Acosta habe die Förderung im ITT genehmigt, scheint an dieser Stelle eine Klarstellung angebracht. Diese Behauptung entbehrt jeglicher Grundlage. Am 17. April 2007, bei der Unterzeichnung der Dokumente zur Umsetzung der Zusammenarbeit im Energiesektor (http://es.scribd.com/doc/165687582/ACUERDO-COOPERACION-SECTOR-ENERGETICO), an der die Präsidenten Ecuadors und Venezuelas, Rafael Correa und Hugo Chávez, teilnahmen, ging es darum, Untersuchungen vorzunehmen, um die Durchführbarkeit verschiedener gemeinsamer Erdöl-, Gas- und Energieprojekte festzustellen. Um keinen Argwohn zu wecken, wurde in dieses breit angelegte Abkommen ein Sonderabkommen für den ITT aufgenommen, aber nur für die Untersuchung zur Mengenbestimmung und zur Bestätigung der Reserven dieser Vorkommen: http://es.scribd.com/doc/165687779/PROYECTO-CONJUNTO-ITT-Initiative.

10 Política de protección a los pueblos en aislamiento voluntario, Quito, 18. April 2007.

11 Arturo Villavicencio und Alberto Acosta (Hrsg.): Agenda Energética 2007–2011, Ministerio de Energía y Minas, Quito, 2007 http://es.scribd.com/doc/163518324/Agenda-Energe%CC%81tica.

12 Siehe http://pablosolon.wordpress.com/2013/08/17/algunos-pensamientos-sobre-la-Yasunítt/.

13 Vergessen wir nicht, dass Ivonne Baki einst die Interessen von Chevron-Texaco verteidigt, dann das Freihandelsabkommen mit den USA gefördert und den Miss-Universum-Wettbewerb in Ecuador ausgerichtet hat, bevor sie sich dieser Regierung anschloss. Unter: http://www.accionecologica.org/component/content/article/1735-alerta-verde-170-la-mano-sucia-de-texaco-se-extiende-al-Yasuní.

14 Werte, die es neu zu berechnen gilt, sollte der Erdölpreis auf dem momentanen niedrigen Stand bleiben.

15 Zu seinen Zeiten als ecuadorianischer Energie- und Bergbauminister glaubte der Autor dieser Zeilen noch daran, dass es eine Technologie gäbe, die diese Risiken minimieren könne. Nach eingehender Kenntnisnahme des Prozesses gegen Chevron-Texaco und Beobachtung der gravierenden von British Petroleum im Golf von Mexiko verursachten Schäden hat er jedoch seine Meinung geändert.

16 Begriff zur Replikation der Yasuní-ITT-Initiative, also eine Initiative zum Belassen des Erdöls, der Kohle oder von Mineralien im Boden. Siehe: http://www.taringa.net/posts/ecologia/6868400/A-Yasunízar-la-real-academia-de-la-lengua.html.

Abschnitt 3

1 Um die Ursprünge dieser Entwicklungsdebatte zurückverfolgen zu können, muss man auf die Arbeiten von Adam Smith, Karl Marx und vor allem Friedrich List (1789–1846) zurückgreifen, der mit seinem Buch »Das nationale System der Politischen Ökonomie« (1841) als Pionier auf diesem Entwicklungsgebiet betrachtet werden kann. Uns zeitlich etwas näher ist Joseph Schumpeter mit seinem 1912 veröffentlichten Buch »Theorie der wirtschaftlichen Entwicklung«; darin behauptet er, dass die Entwicklung eher eine wirtschaftliche als gesellschaftliche Tatsache ist. Die Liste der Autoren, die sich nach 1949 dem Thema gewidmet haben, ist lang und in Bezug auf ihre Ansätze und Beiträge vielfältig: Arthur Lewis (1955), Gunnar Myrdal (1957), Walt Whitman Rostow (1960), Nicholas Kaldor (1961) und viele weitere. Natürlich müssen auch die Vertreter der Dependenztheorie und der strukturalistischen Wirtschaftspolitik erwähnt werden, vor allem Raúl Prebisch, um die lange Liste der Personen zu vervollständigen, die an einer der spannendsten und fruchtbarsten Debatten der Menschheitsgeschichte teilgenommen haben. Hidalgo-Capitán (2011) liefert eine aufschlussreiche Charakterisierung der »sieben Schulen der wirtschaftlichen Entwicklungspolitik«.

2 Víctor Bretón (2010) zeigt »das hartnäckige Bestehen der Unterernährung bzw. die Grenzen der Entwicklung«.

3 »Alles ist erlaubt« ist ursprünglich eine Kampfform, bei der die Kämpfer alle Kampfsporttechniken einsetzen dürfen. Die Regeln gestatten den Einsatz aller Techniken und Kampfmethoden.

4 Zu den Kritikern des Kolonialismus gehören unter anderem Aníbal Quijano, Boaventura de Sousa Santos, José de Souza Santos, Enrique Dussel, Arturo Escobar, Edgardo Lander, Enrique Leff, Francisco López Segrera und Alejandro Moreano.

5 Siehe hierzu auch Max-Neef, Manfred: Vortrag an der Universität EAFIT, Medellín, Kolumbien: http://www.umanizales.edu.co/programs/economia/publicaciones/9/desescalhum.pdf. Nicht zu vergessen die Zeiten, in denen wissenschaftliche Forschungen starken Begrenzungen unterworfen waren: Giordano Bruno (1548–1600) wurde von der Inquisition verfolgt und umgebracht, unter anderem weil er den Pantheismus vertrat und behauptete, dass das Universum Leben und Seele habe und Gott sei. Er war ein Märtyrer der Wissenschaft, weil er heliozentrische Ideen vertrat, denen zufolge die Erde und die anderen Planeten um die Sonne kreisen.

6 Einige Überlegungen zu diesem Punkt hat der Verfasser dank eines Meinungsaustauschs mit Joan Martínez Alier entwickelt.

7 Wir empfehlen das Buch von Jürgen Schuldt »Desarrollo a escala humana y de la naturaleza« (2012), in dem die Entwicklung und ihre Grenzen komplex und kritisch analysiert werden.

8 Hier kann man weiter über die Glückswirtschaft nachdenken. Siehe dazu zum Beispiel Schuldt (2004). Das Glück, aus verschiedenen Blickwinkeln des »Guten Lebens« betrachtet, ist in den letzten Jahren auf immer mehr Interesse gestoßen. Ein gutes Beispiel dafür ist »Índice de Felicidad y Buen Vivir« von Guillermo Rojas Quiceno (2013).

Abschnitt 4

1 In der Regel gibt es in der indigenen Welt wenige schriftliche Texte. Da es sich um Kulturen mit mündlicher Überlieferung handelt, ist das verständlich. Dennoch möchten wir, neben der schon erwähnten Arbeit von Viteri Gualinga, auf die Texte von Roca C. Vacacela Quishpe und die von Antonio Luis Hidalgo-Capitán gesammelten Informationen verweisen, die Beiträge von Indigenen sowie verschiedene Lektüren der Debatten aus indigener Sicht beinhalten.

2 Man muss allerdings auch erwähnen, dass patriarchale und machistische Züge in vielen indigenen Kulturen tief verwurzelt sind. Silvia Vega Ugalde (2014) hat eine interessante Diskussion über Gender und »Sumak Kawsay« vorgelegt.

3 Der Autor dieser Zeilen, ehemaliger Präsident der verfassunggebenden Versammlung von Montecristi, bei der das Konzept des »Guten Lebens« oder »Sumak Kawsay« Eingang in die Verfassung fand, gibt zu, dass die damalige Diskussion zeitweilig von der Idee einer Entwicklungsalternative und nicht unbedingt einer Alternative zur Entwicklung beherrscht wurde. Dies ist auch dem entsprechenden Buch von Acosta und Martínez (2009) zu entnehmen, in dem das »Gute Leben« in der Überschrift noch als ein Weg zur Entwicklung dargestellt wird.

4 Es ist wichtig, darauf hinzuweisen, dass die Übersetzung dieser Begriffe nicht einfach und manchmal auch kontrovers ist. Derzeit sind verschiedene und teils auch widersprüchliche Beschreibungen und Definitionen in Mode. Zu diesem Thema, das in dieser Arbeit nicht aufgegriffen wird, ist viel gesagt worden. Die Gemeinschaft Sarayaku in der Provinz Pastaza, Ecuador, hat dazu interessante Überlegungen angestellt. In dieser Gemeinschaft ist ein interessanter »Lebensplan« erarbeitet und diskutiert worden, in dem die Grundprinzipien des »Guten Lebens« enthalten sind.

5 Auch aus der Interpretation des andinen oder heiligen Kreuzes »Chakana« kann man wertvolle Lehren ziehen und dabei die Bedeutung der Einheit in der Vielfalt verstehen, bei der eine ständige Spannung zwischen Gegenseitigkeit,

Ergänzung, Relationalität und Korrespondenz der einzelnen Bestandteile des Lebens gewahrt wird. In diesem Buch kann aus Platzgründen nicht weiter auf die konzeptuellen und philosophischen Grundlagen der indigenen Kulturen eingegangen werden.

6 Ein Ayllu ist eine aus blutsverwandten und wesensverwandten Familien gebildete Gemeinschaft.

7 Solche Überlegungen zur Suffizienz werden auch in anderen Regionen aufgegriffen. In Deutschland, um ein Beispiel zu nennen, werden diese Fragen von mehreren Personen diskutiert. Dazu gehören u. a. Niko Paech, Björn Paech, Christa Müller, Oliver Stengel, Silke Kleinhückelkotten.

8 Gandhi, der große politische Denker Indiens, hat wertvolle Überlegungen für den Aufbau von Gesellschaften entwickelt, die sich auf ihre eigenen Kapazitäten stützen. Seine Lehren bilden die Grundlage einer wirtschaftlichen und politischen Strategie, mit der die Vorherrschaft des britischen Empire in Indien und die wirtschaftlichen Bedingungen in diesem Land mithilfe des Swadeshi-Prinzips (Selbstgenügsamkeit) beendet werden sollte.

9 Die Liste der Beiträge dieses großen österreichischen Denkers und Visionärs enthält wertvolle Überlegungen zu einem Neudenken der Welt: »Entschulung der Gesellschaft«, »Die sogenannte Energiekrise« und vieles mehr.

Abschnitt 5

1 Mehrere Überlegungen zu diesem Punkt entstammen dem wertvollen Meinungsaustausch mit José María Tortosa und Francisco Rhon Dávila, die im Übrigen auf viele Schlussfolgerungen in diesem Buch Einfluss hatten.

2 Als »pachamamistas« können wir die (oft sogar dogmatischen) Visionen bezeichnen, die aus teils fragwürdigen Gründen die Bedeutung der Mutter Erde oder gewisse Aspekte der andinen Kosmovision übermäßig betonen.

3 Gemeinschaften oder Familienverbände, die durch das Inkareich von ihren ursprünglichen Gemeinschaften getrennt und von loyalen Dörfern in eroberte Dörfer oder umgekehrt umgesiedelt wurden, um bestimmte, für das Inkareich notwendige Aufgaben zu übernehmen. Es waren rebellische Gruppen oder solche, die zur Befriedung anderer Gebiete eingesetzt wurden.

Abschnitt 6

1 Durch diese Angst entstanden die Götter: *deos fecit metus*. Die Mythologien der »wilden« Völker werden bisweilen als Versuch interpretiert, die eigene Umgebung zu verstehen (vgl. Lévi-Strauss' Mithologiques).

2 Der »real existierende Sozialismus« (Rudolf Bahro) war in Wirklichkeit Teil dieses Weltsystems. Es ist ihm nicht gelungen, zu einer zivilisatorischen Alternative zu werden.

3 Nach Angaben des Meinungsforschungsinstituts Gallup sind mindestens 40 Prozent der US-Bürger Kreationisten. In den 1980er-Jahren wurde dieser Prozentsatz langsam rückläufig. Der Anteil der US-Amerikaner, der für die Evolution ohne Einbezug irgendwelcher übernatürlicher Elemente steht, liegt gerade mal bei 16 Prozent: http://blog-sin-dioses.blogspot.com/2010/12/ligero-descenso-del-creacionismo-en.html.

4 Das hier von Kisch Gesagte ähnelt weitgehend »Punkt vier« der Antrittsrede Harry Trumans im Januar 1949.

5 Ähnlich erging und ergeht es den Weißen und Mestizen, die im Namen des Fortschritts einen wahren postkolonialen Völkermord an den Urvölkern (besonders in Uruguay und Argentinien) begingen.

6 Auch Jean Baptiste Boussingault (1802–1887) war ein berühmter Reisender. Er führte Humboldts Arbeit über die Naturressourcen des amerikanischen Kontinents weiter und entdeckte später den Stickstoffkreislauf.

7 Dieses als Methuen-Abkommen bekannte Dokument wurde nach dem für die Verhandlung zuständigen damaligen englischen Botschafter Methuen benannt. Für Portugal verhandelte Manuel Teles da Silva, Marquis von Alegrete.

8 Die in Klammern genannten Begriffe bezeichnen bolivianische Sozialleistungen.

9 Vergessen wir nicht, dass »für uns die sogenannten ›ökonomischen Gesetze‹ keine ewigen Naturgesetze, sondern historische, entstehende und verschwindende Gesetze sind« (Friedrich Engels in seinem Brief an Albert Lange, 29. März 1865).

10 Der Philosph Arne Naess (1912–2009), Vater der Tiefenökologie, vertrat die Meinung, dass »alle Lebewesen denselben Wert haben«. In dem überlieferten Wissen der indigenen Gemeinschaften gibt es ebenfalls diesen tiefen Respekt vor dem Leben durch eine harmonische Beziehung zur »Pacha Mama«, mit der sie auf der Grundlage der Gegenseitigkeit und des Gleichgewichts zusammenleben.

11 Hier soll angemerkt werden, dass der Autor dieser Zeilen die Texte Leimbachers und speziell seine Abhandlung über »Die Rechte der Natur« (1988) sowie andere

einschlägige Texte im Zusammenhang mit der Verfassung von Montecristi in die Hände bekommen hat.

12 Mit der Lektüre von Galeanos Text im Plenum der verfassunggebenden Versammlung konnte sich eine Position konsolidieren, die zu Beginn der Verfassungsdebatte noch wenig Aussicht auf Erfolg hatte.

13 Mehr Informationen über die von diesem transnationalen Unternehmen verursachten Schäden bietet Carlos Beristain (2010).

14 Gudynas nennt diese Bürgerschaften »ökologische Metabürgerschaften«.

15 Siehe hierzu die Arbeiten der Verfasser dieser Theorien oder auch die Synthese von Lawrence E. Joseph.

16 Seit 1977 wird die »Erklärung der Tierrechte« vorangetrieben. Sie wurde in London beim dritten Treffen der Tierrechte von der Internationalen Liga für Tierrechte und ihren nationalen Ligamitgliedern verabschiedet.

17 Zu einem ersten Vorschlag für Indikatoren und Prozesse zur Evaluierung betroffener Rechte der Natur siehe Pablo Yépez und Stella de la Torre, März 2012.

18 Die Gründungsversammlung fand 2014 in Quito, Ecuador, statt, dem Land also, in dem diese Rechte zuerst in der Verfassung anerkannt wurden.

19 So führt Morris Berman (1987) in seinem Buch aus, mit dem die vorherrschende Epistemologie korrigiert und ein neues Paradigma geschaffen werden konnte.

Abschnitt 7

1 Empfehlenswert ist die Arbeit von Isabella Radhuber: »Der plurinationale Staat in Bolivien« (2013). Hier werden verschiedene Staatstheorien beleuchtet und dem plurinationalen Staat gegenübergestellt.

2 Zur Vertiefung dieser Diskussion empfiehlt sich die Lektüre mehrerer Texte über den plurinationalen Staat von Boaventura de Sousa Santos und Raúl Prada Alcoreza.

3 In Ecuador sind die Nationalitäten historische und politische Einheiten mit gemeinsamer Identität, Sprache und Kultur, die in einem Gebiet leben, das von ihren Institutionen, traditionellen sozialen, wirtschaftlichen, politischen Organisationsformen und ihrer Form der Autoritätsausübung bestimmt wird. Indigene Völker sind dagegen *ursprüngliche Kollektivitäten*, die aus Gemeinschaften mit kulturellen Identitäten bestehen, die sie von anderen Gruppen der ecuadorianischen Gesellschaft unterscheiden, und eigene Systeme sozialer, wirtschaftlicher, politischer und gesetzlicher Organisation haben. Eine Nationalität kann mehrere Völker umfassen, die ihre eigenen wesentlichen Merkmale wie zum Beispiel

ihre Sprache behalten, sich aber durch andere Elemente unterscheiden. http://
ec.kalipedia.com/geografia-ecuador/tema/geografia-poblacion/nacionalidades-
pueblos-ecuador.html?x=20080801klpgeogec_2.Kes&ap=1. Ecuador besteht aus
14 indigenen Nationalitäten: Andoa, Zápara, Kichwa, Siona, Secoya, Cofán, Hua-
orani, Shiwiar, Shuar, Achuar, Chachi, Epera, Tsáchila und Awá.

4 Die Liste der Souveränitäten ist lang: Ernährung, Energie, Kultur, Wirtschaft,
Währung, Körper … Siehe Acosta und Martínez (2010).

5 Nicht nur in diesem Punkt gibt es Kritik von als fortschrittlich geltenden Strömungen. Es gibt vielerlei Kritik am »Guten Leben« und den Rechten der Natur.
Als Beispiel kann man die Artikel von Sánchez Parga (2011) für Ecuador oder
Mancilla (2011) für Bolivien anführen; bei diesen Artikeln fehlt jedoch eine seri-
ösere und tiefgreifendere Debatte.

6 Zum besseren Verständnis des bolivianischen Prozesses werden außer dem Bei-
trag von Isabella Radhuber die Arbeiten von Raúl Prada Alcoreza, Oscar Vega
Camacho und Luis Tapia empfohlen. Sie sind zweifellos diejenigen, die sich der
Analyse dieses schwierigen und aufregenden Verfassungsprozesses am seriösesten
und verantwortungsvollsten gewidmet haben. Für Ecuador gibt es nicht so viele
Beiträge zu dem Thema, aber es können der Artikel von Floresmilo Simbaña und
die vom Dachverband der indigenen Nationalitäten Ecuadors (Confederación de
Nacionalida des Indígenas del Ecuador – CONAIE) für die Verfassunggebung
2007/2008 vorbereiteten Basisdokumente angeführt werden.

7 Zweifellos hat diese Forderung in Ländern wie Ecuador an Stärke gewonnen, das
von 1830 bis heute zwanzig Verfassungen verabschiedet hat. Ein trauriger Rekord,
weil er zeigt, dass die Institutionen praktisch niemals respektiert worden sind.
Deshalb ist es empörend, dass die Verfassung von 2008 von der Regierung, die zu
ihrer Formulierung und Verabschiedung beigetragen hat, schon wieder demontiert und nicht eingehalten wird.

8 Diese Grundsätze geben Anlass zu unterschiedlichen Interpretationen und auch
Konflikten, wie Atawallpa Oviedo Freire, der die Eingliederung verschiedener
»liberaler« Prinzipien in den Kern des »Guten Lebens« nicht akzeptiert, feststellt.

Abschnitt 8

1 Es gibt schon viele Projekte, die diese Transitionen anstreben. Zu erwähnen sind Arbeiten der ständigen Arbeitsgruppe »Alternativen zur Entwicklung« der Rosa-Lu-
xemburg-Stiftung, die schon ein erstes Buch, »Más allá del desarrollo« (2011), veröffentlicht hat, und das Buch »Transiciones, postextractivismo y alternativas al extractivismo en el Perú« von Alejandra Alayza und Eduardo Gudynas, Hrsg. (2011).

2 Zu empfehlen ist das entsprechende Buch von Jürgen Schuldt (1997). Seine Vorschläge werden kontrovers diskutiert, enthalten aber die grundlegenden Überlegungen des Deutschen Silvio Gesell, die später als solche auch von John Maynard Keynes anerkannt wurden.

3 Siehe zu diesem Thema die Arbeiten von Jürgen Schuldt, die zum Teil zusammen mit dem Autor dieses Buchs verfasst wurden.

4 Es ist unerlässlich, Transformationsalternativen zu schaffen, die falsche Sicht zu korrigieren, der zufolge die Bedürfnisse unendlich sind. Wie Manfred Max-Neef, Antonio Elizalde und Martín Hopenhayn (1986) gezeigt haben, sind die Bedürfnisse bekannt, bleiben immer dieselben, zu jeder Zeit und in allen Kulturen; was sich ändert, sind die Befriedigungen.

5 Die Befriedigungen sind keine materiellen Objekte, sondern Kulturkonstrukte, die mit Wirtschaftsgütern einhergehen können oder nicht; sie verändern sich mit der Zeit und Kultur und können diese sogar definieren. Die Güter ändern sich mit den Wirtschaftskreisläufen, der Mode und können konjunkturell bedingt sein.

6 Die Debatte um die Umverteilung von Einkommen und Reichtum zieht immer weitere Kreise in der Welt. Eine Besteuerung der großen Vermögen und Erbschaften könnte erste Antworten liefern. Man muss sich nur das so stark beworbene Buch von Thomas Piketty (2014) ansehen, in dem er, ohne das Problem strukturell genauer zu analysieren, zu denselben Schlussfolgerungen kommt.

7 Empfehlenswert ist das Buch von Harald Bender, Norbert Bernholt, Bernd Winkelmann: Kapitalismus und dann? Systemwandel und Perspektiven gesellschaftlicher Transformation (2012). Mit der solidarischen Wirtschaft beschäftigen sich konkrete, dadurch angeregte Projekte an vielen Orten der Welt, in Frankreich, Brasilien, Ecuador, Italien, Spanien usw. Siehe dazu die Arbeiten von Jean-Lous Laville, Paul Singer, Luiz Inácio Gaiger, José Luis Coraggio (2012) und natürlich Luis Razzeto, der zu den größten Forschern und Förderern dieses Themas gehört. In Spanien sind eine Reihe konkreter Aktionen für den Aufbau einer anderen Wirtschaft, ausgehend vom täglichen Leben, unter: Alternativas Económicas 33 – Alternativas para vivir de otra manera (2014) erschienen.

8 »Geschäft und Spekulation sind in vielen Fällen so eng verknüpft, dass es schwer ist zu sagen, wo das Geschäft aufhört und wo die Spekulation anfängt«: J. W. Gilbart (The History and Principles of Banking, 1834), in: Karl Marx, Das Kapital, 3. Band, Kapitel 25 über Kredit und fiktives Kapital.

9 Genauso inkohärent ist die Aussage des ecuadorianischen Präsidenten Rafael Correa, dem zufolge der Sozialismus des 21. Jahrhunderts nichts mehr mit Klassenkämpfen zu tun hat ... Siehe unter http://www.youtube.com/watch?v= 7LlY-1tyqY3E.

10 »Der Begriff Extraktivismus wird im umfassenden Sinn verwendet, um Aktivitäten zu beschreiben, bei denen große Mengen natürlicher Ressourcen abgebaut und anschließend unverarbeitet (oder sehr begrenzt verarbeitet) exportiert werden.« (Eduardo Gudynas, 2009)

11 Hier genügt es, auf die Texte von List (1841), Ha Joon-Chang (2004) und Bairoch (1995) zu verweisen.

12 Siehe auch die Arbeiten von Quisantuña Sisa (2011) oder de la Torre y Sandoval (2004). Der Autor dankt auch Yuri Guadinango für seine Kommentare.

13 Auf diesem Gebiet gibt es viele Vorschläge und Praktiken. Ohne das Thema erschöpfend behandeln zu wollen, verweisen wir auf eine ständig wachsende Weltbevölkerung und zitieren als Beispiel die sogenannten »Transition Towns«, die den Gemeinschaften die Kontrolle darüber überlassen wollen, wie sie den Herausforderungen des Klimawandels und einer postfossilen Wirtschaft begegnen. Diese Bewegung ist in vielen Ländern der Welt, einschließlich Deutschland, Österreich und der Schweiz, aktiv. Die Diskussion über das »Gute Leben« oder »Sumak Kawsay« in den Städten erfordert im Übrigen noch viel Arbeit und Überlegungen.

14 Zu diesem Thema gibt es viel Literatur. Als Beispiele nennen wir die Texte von Hermann Scheer: Energieautonomie. Eine neue Politik für erneuerbare Energien (2005) und Jeremy Rifkin: The Hydrogen Economy (2002).

15 Viele Menschen haben über diese Themen nachgedacht und Alternativen gesucht. Besondere Erwähnung verdienen die schon erwähnten Silvio Gesell und Jürgen Schuldt (1997) sowie die Autoren jüngerer Texte wie Christian Felber: »Geld. Die neuen Spielregeln« (2014).

16 Dieser Punkt müsste an anderer Stelle ausführlicher behandelt werden. Aus Platzgründen ist das in diesem Buch leider nicht möglich.

17 Es gibt einen ausgezeichneten, von Silke Helfrich und der Heinrich-Böll-Stiftung herausgegebenen Sammelband (2012), in dem diese breite und vielfältige Debatte zusammengefasst ist. Die Lektüre ist absolut empfehlenswert. Vergessen wir nicht, dass die nordamerikanische Wirtschaftswissenschaftlerin Elinor Ostrom 2009 den Nobelpreis für ihre Untersuchungen zu den Commons erhalten hat. Eine Synthese dieser Debatte ist bei Ugo Mattei: Bienes Comunes. Un manifiesto (2013) nachzulesen.

18 Wie man zum Beispiel die Lebensbedingungen älterer Personen verbessern kann, die ein »trauriges Leben« hatten, »Kinder ohne Kindheit waren und als Erwachsene nie ausruhen konnten«, schlagen konkret die Autoren Tortosa-Martínez, Caus, Martínez-Román, M. Asunción (2014) vor.

Literaturverzeichnis

Acosta, Alberto (2013): Die Rechte der Natur. Für eine zivilisatorische Wende. In: Manuel Rivera und Klaus Töpfer (Hrsg.): Nachhaltige Entwicklung in einer pluralen Moderne – Lateinamerikanische Perspektiven. Matthes & Seitz, Berlin

Acosta, Alberto (2013): Otra economía para otra civilización, Revista TEMAS, Nr. 75: 21–27, Juli–September. Kuba

Acosta, Alberto (2011): Los Derechos de la Naturaleza – Una lectura sobre el derecho a la existencia. In: Alberto Acosta und Esperanza Martínez (Hrsg.): La Naturaleza con Derechos – De la filosofía a la política, Serie Debate Constituyente. Abya Yala, Quito

Acosta, Alberto (2010): El Buen Vivir en el camino del post-desarrollo – Una lectura desde la Constitución de Montecristi, Policy Paper N° 9. Friedrich-Ebert-Stiftung. http://library.fes.de/pdf-files/bueros/quito/07671.pdf

Acosta, Alberto (2010): El Buen Vivir, una utopía por (re)construir. In: Revista Casa de las Américas, Nr. 257. Havanna

Acosta, Alberto (2009): La maldición de la abundancia, CEP. Swissaid und Abya Yala

Acosta, Alberto (2008): Bitácora Constituyente. Abya Yala, Quito

Acosta, Alberto (2005): Desarrollo Glocal – Con la Amazonía en la mira. Corporación Editora Nacional, Quito

Acosta, Alberto (2001): Nuevos enfoques para la teoría del desarrollo. In: Reinhold E. Thiel (Hrsg.): Teoría del desarrollo – Nuevos enfoques y problemas. Editorial Nueva Sociedad, Caracas

Acosta, Alberto und Esperanza Martínez (Hrsg.) (2011): La Naturaleza con derechos – De la filosofía a la política, Serie Debate Constituyente. Abya Yala, Quito

Acosta, Alberto und Esperanza Martínez (Hrsg.) (2010): Soberanías. Abya Yala, Quito

Acosta, Alberto und Esperanza Martínez (Hrsg.) (2009): El Buen Vivir – Una vía para el desarrollo. Abya Yala, Quito

Acosta, Alberto und Esperanza Martínez (Hrsg.) (2009): Plurinacionalidad – Democracia en la diversidad. Abya Yala, Quito

Acosta, Alberto und Esperanza Martínez (Hrsg.) (2009): Derechos de la Naturaleza – El futuro es ahora, Serie Debate Constituyente. Abya Yala, Quito

Acosta, Alberto, Eduardo Gudynas, Esperanza Martínez und Joseph Vogel (2009): Dejar el crudo en tierra o la búsqueda del paraíso perdido – Elementos para una propuesta política y económica para la iniciativa de no explotación del crudo del ITT. In: Polis. Universidad de Los Lagos Campus Santiago, Santiago

Acosta, Alberto und Mario Rosales (1982): Elementos para un desarrollo alternativo – Aportes para la discusión. In: Alberto Acosta u. a. (Hrsg.): Ecuador: El mito del desarrollo. Editorial El Conejo und ILDIS, Quito

Albo, Xavier (2009): Suma qamaña = el buen convivi. In: Revista Obets. Alicante

Alimonda, Héctor (2012): Desarrollo, post-desarrollo y »buen vivir«. Reflexiones a partir de la experiencia ecuatoriana. In: Revista de CLACSO, Crítica y emancipación, Año IV Nr. 7. http://bibliotecavirtual.clacso.org.ar/clacso/se/20120605025226/CyE7.pdf

Altvater, Elmar (2004): La ecología de la economía global o el ascenso y ocaso del régimen de energía fósil. In: Elmar Altvater: La Globalización: La euforia llegó a su fin, Foros Ecología y Política Nr. 2. Abya Yala, Quito

Amin, Samir (1990): Maldevelopment – Anatomy of a Global Failure. http://www.unu.edu/unupress/unupbooks/uu32me/uu32me00.htm

Aparicio Wilhelmi, Marco (2012): El constitucionalismo de la crisis ecológica – Derechos y Naturaleza en las Constituciones de Ecuador y Bolivia. Universitat de Girona, Girona

Ávila Santamaría, Ramiro (2011): El neo-constitucionalismo transformador – El estado y el derecho en la Constitución de 2008. Abya Yala, Universidad Politécnica Salesiana, Universidad Andina Simón Bolívar, Sede Ecuador, Fundación Rosa Lusemburg, Quito

Alayza, Alejandra und Eduardo Gudynas (Hrsg.) (2011): Transiciones, postextractivismo y alternativas al extractivismo en el Perú. Red Peruana por una Globalización con Equidad (RedGE) y CLAES, Lima

Bairoch, Paul (1995): Economics and World History. Myths and Paradoxes. University of Chicago Press, Chicago

Becker, Egon (2001): La transformación ecológica-social – Notas para una ecología política sostenible. In: Reinhold E. Thiel (Hrsg): Teoría del desarrollo – Nuevos enfoques y problemas. Editorial Nueva Sociedad, Caracas

Bender, Harald, Norbert Bernholt, Bernd Winkelmann und Akademie Solidarische Ökonomie (Hrsg.) (2012): Kapitalismus und dann? Systemwandel und Perspektiven gesellschaftlicher Transformation. oekom, München

Beristain, Carlos Martin (2010): El derecho a la reparación en los conflictos socio-ambientales – Experiencias, aprendizajes y desafíos prácticos. Universidad del País Vasco. Hegoa, Bilbao

Beristain, Carlos Martín, Darío Páez Rovira und Itziar Fernández (2010): Las Palabras de la selva – Estudio psicosocial del impacto de las explotaciones petroleras de Texaco en las comunidades amazónicas de Ecuador. Hegoa, Bilbao

Berman, Morris, S. Bendersky und F. Huneeus (1987): El Reencantamiento del Mundo. Cuatro Vientos, Santiago de Chile

Boff, Leonardo (2010): La Madre Tierra, sujeto de dignidad y de derechos. Cochabamba

Brand, Ulrich (2011): Post-Neoliberalismus? Aktuelle Konflikte und gegenhegemoniale Strategien. VSA-Verlag, Hamburg

Brandt, Willy (1980): Das Überleben sichern. Gemeinsame Interessen der Industrie- und Entwicklungsländer. In: Bericht der Independent Commission on International Development Issues. Kiepenheuer & Witsch, Köln

Braudel, Fernand (1985): La dinámica del capitalismo. Alianza Editorial, Madrid

Bretón, Víctor (Hrsg.) (2010): Saturno devora a sus hijos – Miradas críticas sobre el desarrollo y sus promesas. ICARIA, Barcelona

Ceceña, Ana Esther (s/f): Dominar la naturaleza o vivir bien: disyuntiva sistémica. http://www.geopolitica.ws/media/uploads/vivirbienodominarlanaturaleza.pdf

Consejo de desarrollo de las Nacionalidades y Pueblos del Ecuador – CODENPE (Hrsg.) (2011): Sumak Kawsay – Buen Vivir, Serie. Diálogo de Saberes, Quito

Chang, Ha-Joon (2004): Retirar la escalera – La estrategia de desarrollo en perspectiva histórica. Universidad Complutense de Madrid, Madrid

Chang, Ha-Joon (2002): Kicking Away the Ladder – Development Strategy in Historical Perspective. Anthem Press, Londres

Choque Q., M. E. (2006): La historia del movimiento indígena en la búsqueda del Suma Qamaña (Vivir Bien). International Expert Group Meeting on the Millennium Development Goals, Indigenous Participation and Good Governance. Vereinte Nationen, New York

Chuji, Mónica (2009): Modernidad, desarrollo, interculturalidad y Sumak Kawsay o buen vivir. Foro Internacional sobre Interculturalidad y Desarrollo, Uribia

Confederación de Nacionalidades Indígenas del Ecuador (Hrsg.) (2007): Propuesta de la CONAIE frente a la Asamblea Constituyente. Principios y lineamientos para la nueva Constitución del Ecuador, por un Estado Plurinacional, Unitario, Soberano, Incluyente, Equitativo y Laico. Quito

Consejo de desarrollo de las Nacionalidades y Pueblos del Ecuador – CODENPE (2011): Sumak Kawsay – Buen Vivir, Serie. Diálogo de Saberes, módulo 4, Quito

PYDLOS de la Universidad de Cuenca (Hrsg.) (2012): Construyendo el Buen Vivir. Cuenca

Coraggio, José Luis (2011): Economía social y solidaria – El trabajo antes que el capital. In: Alberto Acosta und Esperanza Martínez (Hrsg): Serie Debate Constituyente. Abya Yala, Quito

Coraggio, José Luis (Hrsg.) (2012): Conocimiento y políticas públicas en economía social y solidaria. IAEN, Quito

Cortez, David (2010): Genealogía del »buen vivir« en la nueva constitución ecuatoriana. In: Raul Fornet-Betancourt (Hrsg.): Gutes Leben als humanisiertes Leben. Vorstellungen vom guten Leben in den Kulturen und ihre Bedeutung für Politik und Gesellschaft heute. Dokumentation des VIII. Internationalen Kongresses für Interkulturelle Philosophie. Wissenschaftsverlag Main, Aachen

Cortez, David und Heike Wagner (2010): Zur Genealogie des indigenen »guten Lebens« (sumak kawsay) in Ecuador. In: Leo Gabriel Herbert Berger (Hrsg.): Lateinamerikas Demokratien im Umbruch, S. 167–200. Mandelbaum Verlag, Wien

Cullinan, Cormac (2003): Wild Law. A Manifesto for Earth Justice. Green Books, Dartington

Daly, Herman E. (1989): Ensayos hacia una economía en estado estacionario. In: Economía, ecología, ética. Fondo de Cultura Económica, Mexiko

De Acuña, Cristóbal (1942): Descubrimiento del Amazonas. Emecé Editores, Buenos Aires

De la Torre, Luz María und Carlos Sandoval Peralta (2004): La reciprocidad en el mundo andino. El caso del pueblo de Otavalo. Abya Yala, Quito

De Marzo, Giuseppe (2010): Buen vivir – Para una democracia de la Tierra. Plural Editorial, La Paz

De Sebastián, Luis (1999): El rey desnudo – Cuatro verdades sobre el mercado. Editorial Trotta, Madrid

Diamond, Jared (2013): El mundo hasta ayer ¿Qué podemos aprender de las sociedades tradicionales? Editorial Arte, Caracas

Diamond, Jared (2006): Colapso: por qué unas sociedades perduran y otras desaparecen. Debate, Barcelona

Echeverría, Bolívar (2010): Modernidad y Blanquitud. Editorial ERA, Mexiko

Escobar, Arturo (2010): Una minga para el postdesarrollo – Lugar, medio ambiente y movimientos sociales en las transformaciones globales, Programa Democracia y Transformación Global. Unidad de Postgrado, Fondo Editorial de la Facultad de Ciencias Sociales, Universidad Nacional Mayor de San Marcos, Lima

Escobar, Arturo (2010): América Latina en una encrucijada: ¿modernizaciones alternativas, posliberalismo o posdesarrollo. In: Víctor Bretón (Hrsg.): Saturno devora a sus hijos – Miradas críticas sobre el desarrollo y sus promesas, ICARIA, Barcelona

Escobar, Arturo (2007): Visualización de una era post-desarrollo. In: La invención del Tercer Mundo – Construcción y deconstrucción del desarrollo. Fundación Editorial El perro y la rana, Caracas

Escobar, Arturo (2007): La invención del Tercer Mundo – Construcción y desconstrucción del desarrollo. Caracas

Escobar, Arturo (2005): El »postdesarrollo« como concepto y práctica social. In: Daniel Mato (Hrsg.): Políticas de economía, ambiente y sociedad en tiempos de globalización. Facultad de Ciencias Económicas y Sociales, Universidad Central de Venezuela, Caracas

Estermann, Josef (2014): Ecosofía andina – Un paradigma alternativo de convivencia cósmica y de vida plena. In: Bifurcación del Buen Vivir y el sumak kawsay. Ediciones SUMAK, Quito

Esteva, Gustavo (2012): Los quehaceres del día. In: Gabriela Massuh (Hrsg.): Renunciar al bien común. Extractivismo y (pos)desarrollo en América Latina. Mardulce, Buenos Aires

Falconí, Fander und María Cristina Vallejo (2012): Transiciones socioecológicas en la región andina, Revista Iberoamericana de Economía Ecológica Vol. 18. UNAM Mexico

Felber, Christian (2014): Geld. Die neuen Spielregeln. Deuticke, Wien

Felber, Christian (2012): Gemeinwohl-Ökonomie. Eine demokratische Alternative wächst. Deuticke, Wien

Flores Galindo, Alberto (1991): Reencontremos la dimensión utópica. In: Márgenes, Jg. 4, Nr. 7. Lima

Frank, André Gunder (1991): El subdesarrollo del subdesarrollo – Un ensayo autobiográfico. Editorial Nueva Sociedad, Caracas

Frank, André Gunder (1966): The development of underdevelopment. New England Free Press, Boston

Furtado, Celso (1974): El desarrollo económico, un mito, México Siglo XXI

Galeano, Eduardo (2008): La Naturaleza no es muda. Semanario Brecha, Montevideo

Gandhi, M. K. (1990): Svadeeshi – artesanía no violenta. Instituto Andino de Artes Populares, Quito

Garzon Orellana, Fernando und Juan Sebastián Garzón Rosero (2009): Codificación de la doctrina constitucional de Ecuador sobre los Derechos de la Naturaleza. [o. O.]

Georgescu-Roegen, Nicholas (1989): La ley de la entropía y el problema económic. In: Herman E. Daly (Hrsg.): Economía, ecología, ética – Ensayos hacia una economía en estado estacionario. Fondo de Cultura Económica, Mexiko

Gesell, Silvio (2003): Die natürliche Wirtschaftsordnung durch Freiland und Freigeld. Selbstverlag, Les Hauts Geneveys 1916. http://www.florian-seiffert.de/doc/my_nwo.pdf

Gorz, André u. a. (2010): Manifiesto Utopía. Icaria, Barcelona

Grijalva, Agustín (2010): Régimen constitucional de Biodiversidad, patrimonio natural y ecosistemas frágiles y recursos naturales renovables. In: Agustín Grijalva, Efraín Pérez und Rafael Oyarte: Desafíos del Derechos Ambiental Ecuatoriano frente a la Constitución Vigente. CEDA, Quito

Grupo Permanente de Trabajo sobre Alternativas al Desarrollo, Miriam Lang und Dunia Mokrani (Hrsg.) (2011): Más allá del desarrollo, Rosa Luxemburg-Stiftung. Abya Yala, Quito http://rio20.net/wp-content/uploads/2012/07/mas-alla-del-desarrollo_30.pdf

Guamán, Julián (2007): La perspectiva indígena de la equidad, la reciprocidad y la solidaridad como aporte a la construcción de un Nuevo Orden Económico Internacional. http://www.claiweb.org/fes/deudaexterna2007/La%20perspectiva%20%C5%A0li%C3%A1n%20Guam%C3%A1n.pdf

Gudynas, Eduardo (2014): Buen Vivir: sobre secuestros, domesticaciones, rescates y alternativas. In: Bifurcación del Buen Vivir y el sumak kawsay. Ediciones SUMAK, Quito

Gudynas, Eduardo (2009): La ecología política del giro biocéntrico en la nueva Constitución del Ecuador. In: Revista de Estudios Sociales Nr. 32. Bogotá

Gudynas, Eduardo (2009): El mandato ecológico – Derechos de la naturaleza y políticas ambientales en la nueva Constitución. In: Alberto Acosta und Esperanza Martínez (Hrsg.): Serie Debate Constituyente. Abya Yala, Quito

Gudynas, Eduardo und Alberto Acosta (2011): La renovación de la crítica al desarrollo y el buen vivir como alternativa. In: La Revista Utopía y Praxis Latinoamericana, Revista Internacional de Filosofía Iberoamericana y Teoría Social, Jg. 16, Nr. 53, April–Juni. Centro de Estudios Sociológicos y Antropológicos (CESA), Facultad de Ciencias Económicas y Sociales, Universidad del Zulia-Venezuela

Gudynas, Eduardo und Alberto Acosta (2011): El buen vivir o la disolución de la idea del progreso. In: Mariano Rojas (Hrsg.): La medición del progreso y del bienestar – Propuestas desde América Latina. Foro Consultivo Científico y Tecnológico de México, Ciudad de Mexiko

Guimaraés, Roberto (2004): Tierra de sombras: Desafíos de la sustentabilidad y del desarrollo territorial y local ante la globalización corporativa. In: Erika Hanekamp (Hrsg.): Globalización. La euforia llegó a su fin, CEP-Flacso-Ildis-GTZ-Abya Yala, Quito. Die Abteilung Desarrollo Sostenible y Asentamientos Humanos der CEPAL, Santiago de Chile, hat eine erweiterte Version dieses Artikels veröffentlicht.

Helfrich, Silke und Heinrich-Böll-Stiftung (Hrsg.) (2012): Commons. Für eine neue Politik jenseits von Markt und Staat. transcript Verlag, Bielefeld

Hidalgo Flor, Francisco und Álvaro Márquez Fernández (Hrsg.) (2012): Contra hegemonía y Buen Vivir. Universidad Central del Ecuador y Universidad de Zulia, CENDES, Quito

Hidalgo-Capitán, Antonio Luis (2012): El Buen Vivir. La (re)creación del pensamiento del PYDLOS. Universidad de Cuenca, Cuenca

Hidalgo-Capitán, Antonio Luis (2011): Economía Política del Desarrollo – La construcción retrospectiva de una especialidad académica. In: Revista de Economía Mundial Nr. 28. Universidad Complutense de Madrid, Madrid

Hidalgo-Capitán, Antonio Luis, Alejandro Guillén García und Nancy Deleg Guazha (2014): Antología del Pensamiento Indigenista Ecuatoriano sobre Sumak Kawsay. Universidad de Cuenca und Universidad de Huelva

Houtart, Francois (2011): El camino a la Utopía y el bien común de la Humanidad. Ruth Casa Editorial, La Paz

Houtart, Francois (2011): El concepto del sumak kawsay (Buen Vivir) y su correspondencia con el bien común de la humanidad. In: Revista Ecuador Debate Nr. 84. CAAP, Quito

Houtart, Francois und Birgit Daiber (2012): Un paradigma postcapitalista. El bien común de la Humanidad. Ruth Casa Editorial, Panama

Huanacuni Mamani, Fernando (2010): Vivir Bien / Buen Vivir. Filosofía, políticas, estrategias y experiencias regionales. Convenio Andrés Bello, Instituto Internacional de Investigación und CAOI, La Paz

Illich, Iván (1985): La sociedad desescolarizada. Joaquín Mortiz, Mexiko

Illich, Ivan (1973): La convivencialidad. Barral Editores, S.A., Barcelona

Illich, Ivan (1974): Energía y equidad. Barral Editores, S.A., Barcelona

Illich, Ivan (1975): Némesis médica: la expropiación de la salud. Barral Editores, S.A., Barcelona

Jackson, Tim (2014): Wohlstand ohne Wachstum. Leben und Wirtschaften in einer endlichen Welt. oekom, München

Joseph, Lawrence E. (1992): Gaia. Cuatro Vientos Editorial, Santiago de Chile

Keynes, John Maynard (1933): National Self-Sufficiency. In: The Yale Review, Vol. 22, Nr. 4. Yale University, New Haven

Kleinhückelkotten, Silke (2012): Suffizienz oder die Frage nach dem guten Leben. In: Boris Woynowski u. a. (Hrsg.): Wirtschaft ohne Wachstum?! Notwendigkeit und Ansätze einer Wachstumswende. Institut für Forstökonomie, Universität Freiburg, Freiburg

Kowii, Ariruma (2011): El Sumak Kawsay. Universidad Andina Simón Bolivar, Quito

Lander, Edgardo (2009): Hacia otra noción de riqueza. In: Alberto Acosta und Esperanza Martínez (Hrsg.): El Buen Vivir. Una vía para el desarrollo. Abya Yala, Quito

Latouche, Serge (2008): La apuesta por el decrecimiento – ¿Cómo salir del imaginario dominante? ICARIA, Barcelona

Latour, Bruno (2008): Wir sind nie modern gewesen. Versuch einer symmetrischen Anthropologie. Suhrkamp, Berlin

Leff, Enrique (2010): Imaginarios sociales y sustentabilidad. http://www.journals.unam.mx/index.php/crs/article/view/19202/18202

Leff, Enrique (2008): Decrecimiento o deconstrucción de la economía. Hacia un mundo sostenable. In: Peripecias, Jg. 7, Nr. 21. Centro Latino Americano de Ecología Social (CLAES), Montevideo

Leff, Enrique (2004): Racionalidad Ambiental, La reapropiación social de la naturaleza. Editorial Siglo XXI, Mexiko

Leff, Enrique (1994): Ecología y capital: racionalidad ambiental, democracia participativa y desarrollo sustentable. Editorial Siglo XXI, Mexiko

Leimbacher, Jörg (1988): Die Rechte der Natur. Helbing & Lichtenhahn, Basel und Frankfurt am Main

Leimbacher, Jörg (2008): Auf dem Weg zu den Rechten der Natur – Stand der Dinge und mögliche nächste Schritte. Bern

List, Friedrich (1841). Das nationale System der politischen Ökonomie. Cotta, Stuttgart, Tübingen

Lohman, Larry (2012): Mercados de carbono – La neoliberalización del clima, serie Debate Constituyente. Abya Yala, Quito

Lovelock, James, Lynn Margulis u. a. (1989): Gaia – Implicaciones de la nueva biología. Editorial Kairós, Barcelona

Mancilla, Felipe (2011): Ideologías oficiales sobre el medio ambiente en Bolivia y aspectos problemáticos. In: Revista Ecuador Debate Nr. 84, Quito

Martin, Pamela (2011): Oil in the Soil. The Politics of Paying to Preserve the Amazon. Rowman & Littlefield Publishers, Inc., Maryland

Martínez, Esperanza (2014): La Naturaleza entre la cultura, la biología y el derecho. In: Polis, Jg. 13, Nr. 38. Universidad de Los Lagos Campus Santiago, Santiago

Martínez, Esperanza (2009): Yasuní El tortuoso camino de Kioto a Quito. CEP und Abya Yala, Quito

Martínez, Esperanza und Alberto Acosta (2010): ITT – Yasuní Entre el petróleo y la vida. Abya Yala, Quito

Martínez Alier, Joan (2009): Hacia un decrecimiento sostenible en las economías ricas. In: Revista de economía crítica, Nr. 8. [o. O.]

Martínez Alier, Joan (1998): La economía ecológica como ecología humana. Fundación César Manrique, Madrid

Marx, Karl und Friedrich Engels ([1894], 1983): Das Kapital. Kritik der politischen Ökonomie. Dritter Band. Dietz, Berlin

Marx, Karl ([1875], 1946): Kritik des Gothaer Programms. Verlag Neuer Weg, Berlin

Marx, Karl ([1846], 1952): Das Elend der Philosophie. Antwort auf Proudhons »Philosophie des Elends«. Dietz, Berlin

Meadows, Donella, Dennis Meadows und Randers, Jørgen (1972): Los límites del crecimiento. Fondo de Cultura Económico, Mexiko

Michaux, Jacqueline (2011): El potencial de la economía de reciprocidad apuntes para
la discusión. http://apprentissagesandins.blogspot.de/2011/04/el-potencial-de-la-
economia-de.html

Murcia, Diana (2012): Un recorrido por el derecho internacional de los derechos
humanos, del ambiente y del desarrollo. Instituto de Estudios Ecologistas del Tercer
Mundo, Quito

Murcia, Diana (2009): El Sujeto Naturaleza: Elementos para su comprensión. In: Alberto
Acosta und Esperanza Martínez (Hrsg.): La Naturaleza con Derechos – De la filosofía
a la política, Serie Debate Constituyente. Abya Yala, Quito

Müller, Christa und Niko Paech (2012): Suffizienz und Subsistenz. In: Boris Woynowski
u. a. (Hrsg.): Wirtschaft ohne Wachstum?! Notwendigkeit und Ansätze einer Wachstumswende. Institut für Forstökonomie, Universität Freiburg, Freiburg

Naredo, José Manuel (2000): Luces en el laberinto – Autobiografía intelectual. Editorial
Catarata, Madrid

Mattei, Ugo (2013): Bienes Comunes – Un manifiesto. Editorial Trotta, [o. O.]

Max-Neef, Manfred, Antonio Elizalde und Martín Hopenhayn (1986): Desarrollo a
escala humana: una opción para el futuro, Development Dialogue, Sondernummer,
CEPAUR. Dag Hammarskjold-Stiftung, Uppsala

Oilwatch (Hrsg.) (2006): Asalto al paraíso: empresas petroleras en áreas protegidas.
Quito

Oilwatch (Hrsg.) (2005): Un llamado eco-lógico para la conservación, el clima y los
derechos, Positionspapier. Montecatini, Italien

Oilwatch (Hrsg.) (2000): El Ecuador post-petrolero. Acción Ecológica e ILDIS, Quito

Ornelas Delgado, Jaime (2012): Volver al desarrollo. In: Revista Problemas del Desarrollo, Nr. 168. http://www.scielo.org.mx/pdf/prode/v43n168/v43n168a2.pdf

Ostrom, Elinor (2009): El gobierno de los bienes comunes – La evolución de las institu-
ciones de acción colectiva. UNAM – Fondo de Cultura Económico, Mexiko

Oviedo Freire, Atawallpa (2014): Ruptura de dos paradigmas – Una lectura de la
Izquierda desde la Filosofía Tetrádica Andina. In: Bifurcación del Buen Vivir y el
sumak kawsay. Ediciones SUMAK, Quito

Oviedo Freire, Atawallpa (2012): El posmoderno Buen Vivir y el ancestral sumak
kawsay. In: Construyendo el Buen Vivir. PYDLOS de la Universidad de Cuenca,
Cuenca

Oviedo Freire, Atawallpa (2011): Qué es el sumakawsay – Más allá del socialismo y
capitalismo. Quito

Oviedo Freire, Atawallpa (2008): Caminantes del Arcoiris – El retorno de Wiracocha y
las falacias del desarrollo. Quito

Oxfam (Hrsg.) (2014): Gobernar para las élites – Secuestro democrático y desigualdad
económica. http://www.oxfam.org/sites/www.oxfam.org/files/bp-working-for-few-
political-capture-economic-inequality-200114-es.pdf

Pacari, Nina (2010): Vorwort. In: Boaventura de Sousa Santos: Refundación del Estado en América latina – Perspectivas desde una epistemología del Sur. Instituto Internacional de Derecho y Sociedad, Lima

Paech, Niko (2013): Befreiung vom Überfluss. Auf dem Weg in die Postwachstumsökonomie. oekom, München

Paech, Björn und Niko Paech (2012): Suffizienz plus Subsistenz ergibt ökonomische Souveranität. In: Boris Woynowski u.a. (Hrsg.): Wirtschaft ohne Wachstum?! Notwendigkeit und Ansätze einer Wachstumswende. Institut für Forstökonomie, Universität Freiburg, Freiburg

Pampuch, Thomas u.a. (1982): Das Elend der Modernisierung – Die Modernisierung des Elends. In: Institut für Vergleichende Sozialforschung (Hrsg.): Unterentwicklung und Entwicklungspolitik in Lateinamerika. Berlin

Piketty, Thomas (2014): Capital in the Twenty-First Century. Harvard University Press, Cambridge

Polanyi, Karl ([1957] 2001): The Great Transformation: The Political And Economic Origins Of Our Time. Beacon Press, Boston

Prada Alcoreza, Raúl (2011): Horizontes pluralistas de la descolonización – Ensayo histórico y político sobre la relación de la crisis y el cambio.http://rosalux-europa.info/userfiles/file/Prada_Horizontes_de_la_descolonizacion_y_del_Estado_plurinacional.pdf

Prada Alcoreza, Raúl (2012): Horizontes del vivir bien. Zusammenfassung des Vortrags für LASA 2012

Prada Alcoreza, Raúl (2010): Umbrales y horizontes de la descolonización. In: Álvaro García Linera u.a. (Hrsg.): El Estado – Campo de Lucha, CLACSO Ediciones. Muela del Diablo Editores, Comuna, La Paz

Prada Alcoreza, Raúl (2008): Subversiones indígenas, CLACSO Ediciones. Muela del Diablo Editores, Comuna, La Paz

Pueblo ecuatoriano (2008): Constitución de la República del Ecuador. Montecristi

Quijano, Aníbal (2001): Globalización, colonialidad del poder y democracia. In: Tendencias básicas de nuestra época: globalización y democracia, Instituto de Altos Estudios Diplomáticos Pedro Gual. Ministerio de Relaciones Exteriores, Caracas

Quijano, Aníbal (2000): El fantasma del desarrollo en América Latina. In: Alberto Acosta (Hrsg.): El desarrollo en la globalización – El resto de América Latina. Nueva Sociedad und ILDIS, Caracas

Quijano, Aníbal (2009): Des/colonialidad del poder – El horizonte alternativo. In Alberto Acosta und Esperanza Martínez (Hrsg.). Plurinacionalidad – Democracia en la diversidad. Abya Yala, Quito

Quijano, Aníbal (2011): ¿Bien vivir?: entre el »desarrollo« y la descolonialidad del poder, Revista Ecuador Debate Nr. 84. CAAP, Quito

Radhuber, Isabella Margerita (2013): Der plurinationale Staat in Bolivien. Westfälisches Dampfboot, Münster

Ramírez, René (2010): Socialismo del sumak kawsay o bio-socialismo republicano. In: Los nuevos retos de América Latina – Socialismo y sumak kawsay. SENPLADES, Quito

Rabhi, Pierre (2013): Hacia la sobriedad feliz. Errata Natrae, Madrid

Ricardo, David ([1817] 1997): Principios de Economía Política y Tributación. Fondo de Cultura Económica, Santa Fe de Bogotá

Rifkin, Jeremy (2002): The Hydrogen Economy. Pinguin, New York

Rojas Quiceno, Guillermo (2013): Índice de Felicidad y Buen Vivir. Instituto Internacional del saber, Cali

Romero Reyes, Antonio (2009): Desarrollo autocentrado de base popular en el Perú y América Latina. Fundamentos del autocentramiento. ALAI, América Latina en Movimiento. http://alainet.org/active/30245&lang=es

Sachs, Wolfgang (1996): Diccionario del desarrollo. Una guía del conocimiento como poder. PRATEC, Peru (erste englische Ausgabe 1992)

Sánchez Parga, José (2011): Discursos retrovolucionarios: Sumak kawsay, derechos de la naturaleza y otros pachamamismos. In: Revista Ecuador Debate, Nr. 84. CAAP, Quito

Santos, Boaventura de Sousa (2010): Refundación del Estado en América latina – Perspectivas desde una epistemología del Sur. Instituto Internacional de Dere-cho y Sociedad, Lima

Santos, Boaventura de Sousa (2009): Las paradojas de nuestro tiempo y la Plurinaci-onalidad. In: Alberto Acosta und Esperanza Martínez (Hrsg.): Plurinacionalidad. Democracia en la diversidad. Abya Yala, Quito

Santos, Boaventura de Sousa (2008): Conocer del Sur. Para una cultura política emanci-padora, CLACSO Coediciones. CIDES-UMSA plural editores, La Paz

Scheer, Hermann (2005): Energieautonomie. Eine neue Politik für erneuerbare Energi-en. Verlag Antje Kunstmann, München

Scheer, Hermann (1999): Solare Wirtschaft. Verlag Antje Kunstmann, München

Schmelzer, Matthias und Alexis Passadakis (2011): Postwachstum. Krise, ökologische Grenzen und soziale Rechte. VSA, Hamburg

Schuldt, Jürgen (2012): Desarrollo a escala humana y de la naturaleza. Universidad del pacífico, Lima

Schuldt, Jürgen (2005): ¿Somos pobres porque somos ricos? Recursos naturales, tecno-logía y globalización. Fondo Editorial del Congreso del Perú, Lima

Schuldt, Jürgen (2004): Bonanza Macroeconómica y Malestar Microeconómico. Fondo Editorial de la Universidad del Pacífico, Lima

Schuldt, Jürgen (1997): Dineros Alternativos para el Desarrollo Local. Universidad del Pacífico, Lima

Schuldt, Jürgen (1995): Repensando el desarrollo: Hacia una concepción alternativa para los países andinos. CAAP, Quito

Schuldt, Jürgen und Alberto Acosta (2000): Algunos elementos para repensar el desar-rollo – Una lectura para pequeños países. In: Alberto Acosta (Hrsg.): El desarrollo en la Globalización. Editorial Nueva Sociedad, Caracas

Sen, Amartya (1985): Desarrollo: ¿Ahora, hacia dónde? In: Investigación Económica. [o. O.]

SENPLADES (Hrsg.) (2013): Buen Vivir Plan Nacional 2013–2017. Quito

Shiva, Vandana (2009): La civilización de la selva. In: Alberto Acosta und Esperanza Martínez (Hrsg.): Derechos de la Naturaleza - El futuro es ahora. Abya Yala, Quito

Silva, José De Souza (2011): Hacia el »Día Después del Desarrollo« Descolonizar la comunicación y la educación para construir comunidades felices con modos de vida sostenibles. Secretaría de Información y Comunicación [o.O.]

Simbaña, Floresmilo (2008): La Plurinacionalidad en la nueva Constitución. In: Revista La Tendencia. Quito

Singer, Paul u.a. (2012): Conocimiento y políticas públicas de Economía social y solidaria. Problemas y propuestas. In: Jose Luis Corragio (Hrsg.): Editorial IAEN, Quito. http://iaen.edu.ec/wp-content/uploads/2013/10/Economi%CC%81a-Social-y-Solidaria.pdf

SENPLADES (Hrsg.) (2010): Socialismo y sumak kawsay. Los nuevos retos de América Latina. Quito

Stefanoni, Pablo (2012): ¿Y quién no querría »vivir bien«? Encrucijadas del proceso de cambio boliviano. In: Cuadernos del Pensamiento Crítico Latinoamericano. CLACSO, Buenos Aires

Stengel, Oliver (2012): Suffizienz. Die Konsumgesellschaft in der ökologischen Krise. In: Boris Woynowski u.a. (Hrsg.): Wirtschaft ohne Wachstum?! Notwendigkeit und Ansätze einer Wachstumswende. Institut für Forstökonomie, Universität Freiburg, Freiburg

Stone, Christopher (1996): Should Trees Have Standing? And Other Essays on Law, Morals and the Environment. Ocena Publications, New York

Stutzin, Godofredo (1984): Un imperativo ecológico Reconocer los Derechos a la Naturaleza. http://www.cipma.cl/RAD/1984-85/1_Stutzin.pdf

Tapia, Luis (2011): El estado de derecho como tiranía. CIDES-UMSA, La Paz

Tapia, Luis (2009): Pensando la democracia geopolíticamente. CIDES-UMSA, La Paz

Tapia, Luis (2009): La coyuntura de la autonomía relativa del estado. CIDES-UMSA, La Paz

Tortosa, José María (2011): Cambios de época en la lógica del »desarrollo«. In: Revista Ecuador Debate Nr. 84. CAAP, Quito

Tortosa, José María (2011): Sobre la necesidad de alternativas. In: Jorge Guardiola, Miguel A. García Rubio und Francisco González Gómez: Desarrollo humano. Teoría y aplicaciones. Editorial Comares, Granada

Tortosa, José María (2011): Mal desarrollo y mal vivir – Pobreza y violencia escala mundial. In: Alberto Acosta und Esperanza Martínez (Hrsg.): Serie Debate Constituyente. Abya Yala, Quito

Tortosa, José María (2009): Sumak Kawsay, Suma Kamaña, Buen Vivir. Fundación Carolina, Madrid

Tortosa, José María (2001): El juego global – Maldesarrollo y pobreza en el capitalismo global. Icaria, Barcelona

Tortosa-Martínez, Juan, Nuria Caus und M. Asunción Martínez-Román (2014): Vida Triste y Buen Vivir según personas adultas mayores en Otavalo, Ecuador. In: Convergencia Revista de Ciencias Sociales. Universidad Autónoma del Estado de México, Toluca de Lerdo

Ugarteche, Oscar und Alberto Acosta (2003): A favor de un tribunal internacional de arbitraje de deuda soberana (TIADS). In: Nueva Sociedad Nr. 183. Caracas

Unceta, Koldo (2012): Crecimiento, decrecimiento y Buen Vivir. In: Construyendo el Buen Vivir. PYDLOS de la Universidad de Cuenca, Cuenca

Unceta, Koldo (2011): El buen vivir frente a la globalización. In: Revista Ecuador Debate Nr. 84. CAAP, Quito

Unceta, Koldo (2009): Desarrollo, subdesarrollo, maldesarrollo y postdesarrollo. Una mirada transdisciplinar sobre el debate y sus implicaciones. In: Carta Latinoamericana, No 7. D3E (CLAES), Montevideo

Universidad Intercultural Amawtay Wasi (Hrsg.) (2012): Aprender en la sabiduría y el Buen Vivir. Gráficas AMZA, Quito

Vacacela Quishpe, Rosa C. (2007): Sumac Cusai – Vida en armonía. Instituto Quichua de Biotecnología Sacha Supai, Quito

Vega Camacho, Oscar (2011): Al sur del Estado. In: Álvaro García Linera u. a. (Hrsg.): El Estado – Campo de lucha. CIDES-UMSA, La Paz

Vega, Fernando (2012): Teología de la liberación y Buen Vivir. In: Construyendo el Buen Vivir. PYDLOS de la Universidad de Cuenca, Cuenca

Vega Ugalde, Silvia (2014): El orden de género en el sumak kawsay y en el suma qamaña – Un vistazo a los debates actuales en Bolivia y Ecuador. In: Íconos. Revista de Sciencias Sociales, Nr. 48. FLACSO Sede Ecuador, Quito

Viteri Gualinga, Carlos (2000): Visión indígena del desarrollo en la Amazonía. Quito

Wallerstein, Immanuel (1988): El capitalismo histórico. Siglo XXI, Bogotá

Walsh, Catherine (2009): Interculturalidad, Estado, Sociedad. Luchas (de)coloniales de nuestra Época. Universidad Andina Simón Bolívar und Abya Yala, Quito

Welzer, Harald (2014): Selbst Denken. Eine Anleitung zum Widerstand. Fischer, Frankfurt am Main

Woynowski, Boris u. a. (2012): Wirtschaft ohne Wachstum?! Notwendigkeit und Ansätze einer Wachstumswende. Institut für Forstökonomie, Universität Freiburg, Freiburg

Wray, Norman (2009): Los retos del régimen de desarrollo – El buen vivir en la Constitución. In Alberto Acosta und Esperanza Martínez (Hrsg.): El Buen Vivir, una vía para el desarrollo. Abya Yala, Quito

Yépez, Pablo und Stella de la Torre (2012): Propuesta de indicadores y procesos para evaluar la afectación a los Derechos de la Naturaleza

Zaffaroni, Raúl Eugenio (2011): La Pachamama y el humano. In: Alberto Acosta und Esperanza Martínez (Hrsg.): La Naturaleza con derechos – De la filosofía a la política. Abya Yala, Quito

Zaruma Q., Vicente (2006): Wakanmay (Alimento Sagrado) Perspectiva de la teología india. Una propuesta desde la cultura Cañari. Abya Yala, Quito

Über den Autor

Alberto Acosta war als Präsident der verfassunggebenden Versammlung Ecuadors maßgeblich an der Integration des »Buen vivir« in die Verfassung des Andenstaates beteiligt. Bis 2008 war er Minister für Energie und Bergbau Ecuadors, heute arbeitet er als Professor für Ökonomie an der Lateinamerikanischen Fakultät für Sozialwissenschaften in Quito.

Wie sich Zukunft gestalten lässt

Wenn immer es um Zukunftsfragen geht, kommt man an Harald Welzer nicht vorbei, er gilt als einer der wichtigsten Vordenker einer »anderen Moderne«. Mit Bernd Sommer legt er nun das erste umfassende Konzept für den gesellschaftlichen Wandel vor: Wie lässt sich eine Kultur des Weniger gestalten? Liegt die Lösung in einer Wiederentdeckung alter Sozial- und Wirtschaftsformen? Das Buch liefert eine spannende Vision unserer Zukunft – sie wäre genügsamer, aber auch stabiler, und sie wäre ein Gewinn an Lebensqualität durch Befreiung von Überfluss.

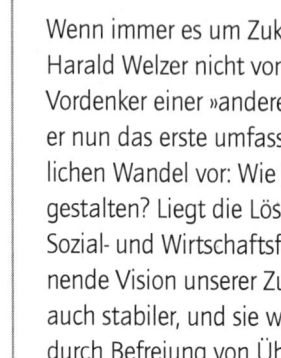

H. Welzer, B. Sommer
Transformationsdesign
Wege in eine zukunftsfähige Moderne
240 Seiten, Hardcover mit Schutzumschlag, 19,95 Euro, ISBN 978-3-86581-662-7

/▐▌ oekom
Die guten Seiten der Zukunft

Bestellen Sie jetzt versandkostenfrei innerhalb Deutschlands unter www.oekom.de